U0871978

世界城市规划经典译丛

# Making 21st Century Knowledge Complexes

Technopoles of the world revisited

# 打造21世纪知识综合体

## 再论世界的高技术园区

苗 田（Julie Tian Miao）
〔英〕保罗·本纳沃思（Paul Benneworth）
〔英〕尼古拉斯·费尔普斯（Nicholas A. Phelps）编著

上海市城市规划设计研究院 译

Routledge
Taylor & Francis Group
LONDON AND NEW YORK

同济大学出版社
TONGJI UNIVERSITY PRESS

中国·上海

**图书在版编目（CIP）数据**

打造 21 世纪知识综合体：再论世界的高技术园区 / 苗田，（英）保罗·本纳沃思（Paul Benneworth），（英）尼古拉斯·费尔普斯（Nicholas A. Phelps）编著；上海市城市规划设计研究院译著 . -- 上海：同济大学出版社，2021.3

（世界城市规划经典译丛）

书名原文：Making 21st Century Knowledge Complexes:Technopoles of the world revisited,1st edition

ISBN 978-7-5608-9568-0

Ⅰ.①打… Ⅱ.①苗… ②保… ③尼… ④上… Ⅲ.①高技术园区—研究—世界 Ⅳ.① F112

中国版本图书馆 CIP 数据核字（2021）第 001484 号

# 打造 21 世纪知识综合体：再论世界的高技术园区

**Making 21st Century Knowledge Complexes：** Technopoles of the world revisited

苗田（Julie Tian Miao）
［英］保罗·本纳沃思（Paul Benneworth）
［英］尼古拉斯·费尔普斯（Nicholas A. Phelps） 编著
上海市城市规划设计研究院 译

出 品 人：华春荣
责任编辑：由爱华 孙 彬 责任校对：徐春莲 封面设计：陈益平 版式设计：朱丹天
出版发行 同济大学出版社 www.tongjipress.com.cn
（地址：上海市四平路 1239 号 邮编：200092 电话：021-65985622）
经 销 全国各地新华书店
印 刷 启东市人民印刷有限公司
开 本 710mm × 980mm 1/16
印 张 19.75
字 数 395 000
版 次 2021 年 3 月第 1 版 2021 年 3 月第 1 次印刷
书 号 ISBN 978-7-5608-9568-0
定 价 98.00 元

# 序言

面向2035年，上海要建设成为令人向往的创新之城、人文之城、生态之城，具有世界影响力的社会主义现代化国际大都市。进入新发展阶段，上海要以“四个放在”作为战略基点，坚持“创新、协调、绿色、开放、共享”的新发展理念，加快构建国内大循环为主体、国内国际双循环相互促进的新发展格局，着力推动高质量发展、创造高品质生活、实现高效能治理，成为具有全球影响力的长三角世界级城市群的核心引领城市，成为社会主义现代化国家建设的重要窗口和城市标杆。

建设“创新之城”是“上海2035”总体规划的核心分目标之一。为落实国家战略要求，上海正在加快建设成为具有全球影响力的科技创新中心，以更加开放包容的政策和环境培育、集聚各类科创人才，推动国际科技创新中心核心功能取得重大突破性进展，努力打造成为科学新发现、技术新发明、产业新方向、发展新理念的重要策源地。在创新空间布局上，强化要素资源供给和服务保障，优化科创中心承载区的功能布局，依托张江科学城、临港、杨浦、徐汇、闵行、嘉定、松江等关键承载区，加快推进创新要素集聚、创新主体培育、创新生态优化，不断提升创新浓度和密度，努力形成活力迸发的全域创新发展格局。

在城市创新空间的规划、建设、管理等方面，世界各国已有很好的经验可供学习借鉴。《打造21世纪知识综合体：再论世界的高技术园区》一书集成了国际学术界对城市创新空间理论与实践方面的重要研究，是对近20多年来世界科学城、科技园区等创新空间最新发展动态的经验总结。加强学习国际先进经验对于规划工作者增强对城市创新空间的发展规律认识、提升创新空间规划水平具有重要意义。在新的历史起点，希望上海的规划工作者及社会各界同仁群策群力，坚持树立全球视野，对标国际最高标准、最好水平，共同致力于将上海建设成为卓越的全球城市和具有全球影响力的科技创新中心！

徐毅松<br>上海市规划和自然资源局　局长

# 译者序

在全球化与知识经济时代，创新已成为体现城市竞争力的关键因素。从当今城市发展趋势看，城市之间的竞争越来越体现在科技、产业、文化和制度等多个维度的全面创新能力的竞争。创新空间作为推动城市发展的关键载体，正在从根本上改变城市的既有发展模式。纽约、伦敦、东京等全球城市纷纷构建创新型城市的发展战略，以此强化在全球城市网络中的资源配置能力。近年来，全球城市的科技创新活动呈现出回归中心城区的新趋势，创新功能与城市功能更加趋于融合。当前，我国经济社会发展进入新阶段，创新驱动已成为重要的国家战略。在新的发展背景下，城市发展需要通过以科技创新带动全面创新，不断培育面向未来的新经济、新动能。城市规划作为实施城市发展战略的重要政策工具，要深入研究创新空间的发展规律，将创新活动的空间需求、特征、模式与城市空间规划、土地利用紧密融合，促进空间资源优化配置，提升城市创新能力。

上海在新一轮城市总体规划中提出到 2035 年要建设成为卓越的全球城市，令人向往的创新之城、人文之城与生态之城。根据国家战略要求，上海要按照新发展理念，系统推进、全面创新、积极探索，建成与我国经济科技实力和综合国力相匹配、具有全球影响力的科技创新中心。在空间布局上，重点推动张江综合性国家科学中心建设，加强重大科技基础设施支撑，打造世界一流的科学城。同时，依托紫竹、漕河泾、杨浦、市北、嘉定、临港等创新功能集聚区，加快科技创新和成果应用转化。此外，结合城市更新和工业用地转型，促进创新功能与城市功能互动发展，形成融合科技、商务、文化等功能的复合型科技商务社区。近年来，按照上海市规划和自然资源局的要求，我院积极跟踪世界创新型城市的规划动态，也承担了张江、紫竹、临港、南大、马桥等重点创新功能区的规划研究工作，探索形成了一系列的创新空间规划成果。通过学习国际成功案例经验，把握科技发展重要趋势，并与上海发展实际相结合，对于促进城市空间新格局和高质量发展、提升城市创新能力具有积极意义。

从国际经验来看，世界各地已有很多科学城、科技园区、创新街区等创新空间规划与发展的成功经验可供学习与借鉴。为增强对国际前沿规划理论的学习，跟踪全球城市发展动态，上海市城市规划设计研究院组织专业技术力量，选择国外最新出版的前沿理论著作进行翻译，将世界最新的科技创新空间规划理论与实践经验引入国内，供规划从业者与学术研究者学习借鉴。《打造 21 世纪知识综合体：再论世界的高技术园区》一书是对国外创新空间规划与发展最新理论与实践的研究。该书在回顾卡斯特尔教授和霍尔爵士 1994 年编著的《世界的高技术园区》的基础上，对美国、欧洲、亚洲等不同国家与地区的高技术园区近 20 年来的最新发展经验进行总结，重点在网络协同管理、空间治理模式、动态绩效评估等方面进行深入分析，并提出新的发展理念和政策建议。这些理论和经验对于我国建设科学城、高科技园区，以及加快产业园区转型升级等规划实践都具有重要的参考价值。

本书的翻译出版工作得到了同济大学原常务副校长伍江教授、上海社科院城市与人口发展研究所副所长屠启宇研究员、上海市科创办彭崧副主任等专家的指导与支持，感谢他们对本书的应用价值与未来研究方向提出的宝贵建议。专家认为本书是《世界的高技术园区》出版之后的又一部重要著作，是近 20 年来全球学术界对高技术园区出现的各种新现象和新问题思考的集成。这些研究基于卡斯特尔与霍尔在 30 年前的深刻洞察，同样也对当下高技术园区的问题充满预见性思考，相信会具有与前书同样的历史价值与现实意义，也相信本书在中国的出版会进一步启发中国高技术园区领域的决策者、规划者、建设者与管理者的理论思考与实践探索。如今，中国高技术园区的发展已越来越走向世界前列，也越来越体现出中国特色，希望本书的出版也能推动中国学术界对这一领域的理论思考。同时，专家还建议对本书出版后高技术园区的最新进展予以持续关注，并呼吁社会各界共同推进这一领域的研究。

在主持本书编译出版工作过程中，金忠民副院长参与统筹协调，我院发展研究中心卢柯、王周杨、梁英竹、阎力婷等同志负责策划、翻译、校核等工作。其间，还得到了原著作者墨尔本大学苗田、费尔普斯教授对翻译工作的指导与建议，以及同济大学出版社的大力支持，在此深表谢意！积极研究和探索创新型城市是城市规划工作者的应有担当，衷心希望本书的出版，能够促使规划从业者对城市创新空间规划有更全面、更深入的思考和启发，共同探索我国创新型城市的规划、建设与治理，为我国开展城市创新空间的规划实践提供有力支撑，为建设科技强国贡献力量！

张帆

上海市城市规划设计研究院　院长

# 编著者序

本书最初源自 2012 年在荷兰代尔夫特举办的区域研究协会欧洲会议的系列论文。很惊喜我的博士研究议题“关于武汉光谷的产业动力”也在众多参会者的论文之中。由于经济地理与城市规划领域的学者对知识经济研究兴趣浓厚，在此次会议中我们得以举办四个分论坛的演说，这给我们编著本书提供了很大的选择范围。本书最终得以出版，也非常感谢其他两位编著者保罗·本纳沃思与尼古拉斯·费尔普斯的帮助，他们在理论、实证与政策导向方面的评论使得本书更具国际视野。

本书的出版也得到了在创新研究领域非常重要的两位人物的帮助，但是他们已经离我们而去。首先，我非常感谢我在伦敦大学学院的博士生导师，彼得·霍尔爵士。彼得·霍尔爵士在代尔夫特会议上发表了我们论坛的主旨演讲，但是很遗憾的是他在不久后就过世了。我非常荣幸能够为他写一篇纪念性的文章，并收录在马克·泰德－琼斯（Mark Tewdwr-Jones）、尼古拉斯·费尔普斯与罗伯特·弗里斯通（Robert Freestone）编著的《规划想象》（*The Planning Imagination*）一书中。本书在很多方面也表达了对彼得·霍尔爵士个人与学术影响力的敬意。代尔夫特会议与本书背后的主要想法是对曼纽尔·卡斯特尔与彼得·霍尔编著的《世界的高技术园区》一书的回顾，该书是经济地理与城市规划领域中关于知识型产业的早期经典论著，本书的副标题也很清晰地反映了该书深远的影响。

其次，非常令人悲伤的是，本书的编著者之一，保罗·本纳沃思在英文原著出版后不久也过世了。尽管保罗英年早逝，但他在经济地理领域对创新与知识经济的研究取得了巨大的成就。在和保罗一起编辑此论文集前不久，我们在 2011 年由韩国科技政策研究所（STEPI）赞助、由尼古拉斯·费尔普斯与李永锡（Yong-Sook Lee）组织的“科学与城市”研讨会上，一起做了相关的主旨演讲。此后，保罗与尼古拉斯成了本书的共同编著者。虽然接触不多，但是保罗留给我极其深刻的印象：他在该领域拥有极为丰富的知识，对演说与论文的评论有着真知灼见。同时，他非常注意各位作者所论述的细节，不遗余力地编著了这本高质量的作品。

在卡斯特尔与霍尔1994年出版的《世界的高技术园区》一书中，关于中国的城市仅收录了中国台湾的案例，没有收录上海。在本书中，我们有了台湾新竹和武汉光谷的案例，但是也非常遗憾没有上海的相关研究。当前，中国正在致力于建设创新型国家，对于产业创新能力的升级非常关注。这当然会引发针对中国各地的产业与技术园区设计的重新思考，显然上海已经开始探索这一过程。在将上海打造成为领先的创新型全球城市的过程中，我们的译者单位，上海市城市规划设计研究院已经付出了很多努力。他们的研究与实践作品涉及城市规划、产业、生态、文化等各个方面。毫无疑问，上海和中国其他城市的案例会在下一次回顾卡斯特尔与霍尔《世界的高技术园区》一书时扮演重要角色！

当我写这篇中文版序言时，我在经济地理与城市规划领域关于地方与国家知识经济关键要素的研究也开启了新的篇章。我很荣幸获得了2021—2024年澳大利亚研究委员会的青年领航人探索奖（the Discovery Early Career Research Award）资助。这一研究项目使我能系统深入地对墨尔本、波士顿与上海的创新发展政策、规划和园区实践进行比较研究。我非常期待能够深入探索上海创新城市建设的成就，并见证上海成为具有全球影响力的科技创新城市！

苗田

2020年11月于墨尔本

# 目录

# 插图

# 表格

# 编著者

**阿尔韦托·阿尔巴哈里（Alberto Albahari）**，西班牙马拉加大学（Universidad de Málaga）工业工程学院博士后研究员，教授管理学课程。主要研究方向为创新管理、知识密集型环境和产学研关系。

**保罗·本纳沃思（Paul Benneworth）**，荷兰特文特大学（University of Twente）高等教育研究中心高级研究员。研究方向为通过大学与社会的互动、技术集群、创新和技术发展，探索知识生产与社会之间的关系，以及其与更广泛的社会、治理网络和系统的关联（译者注：2020 年离世。）。

**路易斯·卡瓦略（Luis Carvalho）**，欧洲城市比较研究所（European Institute for Comparative Urban Research）高级研究员。研究方向为地域经济、城市管理和知识与创新地理学。

**安东尼娅·卡塞拉斯（Antònia Casellas）**，西班牙巴塞罗那自治大学（Universitat Autònoma de Barcelona）地理学系助理教授。研究方向为三位一体的理论与政策分析：经济可行性和生态责任、治理和社会创新、城市 / 区域重构进程。

**大卫·查尔斯（David R. Charles）**，英国林肯大学（University of Lincoln）创新与战略管理教授兼林肯商学院副院长。主要研究方向包括创新管理、区域创新政策和校企合作，以及大学在更广泛的城市和区域环境中的作用。

**沙里法赫·达乌德（Sharifah R. S. Dawood）**，马来西亚理科大学（Universiti Sains Malaysia）人文学院地理学系高级讲师。研究方向包括经济地理学、知识密集型商业服务、区域发展与创新以及城市社会学。曾为经济合作与发展组织《区域和城市发展高等教育评论》（*OECD Reviews of Higher Education in Regional and City Development*）撰写文章，在《环境与规划 C》（*Environment and Planning C*）杂志上发表了期刊文章，并与亚洲开发银行建立了研究网络。

**亨利·埃兹库维茨（Henry Etzkowitz）**，三螺旋协会（Triple Helix Association）主席，也是《三螺旋》杂志社（Triple Helix）的主编，担任英国伦敦大学（University of London）伯贝克学院客座教授以及中国山东省科学院高新技术研究分院的特聘专家。已出版的著作：《雅典娜解放：女性在科学技术方面的进步》（剑桥大学出版社和《三螺旋》杂志社）、《大学—产业—政府创新行动》（劳特利奇出版社），即将出版《创业型大学浪潮》。

**黄伟茹（Wei-Ju Huang, Astor）**，中国台湾成功大学（Cheng Kung University）规划设计学院城市规划学系助理教授。研究主要集中于通过将制度分析和比较研究应用于当代规划问题，特别是在城市和区域尺度上，来加深对空间规划本质的理解。

**米拉纳·科罗特卡（Milana A. Korotka）**，荷兰特文特大学（University of Twente）人力资源管理系管理与治理学院人力资源管理博士研究生。拥有特文特大学公共管理欧洲研究（规管方向）理学硕士学位。

**蒂姆·梅（Tim May）**，英国曼彻斯特索尔福德大学（University of Salford）可持续城市和区域未来中心教授兼联合主任。目前的工作是研究认知社区和实践社区之间的关系，探索城市环境中的价值观和学习。

**苗田（Julie Tian Miao）**，英国格拉斯哥大学（University of Glasgow）城市研究系城市规划与发展讲师，（译者注：现任澳大利亚墨尔本大学设计学院房地产与经济发展高级讲师）。研究重点是创新系统、区域发展和城市转型，尤其关注对东西方不同的知识经济发展方式的比较。

**贝丝·佩里（Beth Perry）**，英国曼彻斯特索尔福德大学（University of Salford）可持续城市和区域未来中心的准教授兼联合主任。自2011年以来，一直担任密斯特拉城市未来研究中心大曼彻斯特地方互动平台的主管。该平台是一个可持续城市中心，合作伙伴来自瑞典、肯尼亚和南非。

**尼古拉斯·费尔普斯（Nicholas A. Phelps）**，英国伦敦大学学院（University College London）巴特利特规划学院城市和区域发展教授，（译者注：现任澳大利亚墨尔本大学设计学院教授、副院长、城市规划系主任）。主要研究方向包括跨国企业和外国直接投资的经济地理、城市经济集聚理论以及郊区的政治和规划。最近与人合编了一期以“科学与城市”为主题的《环境与规划C》特刊。

**蒂亚戈·拉蒂尼奥（Tiago Ratinho）**，拥有荷兰特文特大学（University of Twente）博士学位，2011年通过论文《关于商业孵化影响》的答辩。研究方向是创业精神、战略和技术转移领域，目前在美国巴尔的摩大学（University of Baltimore）梅里克商学院任教。

**罗兰・谢雷尔（Roland Scherer）**，瑞士圣加仑大学（University of St Gallen）系统管理和公共治理研究所区域科学研究中心主任。主要从事区域发展领域的基础研究、应用研究和咨询工作，特别关注跨境合作和多层次治理项目。

**西蒙娜・斯特劳夫（Simone Strauf）**，瑞士圣加仑大学（University of St Gallen）系统管理和公共治理研究所高级研究员。主要研究方向是区域科学，特别关注影响监测和高等教育机构对区域发展的贡献。

**马里奥・瓦莱（Mário Vale）**，葡萄牙里斯本大学（University of Lisbon）地理和空间规划研究所正教授，地理研究中心研究员。2013 年为美国加州大学洛杉矶分校地理系富布赖特（Fulbright）访问学者。曾任葡萄牙地理学家协会主席（2004—2008）和区域研究协会副主席（2008—2011）。

**威廉・范・温登（Willem van Winden）**，荷兰阿姆斯特丹应用科学大学（Amsterdam University of Applied Sciences）城市知识经济和战略教授。曾就城市知识型发展及相关课题发表多篇论文，并在多座大型城市担任顾问。

# 前　言

本书希望围绕一个共同的主题将单独的研究论文汇编成册，形成具有科学贡献价值的著作。因此，本书的编著主要依赖于不同学者之间的合作，基于共同或交叉的研究兴趣形成清晰连贯的要点。本书起源于尼古拉斯·费尔普斯教授和韩国高丽大学公共管理系李永锡教授之间的讨论。在韩国科技政策研究所（STEPI）的支持下，他们于2011年10月在韩国首尔组织了以科技园区和创新政策为主题的研讨会和实地考察活动。

随着创新作为核心驱动力影响到政策制定的方方面面，城市究竟出现了什么新的空间形态？此次研讨会试图将此问题列入学术议程。这一曾经只有经济部门才会关注的问题，正扩展到卫生、科学、住房、交通和环境等领域，激励和促进创新开始成为各部门的核心政策目标。这种政策上的广泛关注显然对与创新相关的空间形态产生了重要影响，彼得·霍尔爵士（Sir Peter Hall）和曼纽尔·卡斯特尔（Manuel Castells）在1994年提出的位于郊区的高技术园区模式正在被新型的经济空间所取代，包括位于城市中心区的、网络形态的、在城市外部的，甚至是位于新型郊区的多种类型园区。在为期一天的研讨会中，主要围绕十篇具有重要启发意义的论文进行研讨，包括本书编著者在内的研讨小组一致明确了将继续推进这一议题的探讨。

研讨会上遴选出一部分论文，已发表在《环境与规划C：政府和政策》的专刊上（第32卷，第5期）。但与此同时，与会者和其他诸多研究者仍希望以多种不同的方式继续探讨这一议题。2012年，本书的三位编著者组织了一场以“世界的高技术园区”为主题的会议，试图将讨论范围扩大到韩国科技政策研究所议题（高技术园区的新空间形式）之外的更广阔领域。在荷兰代尔夫特举行的2012年区域研究协会欧洲会议上，重点研讨了自卡斯特尔和霍尔的开创性著作《世界的高技术园区》（*Technopoles of the World*）面世近二十年以来，高技术园区作为区域发展驱动力的理念发生了怎样的演变。

在此次会议中，与会者对这些讨论表现出浓厚的学术兴趣，而且提交论文的主题和来源也非常广泛，促使我们向“城市和区域”丛书提交了一份策划提案。我们很高兴收到了出版商和劳特利奇出版社的合同。在过去一年里，我们选定了12篇论文，共同讲述高技术园区的理念是如何传播到世界各地，融入新的空间结构以及新的政策框架中。

希望本书并不是我们探索科技和经济发展研究之旅的终点。我们参与了由英国利华休姆信托基金（Leverhulme Trust）资助的研究网络，在全球范围内探索新的科学园区形态。该网络由参与了最初的韩国研讨会的牛津布鲁克斯大学的戴夫·瓦莱（Dave Valler）教授领衔，其目标是探索在科学日益国际化和去中心化的背景下，作为基于科学和创新经济发展焦点的本地空间会受到哪些影响。通过研究、研讨和出版等各种方式，我们希望以本书确保这一研究网络不会简单地将科学园区视为“高科技幻想”政策的灵丹妙药。

本书的出版离不开对近二十年来高技术园区概念演变感兴趣的研究团队。首先，我们要感谢李永锡、金俊宇（Hjungyoo Kim）和韩国科技政策研究所搭建的平台，感谢所有研讨会参与者作出的贡献。其次，我们要感谢区域研究协会的萨莉·哈代（Sally Hardy）和莱萨·雷诺兹（Lesa Reynolds）提供的平台和网络，使得我们获得更多信息，与为本书奠定基础的研究者们建立联系。再次，我们要感谢罗伯·兰厄姆（Rob Langham）、娜塔莉·汤姆林森（Natalie Tomlinson）和丽莎·汤姆森（Lisa Thomson），感谢他们的热情和支持，才让本书结出硕果。最后，我们要感谢本书的作者们，他们忍受了我们为协调和激励他们奉献出最好的内容的挑剔态度，希望他们现在能够欣赏这些成果。

此外，最应该感谢的是启发我们整体构思的人。2014 年 7 月底，82 岁的彼得·霍尔爵士去世，对此我们深感悲伤，本书的整体意义也随之改变。本书原本旨在庆祝原著出版二十周年，因为该书对我们来说具有深远的影响。霍尔爵士不仅在二十年前用强有力的文字激励了我们，他的思想至今仍在启发和号召后来者讨论、辩论、反思和拓展高技术园区的理念。霍尔爵士在代尔夫特会议上为我们的项目做了一场振奋人心的演讲，我们曾希望这一演讲能够成为本书的序章。

虽然这一序章已不可能，但霍尔爵士在代尔夫特传达的思想体现在我们的许多文章中，即政策制定者试图创造新的生活和工作方式，以新的城市品牌和营销形式向全球推广，其中涉及公私混合的复杂组织形式。显然，在城市科学政策领域，就像在许多其他领域一样，霍尔爵士激励了一批活跃在具有现实意义的激烈辩论中的学者。我们热切希望，本书能够为持续这场辩论作出某种贡献，并鼓励其他人在霍尔爵士的著作中寻找灵感，更好地理解当代世界及其面临的挑战。我们团队中的每个人都曾与霍尔爵士有过学术联系，他的离开让我们深感痛心，我们希望借此书纪念他的重要思想遗产。

编者于2014年10月

# 第1部分
# 引　言

# 1 世界的高技术园区

## 变迁、动力和挑战

苗田、保罗·本纳沃思、尼古拉斯·费尔普斯

### 1.1 引言

自从 1994 年曼纽尔·卡斯特尔和彼得·霍尔发表开创性的著作《世界的高技术园区》以来，学术界和政策界对这些知识基础设施的关注日益加深。这些高科技空间在新知识经济兴起的背景下，相较该著作面世之初已经发展壮大，并吸引了大量的模仿者（Hospers, 2006）。全球高技术园区的迅猛发展，在很大程度上可以看作是决策者和利益相关者从美国硅谷（Silicon Valley）和英国剑桥（Cambridge）等地的成功经验中受到了启发。新科技园区的倡导者和开发者试图获得类似的回报，他们认为通过建立合适的基础设施就能让创新活动和高科技产业在这些精心打造的综合体中蓬勃发展。然而，卡斯特尔和霍尔却对高技术园区规划的潜在经济浪费提出了警告，特别强调需要通过长期的措施形成必要的创新协同效应。对此，他们还给出了所需时间，高技术园区的全面影响通常会在 15 ～ 25 年间显现出来（Castells et al., 1994: 236）。

《世界的高技术园区》一书出版已有二十余年，如今，重新审视这些新知识空间有何经济绩效的时机似乎已经成熟，这既包括 1994 年之前创建的知识空间，也包括在这之后创建的知识空间。这一做法是为了系统地探索当代高技术园区的特征，并反思随之而来的挑战。随着人们对鲁滕等人（Rutten et al., 2014）提出的“社会知识经济”（social knowledge economy）理念的了解逐渐加深，重新构建高技术园区概念的时机已经成熟。但关键的挑战在于，新信息和通信技术（ICT）基础设施带来的知识交流和创造的泛在性，给实体场所在新知识创造中的重要性画上了大大的问号。换言之，如果知识能通过技术媒介在全球范围内交流，那么通过创建实体平台、产业综合体和大学校园以促进地理上邻近的合作伙伴之间的交流有哪些潜在优势？

与此同时，知识交流仍然明显存在于实体层面，特别是隐性知识（技能和人

际知识）的交流。隐性知识是以密切频繁的互动为基础，通过社会学习过程创造的。地域上的邻近可以极大地促进这些知识密切互动（Gertner et al., 2011）。在全球知识网络中，创新型企业需要以拥有共同利益的特定区域为锚点，这些地方可能出现在与高技术园区综合体相关的知识社区（Yeung, 2009）。因此，必须要了解那些对全球创新网络中表现活跃的企业具有锚定能力的地区，其特定的地方知识是如何围绕这些综合体而建立起来的，特别是它们在多尺度的知识生产、流通和使用过程中所起的作用。

近年来，知识基础对于地域的重要性（Keeble et al., 1999）、创新管理的尺度重构（Perry et al., 2007）和权力结构的重新组织（Christopherson et al., 2010）等观点在学术讨论中逐步浮现。为了解地域的知识基础，学者们更加关注一个地方的社会资产、知识存量的动态变化和积累，以及知识扩散的规模和范围（Rutten et al., 2014）。就创新管理而言，虽然对"战略区域"（Pierre et al., 2012）的关注正在增强，但在地方和城市层面的决策过程也变得更加重要（Glaeser, 2011）。人们越来越认识到，拥有恰当配套设施的城市在激励创业和创新方面具有巨大的潜力。在当前的行政管理结构中，地方分权化和放松管制已经进入一个新的阶段，不仅在发达国家，在发展中国家也表现出这一趋势。

## 1.2　21 世纪的高技术园区

在本书中，我们试图通过重新审视当代高技术园区的特征来参与到这些新的讨论中。除了关注我们认为需要更多考虑的内容之外，我们还打算根据过去二十余年的发展对《世界的高技术园区》一书的观点进行更新。本书的主要目标是全面反思新世纪高技术园区的概念和实践，并评估发达国家和发展中国家的知识基础设施和产业综合体的形态和功能变化。为了实现这一目标，本书的研究贡献者特别关注三个贯穿始终的主题，这些主题代表了 21 世纪高技术园区的重要特征，即：

- 高技术园区作为一种创新环境，促进参与者之间产生协同效应的方法；
- 治理方式在决定高技术园区成功方面所起的作用；
- 实施这些概念模式在创造（或实际上没有创造）经济成就和提高创新绩

效方面的可行性。

关于上述第一个主题，本书探讨了在新技术可能会拉远创新者之间距离的形势下，当代高技术园区作为一种创新环境的规模和范围。卡斯特尔和霍尔在二十年前的著作中将创新环境定义为：

> 为产生持续的协同效应创造条件的社会、制度、组织、经济和地域结构，以及对由协同能力产生的生产流程的投资，包括对生产单元和对创新环境整体的投资。
>
> （Glaeser, 2011: 9）

在当前背景下，这一定义的关联性主要体现在两个方面。首先是打造这些“高效的结构”需要怎样的条件和领导力。我们看到，公共部门和私人参与者在高技术园区项目的启动、开发、管理和利用方面的合作日益密切。在这类产业综合体的规划中，主体之间的界限变得越来越模糊，科学、制图学和社会空间在高技术园区的交叠越来越多。其次是地域邻近性是否仍然以及如何在参与者之间协同效应的产生中发挥重要作用。我们在第 1.1 节中已经指出，当前的一些变化向传统观念提出了挑战，即高技术园区的关键发展过程是否还需要相关参与者的地域邻近性支撑。早在 1994 年，卡斯特尔和霍尔就清楚地看到，如果高技术园区不能建立动态互动网络来支持技术发展和创新，那么这种规划注定要失败。在信息经济的推动下，我们需要批判性地反思，地域邻近性是否不再重要，以及创新主体是否正在通过创造新的知识交互空间来寻找提升其创新能力和竞争力的方式。

本书的第二个主题是突出治理和政策在当前高技术园区理论争辩中的重要性。卡斯特尔和霍尔（1994）的研究出发点是探索后工业时代知识经济日益兴起背景下的产业组织重构和迁移过程。丘奇（Church, 1995）通过“描述性分析”的方法，从演化和制度变迁的视角研究了产业重组与产业区域迁移之间的关系。但著作中没有涉及的问题是高度本地化的知识基础设施如何塑造这些特定地方的城市发展。当然，这也反映出高技术园区在过去被视为一种郊区或城市远郊 / 农村的现象，而没有融入充满变化的现有城市结构中。他们选择的大多数案例都存在明显的城乡空间分离特征，为此卡斯特尔和霍尔增加了关于“大都市作为创新环境”的章节，尝试提供一些城市和郊区高技术园区的比较。

近来的研究发现许多高技术园区已经融入大都市区蔓延的郊区（Phelps,

2012），同时越来越多的研究试图理解科学研究在城市中的重要作用（Benneworth et al.,2011），使得这些曾经孤立的知识基础设施与大都市之间建立了实体联系甚至相互融合。人们意识到，新趋势正如伊吉特坎拉尔（Yigitcanlar, 2010）所称的“基于知识的城市发展”（Knowledge-based urban development, KBUD），这反过来又引发了关于高技术园区的新思考，例如它们在城市—区域的形成和发展动力方面的作用与在聚集经济中的作用，以及关于它们的管理、治理、融资和土地利用规划等实际问题。尤其是高技术园区的治理结构与融资方式亟须寻求解决方案——鉴于大多数国家目前的财政紧缩政策，其紧迫性只会越来越高。显然，我们有必要通过建立新的多学科对话，使得网络的多层次治理与当代产业创新和重构之间建立有用的联系。

关于第三个主题，本书试图在概念探索和实践启示之间建立更加清晰明确的联系。因此，我们主要关注的不是高技术园区本身在经济和社会方面的成就，而是产生这些成就的条件和结构特征，以及阻碍其带来更广泛的经济和社会贡献的因素。我们一直关心的是，不要把这些贡献过分简单地看作成本收益的计算。本书尤其关注企业和高技术园区的特点、区域经济和制度条件，以及理解和评价其专业化与多样性如何贡献于区域经济发展。在这方面，本书需要采用地域范围更广的案例，以确保涵盖当代高技术园区多样化的经济—社会背景，特别是将这一概念从北美、欧洲和日本拓展到新兴经济体时。我们讨论的地域范围既包括原著中研究的许多“明星”和“先驱”高技术园区，也包括许多新成员和后来者。当代高技术园区的全景既包括发达经济体，也包括欠发达经济体的知识设施，前者位于（极具支持潜力的）城市环境中，后者则需要从零开始建设。我们力求提供覆盖面更广的案例，以将这两类高技术园区都涵盖在内。

我们希望本书的主题和研究范围能够对现有的科学园、城市科技园区的研究作出有价值的贡献。我们的研究主要是受到迄今已经开展了三十年的学术对话中的发现、主张和概念的启发。关于这一主题的许多著作都是基于个案研究及单个国家，如艾伦·斯科特（Allen Scott, 1989）的《南加利福尼亚的科技园区》（*The Technopoles of Southern California*）、希拉里·桑曼（Hilary Sunman, 1986）的《法国及其科技园区》（*France and Her Technopoles*）以及梅西（Massey）、昆塔斯（Quintas）和威尔德（Wield）（1992）合著的《高科技幻想》（*High-tech*

*Fantasies*）。显然，学术界直到现在才真正开始关注发展中国家出现的众多高技术园区综合体，但也有一些例外，如苏珊·沃尔科特（Susan Walcott, 2003）的《中国的科技产业园区》（*Chinese Science and Industrial Technology Parks*）和卢西亚诺·奇拉韦尼亚（Luciano Ciravegna, 2012）的《在拉丁美洲推广硅谷模式：哥斯达黎加的经验》（*Promoting Silicon Valleys in Latin America: Lessons from Costa Rica*）。与此同时，这些贡献主要集中在单个案例，而我们希望通过能代表当代高技术园区多样性的案例来增加这些研究的深度。

还有一些其他的著作已经开始对高技术园区和高科技城市空间开展国际比较研究。例如，尼科斯·科米尼诺斯（Nicos Komnino, 2002）的《智慧城市》（*Intelligent Cities*）借鉴了欧洲和美国的经验，但实际上该书只是针对创新过程数字化所带来的后果进行全面分析，对高技术园区的研究不够深入。同样，史蒂夫·格雷厄姆（Steve Graham, 2003）的《网络城市读本》（*The Cybercities Reader*）主要专注于信息社会。弗朗西斯科·卡里略（Francisco Carrillo, 2006）的《知识城市》（*Knowledge Cities*）一书主要从城市规划的角度探索了这种现象，更注重于社会资本和智慧资本。相反，科林·巴罗（Colin Barrow, 2001）的《孵化器：一个世界新商业加速器的现实主义者指南》（*Incubators: A Realist's Guide to the World's New Business Accelerators*）更多地关注实际问题，如运营和选择孵化器，而不是理论探索。我们希望本书能够不辜负读者的期望，并有助于支撑我们认为具有实践、政策和学术影响的至关重要的辩论。

## 1.3 概念、贡献和尚未解决的问题

考虑到本书的灵感主要来源于卡斯特尔和霍尔（1994）颇具影响力的著作，为了清楚地阐明本书的知识背景，或许有必要简要地回顾一下卡斯特尔和霍尔的原著。“高技术园区”（Technopoles）一词正是在卡斯特尔和霍尔的推广下，开始为世界各地的研究者、政策制定者和实践者所使用。在他们撰写著作时，这些特殊的产业综合体“在外观上是如此相似”，作者将其定义为“技术创新在特定形式的地域集中，具有产生科学协同效应和经济生产力的潜力”（Castells et al.,1994: 10）。他们将高技术园区分成六类，分别是：

（1）围绕高度创新的供应链和集群自发形成的创新环境；

（2）科学城，完全由研究活动集聚形成的综合体，与制造功能没有任何直接联系；

（3）技术园区，通过主动吸引高度创新的企业集聚来促进技术增长；

（4）以日本技术城（Technopolis）项目为代表的旨在建立国家高技术园区网络的国家项目；

（5）典型的创新环境，位于大都市核心区，创新环境通常深度植入于现有的城市结构中；

（6）正在建设中的高技术园区，可以深入研究和展现那些创建未来技术空间的实践。

在重新审视高技术园区现象及其分类时，有必要对近年来社会经济的变化反思。首先，信息经济的出现产生巨大的变化，这一过程一直持续至今，同时创意与文化经济的重要性也在日益加强（Comunian et al., 2010）。近几十年来出现了一个新的劳动阶层，即所谓的"创意阶层"，他们推动创新的能力令人印象深刻，不仅包括技术创新的符号分析师（Reich, 1991），还包括能够在新的文化创意经济中创造价值的知识人群。佛罗里达（Florida, 2002a）在其著作《创意阶层的崛起》（*Rise of the Creative Class*）中指出，这个群体对刺激而愉悦的城市环境的渴望可能会对高技术园区产生重大影响（另见 Florida, 2002b）。当然，这说明那些试图创造、规划和构建创意空间的政策制定者们有必要记住这个新群体的区位偏好。其次，在经济和政治方面，城市及其核心区的重要性都在不断增加。考虑到大都市核心区的空间有限，构建"花园式"或"校园式"高技术园区的传统做法越来越难以实现。最后，随着公共机构更多地参与创业活动，以及公私合作关系作为知识型城市发展基础的优势突显，此类产业综合体建设中的管理和权力结构问题越来越具有挑战性。随着这些变化，从特定空间形态的视角来定义高技术园区的价值正在下降。目前尚不清楚这六种分类的观点是否还具有意义，因为高技术园区逐渐演化出许多新的功能类型和组织形式，有时甚至相互重叠。考虑到这些变化，特别是多样化的趋势，本书各章节在关于高技术园区实体结构、关键的利益相关者以及发展路径方面的研究也非常多样化。

基于上述变化，本书力求在以下四个方面作出贡献：

- 第一，围绕科学园区、技术园区、城市化进程和知识基础型发展模式等长期受关注的议题，从不同的学科视角征集一系列定性和定量的研究论文，并基于其普遍的发展特征建立一个共同的知识库。
- 第二，采用国际比较的视角，除了研究高技术园区的“同源现象”之外，提供更加多样化的经验，避免简单地重复过于简化的“硅谷式”叙述（按 Hospers, 2006）。本书的案例包括发达国家和发展中国家、成功的和不太成功的案例，以及现有的和新建的高技术园区，这在一定程度上反映了各种环境条件之间的差异。
- 第三，总结引言和结束语中的主要发现（第1章和第14章），提出政策和实践启示。尽管我们不能像卡斯特尔和霍尔那样为高技术园区提供解决方案，但我们确实为政策制定者提供了一套相当清晰的信息，所有信息都与建立地方合作机制的需求有关——这些合作机制可以增强地方在更广泛的企业创新体系中的作用。虽然环境正在变得更具活力，但是政策制定者需要找到一种方法能够保证高技术园区项目的长期稳定性，特别是在越来越多的研发企业减少研发投入之际，能够找出主要的参与者并确保其持续性。
- 第四，本书所有文章的作者都反思了从卡斯特尔和霍尔的著作中吸取的经验教训，关注当前高技术园区的特征和所面临的挑战，批判性地审视其发展潜力和增加的价值。这确保了各个章节中采用的方法和出发点的一致性，详见后文。

## 1.4 高技术园区的研究进展：本书的结构

本书介绍了北美、欧洲和亚太地区的案例，并围绕第1.1节中提到的三个方面将各个章节联系起来。第一个方面是协同效应问题，高技术园区正是通过协同方式创造了它们的竞争优势。本书主要关注的是谁在协同效应的形成过程中起领导作用，以及地理尺度对创新主体间建立本地化集体行动的影响。第二个方面是创新的治理过程与城市—区域发展过程之间的关系，在创新空间与城市结构日益交织的背景下，高技术园区所需的治理结构越来越复杂。这种复杂性与第三个方面密切相关，即寻求促进高技术园区发展的政策工具，包括促进总体增长还是局部市场增长之间的关系，创造有吸引力的地方形象与有效的地方协同效应，以及通过政府重组形成符合高技术园区发展的治理结构。书中的每一章分别从不同的视角阐释这些概念，但显然各章都以不同的方式突出了不同的要素。本书的总体结构将围绕这三个主要方面展开。除了引言和结束语（第 1 章和第 14 章）之外，其他三个部分分别涉及协同管理、高技术园区治理与高技术园区评估。

### 1.4.1　协同管理：谁、如何以及在哪里

第 2 部分涉及的问题是高技术园区如何促进不同主体之间创造协同效应。我们的出发点是：将协同效应理解为高技术园区中不同社会领域的主体之间形成更好的信息流动的潜力（Castells et al., 1994: 224）。协同效应的概念意味着高技术园区具有系统性的特征，承载着特定种类的知识，参与者能够从中获得独特的竞争优势，这使得它们成为想要获取这些知识的企业的向往之地（Gertler, 1995）。协同效应的这一定义意味着需要进行系统层面的分析，正如马歇尔（Marshall, 1920）所描述的“产业氛围”那样。当然也有一些概念可以帮助解释这些活动是如何运作的，包括新马歇尔产业区（Amin et al.,1991）、波特（Porter, 1998）的产业集群或摩根（Morgan, 1997）的学习型区域。然而，在系统性的本质之下，其关键问题是：创造这些系统效应的网络和联系的动力是什么？其中特别重要的问题是：谁在领导这个过程？交互作用是如何累积的？哪里可以找到促进交互的最佳环境？

许多研究分析往往倾向于聚焦私营部门的领导作用，通过动员与大学、政府和其他伙伴建立合作关系，促进知识分享过程以及构建协同网络。在第 2 章中，亨利 • 埃兹库维茨让我们关注到北美地区的大学正在不断增强创业能力。他从演化的视角追踪了创业型大学（entrepreneurial university）的三个阶段：首先是获得自主权，然后将知识产权进行商业化，最后是积极改善区域创新环境的效率。这些行为变化背后的逻辑是：在知识变得日益重要的社会趋势下，知识机构之间双向流动在创新中具有重要作用，这些行为对于产生知识、获得资金和促进技术创新发展是非常必要的。通过美国麻省理工学院、斯坦福大学以及巴西和欧洲的案例研究，埃兹库维茨明确指出，高技术园区概念的优点之一是它能够对不断变化的基础条件做出响应，能够体现其内在的弹性。

根据卡斯特尔和霍尔（1994）的研究，促进大学与产业之间联系的传统做法

是：不考虑不同合作伙伴的潜在动机和动力机制，将两者置于同一地块使之建立实体联系。而埃兹库维茨指出，潜在动机和动力机制对于两者关系的变化至关重要。这就提出了一个问题，即如何刺激这种交互作用，才能产生更加持久的协同效应？在第 3 章中，科罗特卡和本纳沃思以荷兰为例，探讨了这个问题。在荷兰，大学在知识型城市发展中发挥了极为重要的作用。无论一所大学多么具有创业精神，在建立合作关系时都必须克服自身利益与商业伙伴的利益完全不同的障碍；人们对于高校科研人员选择与企业打交道的原因知之甚少，尤其是这种研究常常会受到有关应用的质疑。作者以特文特大学的肯尼斯帕科技园（Kennispark）为例，试图对这一问题进行研究，并分析哪些类型的邻近性会影响学者的合作选择。通过对一组活跃的学术合作者的调查研究发现，肯尼斯帕科技园中学者与外部合作伙伴的合作主要是基于组织和社会邻近性，与他们所在的区位无关。作者由此提出，地理邻近性带给肯尼斯帕科技园参与者的效益并不重要，重要的是其他形式的邻近性（认知、组织和社会）。但同时，人们也意识到这些邻近性是因大学校园产生的，因此有必要认真反思，高技术园区究竟如何通过地理邻近性来促进其他形式邻近性的形成。

关于科罗特卡和本纳沃思讨论的这种“邻近性悖论”（Broekel et al., 2012），温登和卡瓦略在第 4 章也进行了探讨。他们从高技术园区投资者的角度出发，聚焦于协同管理，研究了五座欧洲城市（亚琛、奥尔胡斯、科英布拉、都柏林和埃因霍温）中的六个高技术园区。作者基于高技术园区实践者的经验研究，再次对地理邻近性创造协同效益的重要性提出了质疑。这些实践者逐渐意识到知识交流和学习是通过多尺度的网络和空间结构运作的社会性活动。为了在这种新环境中促进协同效应，有四类协同管理工具已被广泛使用，通过空间集聚来刺激和培育其他形式的邻近性，分别是：①促进交互的设计；②管理租户组合；③共享设施；④促进网络和社区联系。与此同时，与其他文章的观点相似，作者强调通过实体空间设计能够促进人际交流，并认为高技术园区管理机构必能从更多了解创新过程的动力机制中受益。

不论这些综合体是自发的还是经规划形成的，在某种程度上，所有这些北美和欧洲的案例研究都表明了高技术园区在理论发展和管理实践上的范式转变。在第 5 章中，查尔斯详细研究了科学城这种特殊的高技术园区类型的演变，与卡斯特尔及霍尔（1994: 10）一样，他将其定义为严格意义上的科学研究综合体，与制造业在地域上没有直接的联系。“第一代”科学城的规划通常是独立于城市的，其目的是将纯粹的科学研究从城市生活的潜在干扰中分离出来。随着时间的推移，科学城有了新的发展愿景、合作关系、资金支持和空间组织，它们在这些大学校园和更广阔的城市体系之间创造协同效应，利用大学校园作为创新引擎来推动更大范围的城市经济发展。然而，在这些经过规划的综合体创建充满活力的城市科研项目方面，资金成为一大挑战。就北美而言，国家和州政府已将筹资工作委托给地方（第2章），而在英国和许多欧洲大陆国家，中央和地方政府仍负责为科学城提供资金。这种差异或许可以解释，为什么在美国，大学是这些地方创业活动的主要驱动力；而在欧洲，公共机构越来越多地承担了创业的角色。

### 1.4.2　空间、地方和治理

“新一波”科学城发展的另一个显著特点是没有重大的城市建设活动，而是注重利用现有的科学资源来满足城市未来的发展需求。因此，我们可以在当代科学城的发展中发现，城市知识空间之间的实体和功能联系变得更加紧密。这一新特征提出了这样一个问题：在当前背景下，高技术园区和都市地区之间的差别是否仍然存在？满意地解答这个问题可能需要更长的时间，可以先思考城市空间和知识空间融合时产生的冲突，包括来自不同治理结构还有空间规划结构之间的干扰所带来的冲突。正是由于这个原因，卡斯特尔和霍尔的著作仅将治理当作隐含的主题，然而在当代高技术园区的分析中，治理必须被放在核心位置。在原著中，他们（1994: 1）描述了信息社会的原型（并加以强调）：

> （它）由一系列低矮、不起眼的建筑组成，通常呈现出一种安静素雅的气氛，置身于完美的园林景观之中，营造出校园般的氛围……如今，它们遍布世界上几乎所有充满活力的城市周边地区。

此外，创新和创意活动应该与制造活动分离：

> 在这些高技术园区的新建筑里，相当多的人通常不生产实际的产品，而在其他通常相距不远的地方，在相似的或稍显逊色的建筑里，其他人则将他们的发明变为实物。
>
> （出处同上：2）

越来越多的人意识到或者重新意识到都市核心区和城市仍然是经济发展的主要动力，尤其是在紧缩和经济危机时期，他们对高技术园区的刻板印象已经被颠覆。因此，贝丝·佩里和蒂姆·梅在第 6 章中明确指出，在后工业或后福特（post-Fordist）经济中，知识和创新的重要性在日益增长：

> 新的关注点是新型网络化、分布式治理模式和多层次安排，在政治和经济层面将“城市”和近来兴起的“城市—区域”视为恰当的分析和行动单元。
>
> （本书 6.2.1）

但是，耦合知识空间与城市空间并不是一项简单的任务，它的复杂性源于知识创造过程中参与者对可创造的知识种类的多样化、（有时甚至是）相互矛盾的期望。正如佩里和梅指出的那样，知识的意义可以通过经济、政治、社会文化和科学等不同视角来解读，每一种视角都突出了知识的不同方面，这些方面对于知识联盟中的利益相关者的重要性有所不同。成功的知识型城市发展项目必须反映出利益相关者在这些知识层面的各种利益，并建立恰当的治理结构，以确保这些不同的假设、期望和需求能够在地域性项目的范围内被清晰表达和得以满足。佩里和梅用英国科学城项目作为案例说明了他们的观点，即在对知识概念缺乏清晰认识的情况下，因地制宜的发展策略如何出现漏洞，并在中央和地方政府之间以及不同的地方政府机构之间引发一系列的冲突。

高技术园区这种复杂的治理结构并非英国独有，在亚太地区也是如此，一定程度上是一种自上而下的公共治理规范的结果。在第 7 章中，黄伟茹研究了中国台湾新竹项目的最新进展，这是卡斯特尔和霍尔曾考察过的一个典型的科技园项目。卡斯特尔和霍尔将新竹项目描述为一个相对零散的大学计划，与法国索菲亚科技园和英国剑桥大学有很多共同之处，这是一个与周边地区联系有限的政府规划项目。尽管自项目启动至今已超过 30 年，但新竹的“飞地”性质并没有发生实质性的变化。黄伟茹将空间依赖的概念（Cox, 1998）和地域政治结构结合起来，以检验新竹科学城发展计划和官方论坛两项合作计划中治理冲突的本质。前者的失败是由于政府重组和公共资金减少，而后者主要是忽视了合作伙伴之间的利益和长期发展目标的分歧。与查尔斯的发现（第 5 章）相呼应，新竹案例表明有两个至关重要的因素，即对科学园区的清晰愿景和切实可行的资助计划。黄伟茹还得出了其他一些有意思的结论，包括需要避免以科学园区以及更广泛区域的社会和环境问题为代价来过分强调高科技行业的发展。最理想的状态是建立更加平衡的城市发展战略，同时兼顾核心地区和周边地区的经济和社会福祉。

在第8章中，马里奥·瓦莱以知识型城市发展中大都市核心地区和郊区之间的关系为重点，介绍了马德里和里斯本的案例。卡斯特尔和霍尔在20年前就已经强调了大都市区作为创新环境的重要性，不过这两个城市在他们的分析中都没有被特别提及。瓦莱以新兴的认知—文化经济作为案例研究的背景，即创意和文化相关的产业在就业和财富创造方面越来越重要。但是，这种认知－文化经济的空间影响是由现有的后福特城市结构所塑造的，在老牌工业城市（如马德里和里斯本）呈现出“被废弃”和“缺位”的特征。因此，马德里和里斯本的大多数科学园区项目都建造在老工业化郊区的存量工业用地上。这些老工业区的存在为郊区在新兴的认知—文化经济中积极规划、探索新机遇奠定了基础。其结果是，这些郊区为了吸引投资和创造就业机会，需要与大都市的核心地区竞争。由于缺乏治理机制和协调核心地区与郊区的规划框架，加之公共资金的减少，郊区逐渐在与核心区域的竞争中落后。作者基于一些成功的小规模创新性的更新实践提出了一种补救措施，即将政策的重点从引进其他地区的大型项目转移到本地工作中来。

在第9章中，安东尼娅·卡塞拉斯进一步探讨了西班牙的做法，特别是其在利用科学园区促进城市更新方面所做的努力。作者明确指出，科学园区在西班牙具有经济增长和土地开发的双重功能，而且这两种功能并不总是能无缝结合。在这一章中，治理结构再次成为焦点，但与新竹项目（第7章）政府主导治理安排和运营实践不同的是，西班牙科学园区在其所在城市和区域中根深蒂固（第8章也提到了这个问题）。巴塞罗那的案例提供了一种先进的模式经验，即建立多层次的部门合作，并通过公共种子基金来吸引私人投资。尽管如此，这种促进整个城市—区域创新活动的“巴塞罗那模式”还是受到了对土地开发和物质空间更新的过度关注的影响。卡塞拉斯提出警告，过度关注物质空间开发而忽视创新环境所必需的软环境、创新能力和研发活动可能会形成恶性循环。在卡塞拉斯看来，西班牙利用土地开发作为推动经济增长手段的公共政策历史传统与该国经济结构中中小企业占较大比重有关。这些企业募集投资的能力有限，而目前的经济危机只会加剧这种情况，这使得它们难以在科学园区开发中获得足够的私人投资。这一发现表明必须重视单个科学园区的特点和更广泛的背景，而且必须对其总体经济贡献进行评价，这个问题将在下一节中讨论。

### 1.4.3 异质性和高技术园区评估

许多关于科学园区发展的论述都是建立在对这些成功的科学园区进行评价的基础上。但正如我们在第1.4.2节中指出的，任何评估科学园区的尝试都必须超越简单的成本收益计算，更应探索它们在经济、社会、管理和政策方面的贡献。梅西、昆塔斯和威尔德（1992）提出的观点可能是最尖锐的，他们指出，20世纪80年代英国科学园区的一个简单教训就是：要想让一个科学园区获得成功，就要把它建在经济繁荣的地方；就英国而言，最好是在牛津、伦敦和剑桥的“金三角”地带。但这回避了问题的实质，他们在分析中指出“高科技幻想”的涌现是由一种信念推动的，即科学园区才是创造这些创新空间的根源，而不是业已存在的经济成功。同样，在这一部分中，我们并非单纯罗列一些成功故事，而是更加关注在创建这些科学园区的过程中都克服了哪些障碍，遇到了哪些困难。

第10章和第9章一样，也是关于西班牙的科学园区，但是对卡塞拉斯的定性探索做了补充。阿尔巴哈里使用定量方法检测了企业的异质性对西班牙科学园绩效的影响。阿尔巴哈里注意到影响区域附加值的显著特征包括管理团队的年龄、规模、特征、所在区域的科技发展水平以及大学参与水平。在企业特征中，规模和研发强度对从科学园所在地获益尤为重要。对比当前对高技术园区的理解，这些发现显得非常有趣。首先，关于科学园区发展时间的影响，卡斯特尔和霍尔认为长期努力是高技术园区产生协同效应的前提。然而，在阿尔巴哈里的研究中，发现科学园区的发展时间具有非线性效应，较新的和较老的科学园都胜过其他科学园。其次，关于区位问题，阿尔巴哈里发现在统计学的意义上，科学园对创新程度较低的地区发展是显著有益的，尽管在没有其他案例进一步验证的情况下这不能算作结论。第三，研究发现科学园区的企业数量越多，企业的创新绩效就越好，这表明聚集效应发挥着积极作用。然而，文中的数据无法区分不同类型的聚集和邻近性，未来还需要进一步研究。

企业的异质性对高技术园区绩效的影响也是第11章中苗田关注的焦点。该章以中国武汉光谷科技园为例，其研究背景明显影响了评价指标的选择。在这一章中，苗田阐述了不同企业所有制的影响。在中国这样一个快速转型的国家，这种影响对企业内部资源、外部网络活动和整体创新绩效都有特别显著的影响。一项基于企业调查的数据显示，国有企业在所有三个层面上都处于领先地位。这一发现令人费解，关于不同所有制企业的三个详细案例研究对此给出了解释。作者的发现表明：首先，聚焦于单一的研究领域很重要；其次，聚焦于单个区域很重要；第三，转型的特殊性质也很重要。因此，研究表明科学园区所处的环境是促成和 / 或约束其绩效的重要因素。对 21 世纪产业综合体的评价研究始终应在特定背景中进行。

在第 12 章，达乌德和费尔普斯通过两个马来西亚的案例研究证明了区域经济和制度环境的重要性。正如前几章中所呈现的，将类似行业集中在欠发达地区的科技园区并不一定能成功地培育马歇尔外部性（Marshallian externalities）[1]。相反，查尔斯在本书中所称的第三次科学城浪潮，主要是位于已建成的城市化地区，寻求利用其多样化的经济结构。达乌德和费尔普斯探讨了马来西亚的科技园可以在多大程度上利用与马歇尔专业化相关的外部性，以及与产业多样化或关联多元化有关的外部性。出乎意料的是，他们对两个具有代表性的科技园的调查结果令人失望：它们既没有建立强大的专业化经济，也没有利用多元化经济。然而，考虑到国家背景，这些发现也许并不令人惊讶。在马来西亚，科学技术政策框架薄弱，国家首都地区和其他中心城市缺乏两个科技园区可以利用的规模和多样性。从目前的情况来看，马来西亚的科技园似乎离促进协同效应的形成，并进一步将此效应反馈给所在区域还有很远的距离。

以上三章都聚焦园区层面的分析，而在第 13 章，斯特劳夫和谢雷尔对高技术园区的区域贡献进行了评估。通过对六个欧洲科技园的比较分析，他们提出了一个基于五个因素的高技术园区区域影响评估框架：①学术研究和外部研究之间的联系；②促进知识转移；③协调知识转移的主体；④推动初创企业；⑤与区域企业的合作。奥地利图尔恩（Tulln）大学研究中心的案例说明了这些因素的构建过程，并有可能发展成一个全面的区域协同网络。同时，作者也强调了高效管理团队的重要性（参见第 10 章），以及它们在不同主体之间培育协同效应的能力（参见第 4 章）。本章最实质性的贡献是指出需要更好的公共问责制来追踪这些投资的成本和收益。这一章指出，建立清晰的因果关系链是成功且有意义地评估特定情况下区域发展成效和影响所必需的。因此，针对不同的高技术园区应该考虑各自的具体愿景和区域情况，制定不同的评估计划。本章的启示还在于，战略决策者和高技术园区实践者应了解其规划、愿景和评估框架的期限，并根据其内部取得的成果以及不断变化的高技术园区环境的影响定期进行更新。

在最后一章中，我们试图把这些线索联系起来，对本书所涉及案例的经验教训进行总结，并与卡斯特尔和霍尔最初考察这些产业综合体时得到的经验教训进行对比和反思。从本书不同章节可以清楚地看到，有一些问题是各个章节中普遍存在的。在知识经济的背景下，高技术园区的传统概念已经被打破，我们看到了许多新的类型和最佳实践案例，有位于城市中心区或边缘，首都或外围地区，发达国家或是发展中国家。这种多元性特征可能会掩盖这些空间发展过程的相似性。我们需要更好地理解，这些不同形态的高技术园区如何反映知识资本在新的知识经济中的创造、流通、传递、转化和利用方式等方面发生的更广泛的变化。然而，我们通过案例研究或许会发现地方、空间和地域在知识创造过程中仍然发挥着重要作用。从这一点出发，我们可以在这些经验的基础上，对高技术园区的建立、结构优化和（重新）焕发活力等方面提出一些尝试性的建议，特别是要确保它们不会成为高科技幻想的空间崇拜，而是有助于利用多尺度的创新网络来推动地域经济发展。在此我们承认，从世界各地多种类型的项目中吸取经验并非易事，这些项目本身或许仍在进行科学、技术、经济和空间的融合实验。但要让高技术园区项目在 21 世纪发挥作用，就必须解决这些问题、矛盾和冲突。我们的目标是深化卡斯特尔和霍尔的研究，不仅仅是提供新的内容，还要帮助启发和继续推动一场具有重大科学和实践意义的探讨，为引起更广泛的关注和开展进一步的研究奠定基础。

## 注释

1　译者注：马歇尔外部性（Marshallian externalities）是指性质相似的企业在空间上集聚产生的外部经济性，包括专业化的劳动力市场、专业化的中间投入品供应商和投入产出关系以及因空间邻近产生的显性和隐性知识溢出。

## 参考文献

Amin, A. and Robins, K. (1991) 'These are not Marshallian times', in R. Camagni (ed.), *Innovation networks: Spatial perspectives*, London: Belhaven.

Barrow, C. (2001) *Incubators: A realist's guide to the world's new business accelerators*. London: John Wiley & Sons.

Benneworth, P., Hospers, G.J., Jongbloed, B., Leiyste, L. and Zomer, A. (2011) 'The "science city" as a system coupler in fragmented strategic urban environments?'. *Built Environment*, 37(3): 317 - 35.

Broekel, T. and Boschma, R. (2012) 'Knowledge networks in the Dutch aviation industry: The proximity paradox'. *Journal of Economic Geography*, 12(2): 409 - 33.

Carrillo, F. (2006) *Knowledge cities*. London: Butterworth–Heinemann.

Castells, M. and Hall, P. (1994) *Technopoles of the world: The making of twenty-first-century industrial complexes*. London: Routledge.

Christopherson, S. and Clark, J. (2010) 'Limits to "The Learning Region": What university–centered economic development can (and cannot) do to create knowledge– based regional economies'. *Local Economy*, 25: 120 - 30.

Church, A. (1995) 'Book review: Technopoles of the world. The making of 21st century industrial complexes'. *Transactions of the Institute of British Geographers*, 20: 123 - 4.

Ciravegna, L. (2012) *Promoting Silicon Valleys in Latin America: Lessons from Costa Rica*. London: Routledge.

Comunian, R., Faggian, A. and Li, Q.C. (2010) 'Unrewarded careers in the creative class: The strange case of bohemian graduates'. *Papers in Regional Science*, 89(2): 389 - 410.

Cox, K.R. (1998) 'Spaces of dependence, spaces of engagement and the politics of scale or: Looking for local politics'. *Political Geography*, 17(1): 1 - 23.

Florida, R. (2002a) *The rise of the creative class: And how it's transforming work, leisure, community and everyday life*. New York: Perseus Book Group.

Florida, R. (2002b) 'The economic geography of talent'. *Annals of the Association of American Geographers*, 92(4): 743 - 55. doi: 10.1111/1467 - 8306.00314.

Gertler, M. (1995) ' "Being there": Proximity, organisation and culture in the development and adoption of advanced manufacturing technologies'. *Economic Geography*, 71(1):1 - 26.

Gertner, D., Roberts, J. and Charles, D.R. (2011) 'University–industry collaboration: A CoPs approach to KTPs'. *Journal of Knowledge Management*, 15(4): 625 - 47.

Glaeser, E. (2011) *Triumph of the city: How our greatest invention makes US richer,smarter, greener, healthier and happier*. London, Basingstoke and Oxford: Pan Macmillan.

Graham, S. (2003) *The cybercities reader*. London: Routledge.

Hospers, G.J. (2006) 'Silicon somewhere? Assessing the usefulness of best practices in regional policy'. *Policy Studies*, 27.

Keeble, D. and Wilkinson, F. (1999) 'Collective learning and knowledge development in the evolution of regional clusters of high technology SMEs in Europe'. *Regional Studies*, 33(4): 259 - 303.

Komninos, N. (2002) *Intelligent cities*. London: Routledge.

Marshall, A. (1920) *Principles of economics*. London: Macmillan.

Massey, D., Quintas, P. and Wield, D. (1992) *Hi-technology fantasies*. London: Routledge.

Morgan, K. (1997) 'The learning region: Institutions, innovation and regional renewal'. *Regional Studies*, 31(5): 491 - 503.

Perry, B. and May, T. (2007) 'Governance, science policy and regions: An introduction'. *Regional Studies*, 41(8): 1039 - 50.

Phelps, N.A. (2012) *An anatomy of sprawl*. London: Routledge.

Pierre, C. and Andersen, B. (2012) 'New strategic dynamics in the Arctic region'. *Institute for Foreign Policy Analysis*, April (6): 4 - 9.

Porter, M.E. (1998) *On competition*. Boston, MA: Harvard Business School.

Reich, R. (1991) *The work of nations*. London: Simon & Schuster.

Rutten, R., Benneworth, P., Boekema, F. and Irawati, D. (eds) (2014) *The social dynamics of innovation networks*. London: Routledge.

Scott, A. (1989) *The technopoles of Southern California*. Los Angeles: UCLA Press.

Sunman, H. (1986) *France and her technopoles*. Cardiff: CSP Economic Publications.

Walcott, S. (2003) *Chinese science and industrial technology parks*. London: Ashgate.

Yeung, H.W. (2009) 'Situating regional development in the competitive dynamics of global production networks: An East Asian perspective', in H.W. Yeung (ed.) *Globalizing regional development in East Asia: Production networks, clusters, and entrepreneurship*. London: Routledge.

Yigitcanlar, T. (2010). 'Making space and place for the knowledge economy: Knowledge-based development of Australian cities'. *European Planning Studies*, 18(11): 1769 - 86.

# 第 2 部分

# 协同管理：谁、如何以及在哪里

# 2　创业型大学作为高技术园区的平台

## ——一种全球性的现象

亨利·埃兹库维茨

## 2.1　引言

大学逐渐从高技术园区理念的边缘走向中心，即从人力资本的提供者转变为新技术和新工作岗位的来源。知识资本化是大学新的核心使命，它将大学与知识使用者更紧密地联系在一起，使其成为经济的重要参与者和区域发展的推动者。尽管大学和其他知识生产机构被视为未来经济增长的重要动力，但创业型大学似乎是一种矛盾产物，它与象牙塔式的学术型大学截然不同。创业型大学融合了以往的学术二分法（象牙塔 / 理工学院；研究 / 教学），并整合成为一种全新的综合体系。创业型大学是一种新兴现象，它是学术发展“内在逻辑”的产物，推动学术型企业从传统的知识保存者发展成知识的创造者。

中世纪的大学是储备和传播知识的机构。经过几个世纪的发展，大学已经演变成为集知识的创造和使用于一体的机构。随着教学的职能从传播已有知识扩展到涵盖重获“遗失”知识的方法，研究已成为教学过程中不可分割的一部分。这种可靠的方法使得研究范围扩展到越来越多的学科，使学生在训练过程中能够参与新知识的创造。这些研究成果中有一些具有重要的实际意义，特别是在科学领域，已通过一些措施加以利用。

学术型创业一方面是教学和研究活动的延伸，另一方面是技术转移和创业能力的内化，而后者在传统上主要依赖商业和工业。彼得·霍尔（1985）早期曾指出“教育—科学政策和区域城市政策之间需要更好的联系”。由于英国在2008 年经济衰退后减少了对大学的资助，所以导致两者之间的脱节仍然很明显（Etzkowitz et al., 2011）。英国没有像战后初期那样，将资源投入到已有大学和设立新的大学，而是选择了一种相反的紧缩策略。虽然也有一些相关的措施，例如模仿美国在地方推行的小企业创新研究（Small Business Innovation Research, SBIR）计划，但这些努力在规模和覆盖范围上都很有限。英国未能充分利用其重要的国际比较优势，导致学术领域的创新潜力尚未得到充分利用（Etzkowitz, 2010）。大学是高技术园区一个独特的要素，但可能还没有得到充分的研究。本章分析了大学作为创业者的这一新兴现象及其发展过程中的内外部推动力，以及大学在高技术园区创建中的重要作用。

## 2.2　向创业型大学的转型

我们通常认为创业者是冒着巨大风险开创一项新活动的个体，而组织机构的作用一般是使一项活动制度化和持久化。然而，正如熊彼特（Schumpeter）在分析美国农业部在创建美国农业研究体系中所扮演的角色时所指出的，组织机构也可能扮演创业者的角色（1949）。实际上，大多数个体创业者都是作为团体的成员，在这些团体中获得实现创业行动所必需的互补技能和资源。

因此，创业仍是一种典型的组织现象，即使其集体主义的属性会被个人主义的意识形态所掩盖。虽然创业型大学的概念已经被广泛认可，但其有效性如何仍受到相当大的怀疑。

大学作为创业者的发展一般存在三个阶段。通常情况下，这三个阶段会按常规顺序发展，但这种顺序也并非是必然的。在初始阶段，学术机构会从战略角度审视其发展方向，确定优先发展事项，并通过捐赠、学费和补贴收入或者是与资源提供者进行协商来筹集资源。伯顿·克拉克（Burton Clark）使用了“创业型大学”这一概念（1999），分析了欧洲大学从几乎完全由政府控制转向关注每个学科可能招收的学生数量。过去，欧洲大学的全部收入几乎都来自政府资助，而如今，它们正经历着一个痛苦的多元化过程，成立校友会，与毕业生建立联系并设立募款办公室，这也是美国学术界长期以来的一个重要话题。[1]

在第二阶段，学术机构积极地将其教职工和学生活动产生的知识产权商业化。在这一阶段，大学通常会建立自己的技术转移能力，比如美国会建立研究公司（Research Corporation）这类订立合约的企业，或者像纽约州立大学和加利福尼亚大学那样通过覆盖整个大学系统的办公室转移到各个校区。具有较多知识产权的大学，如斯坦福大学，通过让员工与教员更直接地接触，学校的收入水平快速得到提升。同样，英国的研究机构如牛津大学、剑桥大学和帝国理工学院，也很快在技术转移和企业创办方面成为领导者。毫无疑问，科研资源较少的大学实现商业化的时间要更长一点。也有一些资源有限的学校，如美国亚利桑那州立大学和犹他大学，它们将技术转移和企业创办与教学和研究置于同等优先的地位，所以它们的增值效率与许多资源丰富的竞争对手相比甚至更高。

在第三阶段，学术机构通常会与产业和政府机构合作，积极改善其区域创新环境的效率。虽然美国麻省理工学院（MIT）的发展过程基本是按照上述的阶段顺序，但也有的创业型大学会遵循非线性甚至反向的发展顺序，例如从第三阶段起步的瑞典布莱金理工学院。[2] 区域政府和商业主体将建立学术机构视为从衰退的工业区转型成知识产业区（主要是软件）战略的一部分。他们成功地说服了国家政府，成立了布莱金理工学院。因此，除了研究型大学之外，也可以从教学型大学起步，向创业型大学转型。

## 2.3 创业型院校典范——麻省理工学院[3]

麻省理工学院是一种学术界的反常现象，它曾被一些观察者误读为将不可避免地遵循研究型大学即哈佛大学的模式。然而事实上，麻省理工学院已经成为创业型大学引领高技术园区发展的典范。尽管麻省理工学院的研究成果非常卓越，并且与哈佛大学也开展了合作，但与其说麻省理工学院追随哈佛大学的道路，不如说哈佛如今在模仿麻省理工学院。哈佛大学位于奥尔斯顿（Allston）的新科学园，原本是为了在技术开发和企业创办方面超过麻省理工学院，但由于“经济大萧条”而暂时停建。[4] 美国其他的大学与世界各地许多大学都已经开始致力于创业这一目标。事实上，包括印度坎普尔（Kanpur）、英国剑桥和俄罗斯斯科尔科沃（Skolkovo）在内的一些大学已经聘请了麻省理工学院来帮助他们创建大学主导的高技术园区。对于麻省理工学院来说，这不是新的使命，而是其创始人的部分意图。

麻省理工学院成立于19世纪中期，是一所具有战略目标的大学，旨在复兴波士顿地区。这个学术项目是基于其创始人弗吉尼亚大学地质学教授威廉·巴顿·罗杰斯（William Barton Rogers）的战略愿景而建立，他移居波士顿正是因为那里需要这样的项目。早在19世纪初，波士顿地区就已经出现了纺织和机械的工业基础设施。罗杰斯得到了行业的捐赠和马萨诸塞州政府的支持，获得了一部分的赠地和旨在支持具有实践目的的学术基金。在当时，这些基金主要聚焦于农业。

然而，在成立之后的几十年里，支撑麻省理工学院发展的只是其创始人威廉·巴顿·罗杰斯宏伟计划的一笔初始投资。学校的资源只够培养大学生，不足以支持研究、技术转移或行业咨询。因此，麻省理工学院只完成了其他同样获得政府赠地的大学（Land Grant universities）所完成的几个农业任务之一。直到 19 世纪末，麻省理工学院才开始更直接地与产业界接触，不再是单纯地输送训练有素的毕业生。这时，麻省理工学院已经积累了足够的资源来开展研究，并聘请工程师顾问担任研究人员。当时，这些独立的工程师是企业的主要研究力量，他们根据需求执行特定的任务。将工程师顾问作为研究人员引入大学的一个意外收获是，工程师们可以继续他们的咨询实践，从而建立起大学和产业之间的联系，这在农业领域相当普遍。

在 20 世纪初期，麻省理工学院通过一系列的机构创新，使学术和商业领域之间的互动变得规范化。具体措施包括制定管理咨询的“五分之一规则”，签订合同使当时非正式的校企关系正式化，以及建立保护知识产权的专利体系。由此催生了审查发明成果的学术委员会流程，以及负责推广专利到产业的外部机构，即研究公司（Research Corporation）。接下来是在大学内设立技术转移办公室，以便更高效地执行这项任务。无论是作为大学的分支机构，还是作为一个独立的实体，都引入了一种搜索机制，来识别大学内可商业化的知识并推销给潜在用户。

在 20 世纪 30 年代，基于一些在 20 年代就已经出现的高科技企业创办实例，麻省理工学院在制定区域创新战略方面发挥了主导作用。然而，要推广这些实例并使知识资本化实现系统化、制度化，还亟待填补一些空白，例如向一些拥有可商业化的技术但缺乏其他关键要素（这些关键要素在以前只有少数学者才能获得）的研究人员提供商业咨询和原始资本。在这种背景下，学术界、商界和政府领导基于这些制度性资源创造了一种新的机构形式，即风险投资公司，以支持企业的创办。

早在 20 世纪 20 年代，新英格兰的管理者们就号召该地区的领导人共同应对工业衰退的问题。由于大学是该地区基础设施的重要组成部分，因此被列入其中并不意外。不过这带来了意想不到的结果，典型的公私合作制中引入了新的元素，形成了“三螺旋”（triplehelix）结构。首先，（大学—产业—政府）三方代表在新英格兰委员会汇聚一堂，麻省理工学院校长卡尔·康普顿（Karl Compton）与学院管理人员一起，以创办学术研究企业作为经济发展战略的理念，将现有重点进一步扩大到“新产品”，作为经济发展的可能基础。在战略审查和创办过程中，让不同背景的实施者参与其中，方便了执行最终计划所需资源的获取。通过借鉴产业领域的“新产品”方法，并将其与学术研究过程结合起来，麻省理工团队实际上形成了一种创新的“线性模式”。

第二，除了为学术环境中创办企业提供实践场所外，委员会还提供了促进风险投资公司诞生的场所。康普顿曾试图在国家政策层面上提出以科学为基础的经济发展理念，然而，由于人们普遍认为太多的新技术可能会导致萧条和失业，这种观点没有被广泛接受。新英格兰以技术创新为基础的产业发展历史，早在19世纪初就打破了当时盛行的“技术怀疑论”的普遍规律。该地区拥有财政资源、人力资本、技术革新这些基本要素。由新英格兰委员会创建的大学—产业—政府网络可以号召像拉尔夫·弗兰德斯（Ralph Flanders）这样的精英：在产业领域，他曾担任佛蒙特州某工具公司的总裁，进入政界后任职佛蒙特州的参议员，其间还作为联邦储备银行波士顿分行的董事会成员开展工作，他们可以有效地促进立法。麻省理工学院的高级教师可以作为顾问评估技术，新近的毕业生也可以担任技术调研人员。

第三，新英格兰委员会提供了一个网络来实施这一理念。为了创办风险投资公司，必须结合多个因素，其中包括修改法律，允许金融机构将部分资金投资于比过去风险更高的企业。此外，需要技术专员来寻找和审查候选的商业化技术，同时还需要业务专员来指导企业的创办过程。最后，需要一个对整个过程的所有要素具有全面认识的人来将这些要素相互联系起来，形成组织机构。

与绝大多数教授关注现有大型企业的问题不同，哈佛商学院的乔治·多里奥（Georges Doriot）教授对新企业的创办很感兴趣。那里的毕业生，特别是学过他所授的“制造业”课程的，可以进入与企业创办相关的机构工作。这就是1946年成立的美国研究与发展公司（American Research and Development, ARD），旨在通过原始资本、培训和指导等方式来协助创办学术型企业。该公司派出调研人员到大学实验室去寻找潜在客户，同时公司的广泛宣传也吸引了大量潜在的创业者。

在麻省理工学院等已将技术商业化，并通过咨询、授予专利和许可将技术转移到产业的学术机构的基础上，以美国研究与发展公司为代表的，促进区域发展的大学—产业—政府网络形成了。此外，哈佛商学院也聚焦于创业活动和创业技能研究。康普顿校长发挥了领导才能，将这些要素相互联系起来形成组织形式。在新英格兰委员会的背景下，麻省理工学院以学术为基础，在区域高技术园区更新方面扮演着创新组织者（Innovation Organizer, IO）的角色，同时在创办提供支持和投资的风险投资公司方面发挥了关键作用。[5]

大学促进经济和社会发展的“第三个使命”是由单纯的技术转移促进者转变为培育区域经济和社会发展的力量。人们更加关注的是大学在其所在地区发挥更广泛的作用，而非单个专利或技术转移制度。比如像葡萄牙那样政治实体较为薄弱的地方，大学就扮演着区域创新组织者（RIO）的角色，将地方企业和政府联合起来，制定创新战略。[6] 在这种情况下，大学的作用是将相关的参与者聚集在一起，分析当地的优势和劣势，找到弥补差距的方法。与新英格兰委员会以及阿姆斯特丹知识圈（Amsterdam Knowledge Circle）或匹兹堡高科技委员会（Pittsburgh High Tech Council）等组织相似，其目标是利用现有资源，吸引新资源，创造区域增长的动力。这些努力的创新之处在于，人们对大学在传统教育和研究资源之外的期望越来越高。

## 2.4 超越线性模式

创业型大学在经典线性模式之外增加了反向线性模式，从而拓展了研究型大学的内涵。创业型大学积极将知识付诸实践，并支持增加学术知识创造的投入，因此，其运作是基于交互式创新而非线性创新模式。线性模式是从研究到应用，而反向线性模式是从产业和社会问题出发，寻求科学的解决方案。当这两个过程同时发生时，通常是通过大学的技术转移办公室，让相关的知识和技术走出大学及其联络处，并将产业与社会的问题引入，产生一个交互过程。大学的孵化器是这种交互过程的体现，既包含从学术研究中创办的企业，也包含创业者为加强企业与学术的联系而带入大学的企业。

经典的线性模式通常包含从研究到开发再到创新和推出新产品的过程，大学主要是参与第一阶段的研究和将具有商业潜力的研究成果转移。迈向学术创业的第一步是提高对具有实用价值的成果的敏感性，其次是参与实现这种价值的意愿。这种变化通常是由于外界对学术研究的关注而产生的。因此，在20世纪初，麻省理工学院成立了教职工委员会，为校内研究成果申请专利，避免一些来访者将研究成果投入市场据为己有。通过与风险投资家和创业辅导机构的互动，一些学者开始将研究成果商业化。20世纪70年代末至80年代初，基因泰克（Genentech）和西奈根（Synergen）等生物技术公司的成立就是这种合作的例证。最后，学者们也认识到研究的实际意义，正如1953年沃森（Watson）和克里克（Crick）在《自然》中的经典结束语所宣称的：双螺旋模型“没有逃过我们的注意……”。

学术创业的下一步是认识到解决非学术界提出的实际问题可能具有双重价值。一方面，这样的工作既满足了学术衍生企业的需求，又为企业提供了支持。另一方面，这些研究任务可能引发具有理论价值的新研究问题。例如，波多黎各大学材料表征中心（Materials Characterization Center）围绕以上两个重点开展工作，训练研究生同时完成这两项任务。早期的基础研究人员，如专注于学科发展的哥伦比亚大学物理学家伊西多·拉比（Isidor Rabi），意识到了他们关于第二次世界大战武器研究的理论潜力，并在战后相应地调整了他们的科学观。

这种交互模式将两种线性模式结合在一起，同时产生了一种相互作用，即在解决实际问题的过程中又会产生新的基础研究问题，反之亦然。在第二次世界大战期间，交互模式的潜力开始变得明显，当时在雷达等战时研究项目中研究工程问题的物理学家把自己的学术兴趣置于一旁，开始提出一些理论问题，然后再加以解决。因此，以前由于担心失去学术自由而反对联邦资助研究的科学家，在战后热情地接受了联邦政府的资助。在坚持基础研究理念的同时，许多人在战后继续研究这些实际问题，一些继续研究军事问题，还有一些则转向民用问题。尽管基础研究人员的角色发生了革命性的变化，但是直到20世纪八九十年代，研究成果的商业化才有所进展，并在此后一直保持增长，只是不同地方的发展速度有所不同。

随着制度障碍的减少与知识变得日益重要，大学与社会之间出现了双向的互动作用。大学与创业企业建立合作关系，它们通过投入学术研究中的智力资本和金融资本换取这些企业的股权。它们还与研发密集型企业进行广泛的合作，使企业研究人员能优先获得专利权和兼职教员资格。德国波鸿大学、美国北卡罗来纳州立大学都有这样的企业，加州大学伯克利分校的自然资源学院在不久的将来也会有。教学、科研、产学研联动的内容和形式也会发生变化。现有的学术型企业不仅在经济发展中发挥了积极作用，同时也在探寻着新的实施方法。

创业型大学模式可以用四个相互关联的特征来阐述：

- 特征 1：交互。创业型大学与产业界及政府密切互动；并非与世隔绝的象牙塔。
- 特征 2：独立。创业型大学是一个相对独立的机构；并非其他机构的附属产物。
- 特征 3：混合。为处理好交互性和独立性之间的矛盾，推动混合型组织的创办，以同时实现这两个目标。
- 特征 4：互惠。随着大学与产业界和政府关系的变化，大学的内部结构不断更新，同时产业界和政府的内部结构也在革新。

特征 1 和特征 2 可以是研究型和教学型大学的共同原则，一所成熟的创业型大学则需要具备以上四个特征。

## 2.5　美国的创业型大学

要成为一所创业型大学，必须在很大程度上独立于政府和产业，同时也要与这些领域保持高度的互动。在学术体系中，大学一方面遵循与政府紧密联系的洪堡模式（Humboldtian model），另一方面也要保证自身的专业自主权。大学曾经是教育部的下属机构，几乎没有能力制定自己的战略方向。19 世纪初，美国的大学首先实现了相对自主性，而欧洲的大学直到最近才开始实现。

按照美国最高法院 1819 年对达特茅斯学院（Dartmouth College）案件的判决结果，不受政府直接控制的学术独立在美国得以实现。该案件起源于达特茅斯学院的分裂，两方势力争夺学院的控制权。其中一方重组为达特茅斯大学，试图让新罕布什尔州政府修改当年建立学院的特许状来获得控制权，而原学院的代表则主张政府不能修改已经授予的特许状。为了支持这一立场，法院将大学定义为“私人慈善机构”，指出理事和教师既不是公职人员，也不是“公民政府”的延伸（Hofstader et al., 1961）。该案件更广泛的影响在于将机构自治的一般原则从慈善事业扩大到商业公司，成为提高公司脱离政府控制的独立性的法律依据。

大学独立自主运营有一个前提，即其不从属于像高等教育部这样的等级制管理结构。如果大学系统像以前在瑞典那样，由高等教育部决定每个学科每年招收多少学生，那么几乎不可能有机会发展成创业型大学。有人认为，直到 20 世纪 70 年代法国的大学才开始独立存在，这是一场为响应 60 年代学生运动进行的改革所带来的权力下放。直到最近，很多院系与国家部委都有直接联系，大学几乎不能视为组织机构，更不用提自治了（Musselin, 2004）。

时至今日，欧洲的教授通常都是通过全国性的竞赛选出的，就像斯坦福大学特曼（Terman）教授发起的“卓越尖塔”（steeple building）计划一样，通过特定的极具难度的课题选拔出一批教授。特曼的策略是确定一个具有理论和实用价值的新兴领域，并聘请几位在这一领域有研究专长的教授形成一个核心团队，同时将他们与其所涉及的更广泛的学院联系起来。这一策略使大学能够同时完成三个原本可能相互冲突的任务。

虽然学者创办企业并不新鲜，但直到最近大学才真正接受并鼓励教职员工创业。此外，参与创业的教员在开办公司后也得以保留他们的教员职位。麻省理工学院是战后早期第一个有大量教员参与创业的学术机构，其次是斯坦福大学，这些大学因而树立了一种创业文化，鼓励其他教员和研究生走上创业之路。例如，工程学教授兼院长弗雷德里克·特曼（Frederick Terman）在 20 世纪 30 年代末指导他的硕士生休利特（Hewlett）和帕卡德（Packard）将他们在校内开发的一款设备商业化。

第二次世界大战之前，学术界创办企业还是比较少见的现象，在战后则开始成为一股潮流。用于资助大学研究商业化早期阶段的风险投资模式，开始扩展到创业后期的各个阶段。然而，美国研究与发展公司和一些同行仍然继续在学术界寻找投资机会。20 世纪七八十年代，随着国际竞争的加剧，美国学术界与产业界的关系迅速发展。已有产业内产品的渐进式创新不足以保证经济增长，因此学术界与产业界形成了新的、相对独立的联盟关系，既向已有产业输入新技术，又以新技术为基础创造出新的产业。

这一现象在 20 世纪早期就已经存在，只是以前研究与应用的结合仅限于军事部门，而现在成为了民用技术发展政策的基础（Etzkowitz et al.,1999）。尽管美国早在著名的《拜杜法案》（Bayh Dole Act）之前就推出了鼓励商业化的政策，不过该法案在鼓励更多大学以接受联邦研究基金为条件参与商业化方面具有重大影响。小企业创新研究（SBIR）计划通过将基础研究项目扩展到应用领域，将政府对初创企业的资助合法化。州政府也更积极地在大学设立资助中心，生产和转移有用的研究成果，并向学术界创业企业提供原始资本。综合各项措施，美国将学术创业和公共风险投资作为一种国家政策。这种"隐藏的产业政策"以一种较为松散的方式运作，让学术创业者们自行组合各种计划，整合家庭、朋友和天使（基金）资源，支持其创业工作。

## 2.6　欧洲的创业型大学

我们也观察到这种学术—产业关系扩展到了具有不同文化和学术传统、研究和创业背景的欧洲和拉丁美洲国家。创业型大学也可以利用大学的教学功能，设置创业培训课程。在这种课程中，学生需要扮演技术创业者的角色，将研究带出大学，带入企业。这种模式在瑞典和巴西已经取得比较明显的成效。在这种模式下，创业可能与前沿研究的联系较少，反而与创业课程教授的内容联系更为紧密。

欧洲的大学设立了旨在帮助创办企业的创业培训课程，并对学生进行专业教育。美国的大学也越来越多地在商学院和"孵化器"中开设创业培训课程，鼓励学生创业，但可能是由于学术传统和文化的差异，欧洲的重点更多地放在学生创业者上，而非教员创业者身上。欧洲的创业型大学为各类组织以及个人提供培训。以创业者教育和学生创业培训为重点，或许可以在一定程度上解释瑞典创业率的快速提升，而此前瑞典主要是因其大型科技企业与综合社会福利体系而闻名。

瑞典很多学术衍生企业起源于创业教学项目而非教员研究。例如，林雪平大学（Linkoping University）的创业中心每年通过培训活动，以及在其他瑞典大学的项目推广，创办 100 个衍生企业。在林雪平模式中，学生们从普通授课模式直接进入孵化器前期阶段，试验他们自己的想法，并在相关行业顾问的建议下制订自己的商业计划。然后，最具潜力的客户被邀请到孵化器中，他们通常会提供一些资金。位于哥德堡的查尔姆斯大学（Chalmers University）的创业中心也在成批地培训学生，这些学生在进入创业计划之前要经过招聘和申请程序，以提升创业概念，并以此作为是否能进入计划的评价依据。[7]

学生在欧洲学术创业中并不少见，在化学和光学领域尤为明显，比如19世纪中后期德国的耶拿蔡司公司（Zeiss Jena），很多企业是由具备顶尖学术研究能力的学生所创办。这些企业通常通过咨询关系与学术界保持长期联系。近年来，随着部分企业规模的缩减，一些大学—产业的传统关系模式开始衰落，比如米兰理工大学。这些关系逐渐被新的机制所取代，即企业代理学生项目和设立创业孵化空间。[8]

## 2.7　巴西的创业型大学

巴西的学术创业模式综合了美国模式和欧洲模式。一方面，在20世纪80年代初研究经费急剧缩减时，学术创业作为一种生存策略开始在巴西出现。尽管一些专门的研究单位一直存在，但研究作为明确的学术使命直到最近才被引入具有大规模培训功能的学术体系。决心坚持这一新使命的大学希望为实现这一目标找到新的物质和思想支撑，因此从美国引进了孵化器这种组织形式，以将学术研究转化为经济活动（Etzkowitz et al., 2005）。

学术创业还演变出更多形式，来解决更广泛的社会问题和经济问题。孵化器从高技术商业公司的开发转变为低技术含量的服务合作计划，将这些组织的专业技能用来解决巴西社会普遍存在的严重不平等问题。创业教育成为通识教育的一部分，不再局限于创业活动的传统参与者，即工程学和商科学生。就像学生学习写论文来表达个人想法、学习写科学报告以及学习引用例证来支持一篇论文一样，他们也学习编写商业计划，制定目标和研究实现它的方法，以及学习如何进行“市场测试”。[9]

学术创业由此成为大学教学任务的一部分，将创业精神强有力地普及给更广泛的人群。因为不论对于艺术社会科学与工程科学，还是对于低技术或高技术含量的企业，学术创业精神都是同等重要的。通过“受欢迎的合作社”（Popular

Cooperatives）和其他由大学发起的社会项目，学术创业逐渐走向非学术人群（Almeida et al.,2010）。2004年颁布的《创新法》（the Innovation Law）促使“实验室型企业”（the firm in a lab）成立，这是一种学术研究团体和商业公司的联合组织，通过大学的平台同时产生研究成果、期刊论文和市场化的产品。这种混合实体通过减少重复的设施需求以节约资源，比如衍生企业早期阶段可以设在学术实验室内。在美国，是否有必要在早期阶段将学术研究与商业运作分离的“死亡之谷”（Valley of Death）问题还有待解决。

## 2.8　体验式教育：填补斯坦福创新体系的缺口[10]

斯坦福大学几名有创业头脑的学生和毕业生创立了StartX加速器，这是一个体验式的教育指导项目，旨在帮助校友创业。该项目由一名刚毕业的研究生领衔，他在本科时曾试图创办公司，但却发现自己缺乏足够的知识和技能。他发现校园里提供的创业课程和帮助虽然有用，但不足以帮助他实现目标。StartX计划就由此产生，从最初的学生“实验室”发展成一个综合创业支持机构，吸引了大量的人力和财力资源。

StartX的运作模式是一种准学术的模式，适用于团体，主要提供体验式的指导和辅导，偶尔也会举办讲座。StartX的运作流程包括：①申请；②与类似企业入驻加速器；③指导和辅导；④“毕业”演示日。项目创始人既有本科生、硕士生、博士生，也有博士后和教授。他们共同创办一家公司，彼此相互信任，共享信息。StartX的招募过程与美国许多大学的招生过程类似。每个创业团队需要提交申请，通过面试后才能加入StartX。第一轮申请包括简短的文字介绍和视频展示，第二轮则需要向专家组进行两分钟的陈述，一分钟关于团队，一分钟关于公司。只有两轮申请都通过，才能加入StartX项目。从很多方面来说，StartX是原始风险投资公司即美国研究与发展公司的一种新形式，提供公益性的辅导和指导以及原始资本的许多功能。StartX认为在天使基金和风险投资激增的硅谷地区，这项服务并非必要，但是如果是在启动资金较少的大学，可能有必要保留这种额外的服务。[11]

StartX总部位于斯坦福研究园区AoL大楼的一层，毗邻大学校园，足以满足软件和互联网公司的需求——这些公司只需要电脑来进行开发活动，不需要生物技术公司所需要的实验室空间。但是，已经有一些新兴的生物技术公司通过了StartX的申请，它们发现StartX确实有助于树立企业形象和改善管理方法，但无法进一步提升公司的技术。为了获得学校的支持，以填补斯坦福大学孵化器的实验室空白，StartX公司几个生物科学领域的创始人要求与斯坦福大学校长约翰·亨尼西（John Hennessey）会面。为此，他们在大学附近的一家咖啡馆见面，讨论与校长会面的策略。虽然他们都成功地成立了公司，但在申请实验室设施时却遇到了困难。一位创始人说，一开始当他向他的博士生导师提到打算创办公司时，他被要求离开实验室。尽管如此，第二天他还是回来了，两人和解，那位导师最终支持他创办公司。另一些人则表示，博士课程缺乏将创业活动直接作为学位课程的途径，因此他们选择休学。其中一名女生为了保住对自己的知识产权的控制权，主动在硕士课程结束后退学。有两人抱怨说，他们的休学有效期仅为两年，而加州大学伯克利分校则允许学生休学三年。作为会议筹办者，作者建议，与其让学生休学，不如将创办公司与发表论文一并列入创业型大学博士课程的产出之中。

2005年，通过在斯坦福技术许可办公室（Office of Technology Licensing, OTL）进行的一项参与式观察研究，发现了一些可商业化研究成果没有取得进展的符合排中律（excluded middle）的发明者。斯坦福技术许可办公室有25名工作人员，其服务对象主要集中于连续创业者，他们与这些创业者一起进行连续的项目商业化，但没有足够的资源找到那些没有与他们直接接触的发明者。偶尔有发明者会联系斯坦福技术许可办公室，但这只是个例而不是普遍现象。例如，一位生物学教授不相信科研成果的商业化，但他想看到自己的发明被制造出来，于是他找到了工程学院一位有意创办公司的博士生。他们以实现教授的目标为条件，一起完成了斯坦福技术许可办公室的市场调查和授权过程。尽管这个案例找到了解决方案，但这也说明斯坦福大学在创业支持方面存在很大的缺口。

在斯坦福大学已经具有较高生产力的创新体系中，填补支持企业衍生活动的缺口使得该校的创业活动显著增加（Etzkowitz, 2013b）。StartX的问题表明，作为全球最高效的创新城市中世界领先的创业型大学，斯坦福大学的潜力一直没有得到完全的发挥。这个案例更广泛的意义在于，它是针对学术创新体系的优缺点及其背景进行的有目标的干预。尽管StartX计划意义重大且颇具吸引力，但如果认为它是大学在推动区域经济和社会发展的过程中所遭遇的一切困境的“万能良药”的话，那就错了。更确切地说，这一案例是填补现有资源之间的缺口并连接现有资源的一剂“药方”，是一个自下而上的过程。

## 2.9　结论：创业型大学作为高技术园区的平台

当代创业型大学是最新的学术发展阵地。在其发展过程中，尽管新任务偏离了传统的学术使命，但最终与原来的使命融合并被接受。然而，这些转变是有争议的。将经济和社会发展作为学术使命是对大学作为研究机构的挑战，对一些学者来说，他们甚至认为把研究当作学术使命也会扰乱大学这类单一目的的教育机构。

如今，人们普遍认为研究是传统的学术使命，但事实并非一贯如此。19世纪晚期，斯坦福大学的一些研究型教授认为，在大学里研究与教学应该同等重要，而许多传统的教授则反对这种看法，认为大学的使命是教育。对此，研究型教员的观点是：通过发现新知识，我们可以把对学生能力的培养提升到更高水平。对学生而言，把研究当作一种学习方式，和研究人员一起参与研究要比被动地坐着听课学习更有成效。因此，关于这个新的研究任务是否应该被大学所接受曾经有过广泛的争论和讨论。一场关于合理性的辩论主要聚焦于如何在此过程中将新目标与旧任务联系起来。有人认为，只有这两项活动一起进行才会更有成效。

直到今天，大学里的研究和教学之间还存在着矛盾。这虽然是一个无解的问题但也是一种有益的关系，因为教授们发现与学生合作会使他们的研究做得更好，同时这也有助于训练学生做研究。然而，过分强调其中一项任务就会产生冲突。例如，如果大学教授过于专注研究而放弃了教学，就会出现问题。这种矛盾是持久的，但是人们发现把这两项使命融合在一起会更有成效，而且成本也会更低。这就是全世界越来越多的大学将研究和教学相结合的原因。

同样，我们正在经历一场关于大学是否应该有经济和社会发展任务的辩论。持反对意见的人认为，研究人员参与将研究转化为技术和产品的活动与研究本身是冲突的（Rimer, 2003; 另见 Bok, 2003）。这在本质上是企业的经济利益与研究本身目的之间的矛盾。然而，通过制定参与创办企业的规则可以解决这种冲突，就像20世纪早期为规范咨询业而制定的“五分之一规则”。事实上，新规则往往是基于以往冲突管理的延伸。

可见大学将会承担这种经济和社会发展的新功能，就像以前将研究与教学相结合一样。在未来的大学里，孵化器将和教室与实验室设施比邻而立。单独开展基础研究、应用研究或技术和新产品开发中的任意一项活动并不会有成效。如果把创新看作是非线性的过程，即基础研究问题可能来自实际问题，也可能来自学科问题，就会更有成效。当大学被赋予新的使命时，原有使命的实施就会被重构。因此，虽然研究被认为是一种学术使命，但它也是教育使命的一部分，它有助于学生了解如何开展研究。

每个新的使命都会为原有的使命提供新的支撑。当学生将研究任务作为接受教育的一部分时，新的知识就产生了。因此，研究开始融入教育使命，教育也开始融入研究使命。同样，经济发展为研究提供了新的支撑，因为它有助于扩大研究活动。第二次学术革命促使了大学数量的增加。知识经济发展理念的确立使得每个地区都想拥有自己的大学。在某些领域吸引最好的学生和教授，已成为促进学术事业成长的经济发展战略。其中有一些是学术界内部的发展，比如成立类似企业性质的研究团队。因此，研究型大学在直接从事创业活动之前，甚至就与初创企业具有一些相同的特质。

创业型大学是所有大学“潜在”创业萌芽特征的开花结果。传统的大学理论通常无法解释这种基于慈善和人道主义原则的中世纪机构是如何蜕变成能够促进区域经济增长，并在社会中发挥主要作用的机构。相反，这些理论主要局限于之前认可的学术角色和地位，比如教育和研究，独立于政府或紧密联系。向创业型大学转型是大学机构的下一步发展方向，其目标不仅局限于原有的研究和教育，同时还将包括经济、社会和区域发展。在从工业社会向知识型社会转型的过程中，产业集群和高技术园区越来越依赖拥有研究、教育和创业能力的大学，以确保在全球范围内实施“精明专业化”（smart specialization）的市场缝隙战略[12]。

## 注释

1 学术筹款方面的经验不足为咨询顾问打开了市场，让他们可以帮助缺乏经验或认为提出此类问题不礼貌的新近大学筹款人筹款。

2 2001 年，作者在斯德哥尔摩采访布莱金理工学院校长佩尔·埃里克森（Per Eriksson）。

3 引自埃兹库维茨（Etzkowitz, 2002）。

4 2007 年，与哈佛毕业生约翰·马林（John Marlin）的交流所得，他参与了提出这个观点的校友聚会之旅。

5 参见埃兹库维茨 2008 年发表的文章。

6 2001 年，采访阿威罗大学产业联络主任。

7 2001 年，采访查尔姆斯大学马茨·伦德格伦（Matts Lundgren）。www.entrepreneur.chalmers.se

8 2002 年，作者采访米兰理工大学孵化器主管塞尔吉奥·坎波达尔奥尔托（Sergio Campodall' Orto）。

9 2002 年，采访巴西利亚大学埃德纳尔瓦·德莫赖斯（Ednalva de Morais）教授和贝穆德斯（Bermudez）教授；里约热内卢天主教大学何塞·阿兰亚（Jose Aranya）和何塞·皮门托－布埃诺（Jose Pimento-Bueno）。

10 引自埃兹库维茨（2013a）。

11 2012 年，作者采访 StartX 创始人兼首席执行官卡梅隆·泰特曼（Cameron Teitleman）。

12 参见 http://ec.europa.eu/invest-in-research/pdf/download_en/kfg_policy_brief_no9.pdf

## 参考文献

Almeida, M., Mello, J. and Etzkowitz, H. (2010) 'Social innovation in a developing country: invention and diffusion of the Brazilian cooperative incubator'. *International Journal of Technology and Globalisation,* 1(2): 258 - 77.

Bok, D. (2003) *Universities in the marketplace: The commercialization of higher education.* Princeton, NJ: Princeton University Press.

Castells, M. and Hall, P. (1994) *Technopoles of the world: The making of 21st century industrial complexes*. London: Routledge.

Clark, B. (1999) *Creating entrepreneurial universities: Organizational pathways of transformation*. New York: Pergamon.

Etzkowitz, H. (1983) 'Entrepreneurial scientists and entrepreneurial universities in American academic science'. *Minerva*, 21(2 - 3): 1573 - 871.

Etzkowitz, H. (1999) 'Public entrepreneur: The trajectory of United States science, technology and industrial policy'. *Science and Public Policy*, 26(1): 53 - 62.

Etzkowitz, H. (2002) *MIT and the rise of entrepreneurial science*. London: Routledge.

Etzkowitz, H. (2008) *The triple helix: University-industry-government innovation in action*. London: Routledge.

Etzkowitz, H. (2010) 'Entrepreneurial universities for the UK: A "Stanford University" at Bamburgh Castle'. *Industry and Higher Education*, August, 24(4): 251 - 6.

Etzkowitz, H. (2013a) 'StartX and the paradox of success: Filling the gap in Stanford's entrepreneurial culture'. *Social Science Information*, 52(4).

Etzkowitz, H. (2013b) 'Silicon Valley at risk? Sustainability of a global innovation icon'. *Social Science Information*, 52(4).

Etzkowitz, H., Gulbrandsen, M. and Levitt, J. (2001) *Public venture capital: Sources of government funding for technology entrepreneurs* (2nd edn). New York: Aspen/ Kluwer.

Etzkowitz, H., Mello, J. and Almeida, M. (2005) 'Towards "meta-innovation" in Brazil: The evolution of the incubator and the emergence of a triple helix'. *Research Policy*,34(4):411 - 24.

Etzkowitz, H. and Ranga, M. (2009) 'A transKeynesian vision of government's role in innovation: Picking winners revisited'. *Science and Public Policy*, 36(10): 799 - 808.

Hall, P. (1985) 'Technology, space and society in contemporary Britain'. In Castells, M. (ed.) *High technology, space and society* (p. 49). Newbury Park: Sage.

Marshall, J. (1819) 'Chief Justice John Marshall's Opinion in the Dartmouth College Case, 1819'. In R. Hofstadter and W. Metzger (eds) (1961) *American higher education: A documentary history*. Chicago, IL: University of Chicago Press, pp. 213 - 19.

Musselin, C. (2004) *The long march of French universities*. London: Taylor & Francis. Rimer, S. (2003) 'A warning against mixing commerce and academics'. *The New York Times*, Wed. 16 April D9.

Schumpeter, J. (1949) 'Economic theory and entrepreneurial history'. In *Essays on economic topics*. Port Washington, NY: Kennikat Press.

# 3 回到高科技幻想的未来？

## 重构知识园区和科学城在创新型经济发展中的作用

米拉纳·科罗特卡、保罗·本纳沃思、蒂亚戈·拉蒂尼奥

## 3.1 引言

查尔斯和雷（Wray）（2010）认为：2000 年以来科学城的兴起只能被理解为对卡斯特尔和霍尔（1994）的高技术园区概念的重构，以便这一概念被决策者所理解和使用（参见本书第 5 章）。由此，对于将投资科学设施视为城市发展政策的必要组成部分的理念，学术界和政策制定者产生了兴趣（Perry et al., 2011; Benneworth et al., 2011）。经济合作与发展组织（OECD, 2011）的报告最能说明这一点，他们定义了“科学城”获得成功的要素，并强调了目前正在开发的科学城所处的不同国家背景（参见 Anttiroiko, 2004）。但是，科学城的概念框架也明确地提醒我们这些模式在政策应用方面是有限的。我们已经经历了两波与新内生增长模式（neo-endogenous models）相关的“政策泡沫”，即 20 世纪 80 年代的科学园热潮和 20 世纪 90 年代的产业集群热潮（Quintas et al., 1992; Martin et al., 2003）。

如今，我们是否正处在类似的“科学城泡沫”的边缘？当然，过去的教训并不意味着这些最初的想法或分析在某种程度上是有缺陷的。随着学术概念被政策制定者采纳，已经发生了一些微妙的转变。这些概念失去了最初的严谨性，已经被解读或过度解读成了简单的“政策处方”，演变成为一种准概念或政策概念（参见 Bøås et al., 2004; Böhme et al., 2011; Lagendijk et al., 2014）。本章试图将这些新兴的城市发展理念置于第三波与高技术园区相关的“非理性繁荣”背景下，正如佩里和梅所强调的知识型城市发展模式（Knowledge-based Urban Development）：

> 当前的一种主流共识是，为了所有相关方的共同利益，必须增强大学与所在区域之间的相互关系……城市和城市 – 区域正在采取一系列的战略和政策，建设科学城、知识之都、硅谷或技术走廊。
>
> （Perry et al., 2010: 6）

本章聚焦于这些新型城市空间（新高技术园区）可能创造的知识型城市发展模式，并围绕高技术园区和科学城的辩论作出反思。我们专注于知识型城市发展模式的发展过程，由相互作用的个体组成社区进行社会化学习，从而建立起集体的、独特的知识资产，并转化成为区域优势的基础。这些社区正在解决创新性的问题，并在此过程中建立起独特的且具有外部价值的有用知识（Benneworth et al., 2014a）。我们借鉴伊吉特坎拉尔（2010）的知识社区领域（Knowledge Community Precinct）概念来理解科学城的运行，强调邻近性在形成共识和构建共同知识库中的重要性。本章的出发点是：尽管许多文献都设想私营部门是刺激知识型城市发展模式过程的重点，但也有许多例子表明大学在这些地域发展中发挥了重要甚至是决定性的作用。鉴于大学和企业在知识生产方面有着不同的兴趣和需求，这就给我们提出了一个有趣的问题。因此在这一章中，我们对仅仅靠地理邻近是否足以促成学术界和企业合作提出了质疑，同时试图避免制造一个“稻草人”（strawman）论点，因为如果没有知识的重叠，仅凭地理邻近很少会促成集体创新（参见本书第5章）。

在这一章中，我们主要关注校企合作关系中的校方，即参与高技术园区发展的学术界。我们试图研究的问题是知识社区领域及其共享的知识资源如何满足参与者的需求。具体有两个问题：一是这样的知识社区领域项目作为“区域尺度的科学园”对创建活跃的知识社区发挥了多大作用？二是参与知识社区领域的学者们在本地开展合作活动的动机是什么？我们使用了肯尼斯帕科技园的案例，其地理邻近性特征突出，而且在大学中已经出现了创业者知识社区，因此有理由期待可能会有一定程度的互动。从这一点出发，我们将主题限定于科学城的概念和政策，试图对科学和21世纪产业综合体的探讨有所贡献。

## 3.2 文献综述

### 3.2.1 从高技术园区到知识社区领域

《世界的高技术园区》（Castells et al., 1994）的出版引发了人们对利用高科技产业综合体推动创新型经济发展的巨大兴趣。与此同时，许多学者也意识到知识资本在推动生产率增长和经济发展方面变得日益重要（Romer, 1994; Solow, 1994; Temple, 1998）。随着知识型城市发展模式的重要性不断增强，城市作为知识型发展模式的关键场所，对于促进创新者之间的互动和知识交流，从而推动知识积累具有重要作用（Knight, 1995）。知识为城市发展提供了竞争优势；任何企业想要获得相对独特的（“隐性”）知识，就必须与特定区域内的主体进行接触（Gertler, 1995）。

这至少可以解释那些拥有高科技集群的城市为什么能够获得成功，但问题在于如何将其转化为更普遍化的经济变迁概念，或者说，如何据此制定有意义的政策建议。硅谷的成功促使政策制定者进行一系列复制其成功经验的尝试，霍斯珀斯（2006）所说的“硅谷模式”随之兴起，但事实上这只是一种对“信息技术革命中产业核心原型”的无效模仿（Castells et al., 1994: 12）。在无处不在的高技术园区和知识经济的模糊概念之间，人们意识到经济生产本质的变化与城市层面明显相关（Charles et al., 2010; 另见第 5 章）。

知识的一个关键特征是：并不是所有形式的知识都能轻易地在空间上发生转移，某些知识（即隐性知识、技能知识、行动中的知识）更多是通过社会学习过程在人际关系互动中转移（Nonaka et al., 1995; Garud, 1997; Amin et al., 2008）。因此，知识型城市发展模式研究试图准确地解释城市如何促进知识溢出和社会互动，促进知识的整合和创造，从而提升城市竞争力（Yigitcanlar et al., 2008; Perry et al., 2010）。但在这些概念中，“城市”的概念存在一定的模糊性，为了更准确地说明城市如何促进知识溢出，伊吉特坎拉尔（2010）提出了知识社区领域的概念。知识社区领域是在特定的地域空间中，将不同的知识主体聚集在一起，围绕特定的创新项目进行密切的交互，从而在这些学习社区中创造出特定的知识（Amin et al., 2008; Gertner et al., 2011）。这些本地的知识反过来又对外部用户具有吸引力，使其成为全球创新网络中“具有知识社区领域的地方”，从而将外部参与者吸引到这些领域，并在更广泛的城市网络中增强城市的相对优势（Smith, 2003; Perry et al., 2010; Yeung, 2009）。

### 3.2.2　本地知识社区领域的联系促进外部网络优势增强

本纳沃思等（2011）将在特定城市—区域中寻求促进知识社区领域效应扩散

的干预政策称为“城市科学”（urban science）（按 Anttiroiko, 2004; Perry, 2010; 2011）。从某种意义上说，城市科学代表了对拉格安吉耶克（Lagendijk）和维瑟（Visser）（2014）所称的高技术园区城市发展理念的再诠释。遵循这一定义的城市科学研究关注的是地域的发展，寻求在当地创造知识型城市发展模式项目（Benneworth et al., 2009）。为了理解知识社区领域的创新作用，我们认为它们与孵化器有一些共同之处，并从三个层面来定义成功的商业孵化器，即基础设施、商业支持和网络接入（Ratinho, 2011），只是它们的规模更大、范围更广，超出了伦德瓦尔（Lundvall, 2007）所说的区域创新体系的核心内容，包含更广泛的政策和教育环境。知识社区领域可能同时具有被动和主动的元素，既可以被动地为参与者创造互动的机会，也可以主动地进行干预以模拟参与者之间的互动（Benneworth, 2014a）。在缺乏强大创新者网络和集群的城市，这些主动因素在构建区域优势或制定精明专业化战略的过程中显得尤为重要（Asheim et al., 2011; McCann et al., 2013）。

如果拓展到城市尺度，可以将知识社区领域视为科学园区（参见 Anttiroiko, 2004），那么知识社区领域的主动元素能够将积极参与研究和创新项目的个体整合到同一领域内。米勒（Miller, 2014）认为有三种机制可以产生积极的效应，即建立联系和网络、提供加快创新的互补性服务和提供长期的技术支持。同样，拉蒂尼奥和亨里克斯（Henriques）（2010）认为，城市的科学园聚集了相关的创新主体，通过激发密切的互动有效地促进创新驱动增长，并通过有效的管理为高科技创业者提供适当的支持服务。

我们认为有三种干预措施可以支持这些互动，它们与孵化器的三种元素相对应，但各自涉及的范围和规模会有所不同：

（1）它们提供了集聚的基础设施，在地域上使各种参与者聚集在一起，并有机会通过合资企业、共享设备或生活实验室等机制在区域内共同开展活动。

（2）它们可能寻求在这些领域内构建知识社区，开展从非正式的网络联系到正式的集群联系等各种活动，将具有相似兴趣和知识的人聚集在一起，以促进他们之间的互动。

（3）它们基于为交互主体提供发现创新活动机会和利用这些机会所必需的服务，促进创业生态的形成。这些活动可能包括促进技术创业，提供企业发展建议，为参与者指明可能获得帮助的方向，或为创新的想法获得资助举办各种竞赛。

### 3.2.3　知识社区领域中的邻近性和知识型城市发展模式

上述知识社区领域的三个方面表明：地理邻近性显然是一个重要的变量，特别是需要通过积极的干预措施来构建可能涉及外部主体的网络时就变得尤为重要。这也反映了知识经济在本质上的转变，因为虚拟交互技术促进了学习社区的地理延伸。本纳沃思和拉蒂尼奥（2014b）将其称为“社会知识经济”。人们在社会互动中创造知识时会发现：与特质相同的人的互动更加容易，且不必在空间上与他们共处一地。因此，除了地理邻近性（集聚）之外，其他形式的邻近性也为社会互动和集体知识的创造提供了先决条件，博什马（Boschma, 2005）将这些邻近性分为组织邻近性、制度邻近性、认知邻近性和社会邻近性。

所有类型的邻近性主要是增强有交互意愿的参与者之间的互动，而不是仅仅是因为“相邻近”就可以促使其他没有联系的参与者进行交互和合作创新。实际上，布鲁克尔（Broekel）和博什马（2012）强调了他们所谓的“邻近性悖论”（proximity paradox），即创新主体可能会选择与地理上不邻近的主体进行互动，因为他们的社会偏好和社会资本，使得远距离的互动远比与当地参与者的互动更有成效。与此相反，卡尼耶尔（Caniëls）、克罗嫩贝格（Kronenberg）和沃克（Werker）（2014）认为邻近性存在个人的维度，即两人之间的“合得来”（click），它是特定于所涉及的人和人格的，而无法用人（组织、认知共同体、文化）所嵌入的情境来解释。

在此基础上我们提出了疑问：学者们是否对与他们研究相关的知识社区领域中产生的知识感兴趣？尽管存在一些具有开放创新精神的知识社区领域，将具有合作潜力的类似领域的企业聚集在一起（参见本书第 4 章），更准确的情况是它们试图将上游（学术）和下游（商业）知识进行集中。一些区域发展相关的研究可能认为知识创造者和知识使用者可以在区域中协同并进，创造出具有全球价值的知识（参见 Cooke, 2005），但却忽略了这些群体在共享知识创造的过程中存在利益上的分歧。如果没有合作的基础，就不会有创造集体知识资源的社会互动（从而形成基于知识的城市发展模式效应）。

因此，我们认为需要更多地关注知识社区领域之间的合作基础，以及这种互动是否足以创造对知识社区领域外部群体具有吸引力和价值的共享知识资源（在本地建立网络效应，吸引强大的外部合作伙伴，Yeung, 2009）。我们对仅仅因为地理邻近效应就会使学者们自动选择与当地创新主体合作的观点提出了质疑（参见 Broekel et al., 2012; Caniels et al., 2014; Fromhold-Eisibeth et al., 2014）。学者参与知识社区领域，主要涉及平衡对研究成果扩散的潜在负面影响和可能带来的外部获取资源、知识和专业知识的正面影响（Baldini et al., 2007; Lam, 2010; Bozeman et al., 2012）。关于学术界与非学术合作伙伴开展合作以及在特定行业中进行合作的确切动机还有待进一步研究（d' Este et al., 2011; Gulbrandsen et al., 2011）。

在这一章中，我们关注的是学者与当地参与者接触的动机涉及怎样的邻近性，即为什么学者会选择与知识社区领域内部的非学术研究伙伴接触？我们研究的出发点是学术界知识交流活动是对学术研究网络的重要补充（Benneworth et al., 2005）。在选择与知识社区领域中的本地企业合作时，邻近性必须能在这种更广泛的学术网络中提供取得卓越研究的竞争优势。有效的知识社区领域应是最能够帮助参与的学者满足其研究需求的，因此，我们提出了以下研究问题：

- 知识社区领域中的学者希望从与外部合作伙伴的商业合作中获得什么？
- 什么样的邻近性会影响学者选择与本地 / 外地的企业合作？
- 在这种情况下，知识社区领域如何建立“有用的邻近性”？

为了解决这些问题，我们以具体的知识社区领域——荷兰东部的肯尼斯帕科技园为研究对象。该项目中，包括大学、公共部门和企业在内的区域主体试图创建一个特定的知识区域。我们首先通过文献分析研究该知识社区领域的性质与基础设施建设的成果，包括实体基础设施和支持科技园内创新活动的“软”社区网络。然后，我们通过对特文特大学进行的一项问卷调查，研究了它们的参与行为及其内在原因。最后，对本章引言中提出的问题进行反思，即知识社区领域及其共享知识资源如何帮助参与的学者在更广泛的学术网络中表现更为卓越。

## 3.3　关于肯尼斯帕科技园的案例研究

### 3.3.1　特文特大学的肯尼斯帕科技园

肯尼斯帕科技园位于荷兰特文特地区（图 3–1），是一个以强大的创业愿景和有利的地理位置为支撑的商业孵化器和科技园项目。特文特大学（University of Twente）拥有活跃的创业文化和多样化的资金基础，内部组织关系紧密，并能够提供高质量的应用性研究（Lazzaretti et al., 2007）。

特文特大学是荷兰乃至欧洲最具创业精神的大学之一，过去 20 年间有超过 700 家公司在此成立。2013 年，荷兰《爱思唯尔》杂志（一家类似于《经济学人》的荷兰语杂志）将特文特大学列为荷兰最具创业精神的大学。

本纳沃思和霍斯珀斯（Hospers）（2007）对其历史作了更详细的阐述。特文特大学成立于 1961 年，是一所相对年轻和创新型的大学。它位于一个老工业区，当时的主要任务是培养训练有素的工程师，促进纺织产业的多样化（Schutte, 1999）。然而，到 20 世纪 70 年代，随着纺织产业逐渐衰落，特文特大学遭受重创。

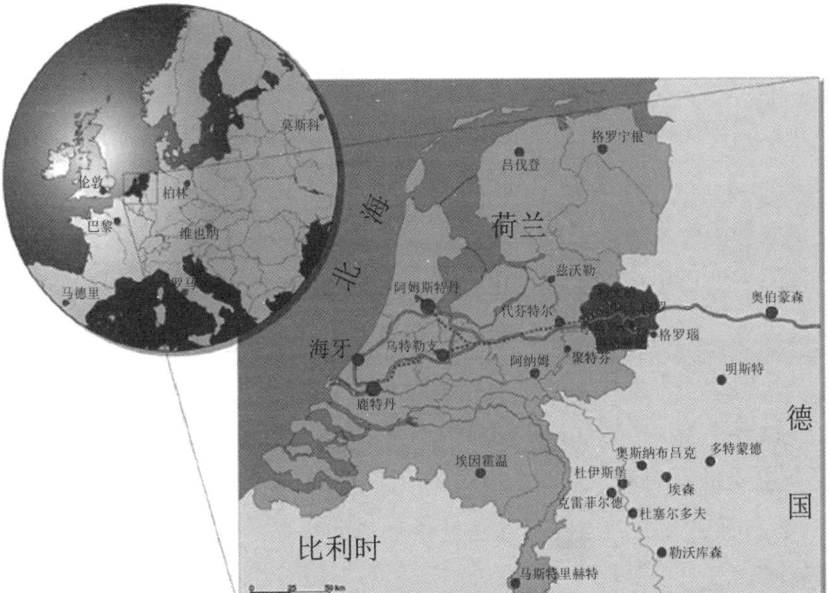


图 3–1　特文特地区在欧洲的位置

来源：IYC，2005 年（图源：特文特大学，ITC 教工）。

许多人呼吁关闭这所大学，结果却促使特文特大学向新兴产业转型，形成了强大的领导力和促进创业活动的支撑体系（Clark, 1998）。如今，这所大学已拥有上万名学生和3300名社会、技术科学领域的教职员工，包括五大重点研究领域（括号中所列为相应的研究中心）：纳米技术（MESA+）、生物医学技术和医药工程（MIRA）、计算机信息通讯学（CTIT）、地球信息科学与地球观测（ITC）以及公共行政学（IGS）。

特文特大学积极与区域内的产业界、决策者和商业支持组织接触，包括政府、商会、区域开发署、省、区域和全国范围内的参与者。自20世纪70年代以来，该校一直积极地与区域的中介机构进行接触（包括省级区域发展机构的创建），在大学校区南部建立一个商业与技术中心（Business and Technology Centre）；将毗邻该中心及大学的区域开发成一个商业科学园（Business and Science Park）；近来，又将商业科学园和大学校园整合成一个统一的知识空间，即肯尼斯帕科技园。肯尼斯帕科技园整合了现有的大学和商业科学园机构，在大学校园内设立新的吸引企业入驻的场所，包括纳米技术制造中心（高技术工厂），并将原来的大学实验室改造成为商业中心（画廊项目）。

### 3.3.2 方法

本章以科罗特卡（2012年及其他报告）的实地调查为基础，并在2013年至2014年期间进行了补充研究。这一探索性的研究考虑了知识社区领域构建过程中支撑本地知识库发展的机制。特文特大学之所以被选为案例，是因为其在肯尼斯帕科技园发展历史中的重要作用；第一项实地调查主要是从肯尼斯帕科技园开发的基础设施、网络和业务支持方面，探讨创建知识社区领域的问题。另外，还进行了一项问卷调查，研究学者选择与商业伙伴合作的方式和原因，以及在何种情况下会选择本地/区域层面的合作伙伴，而不是国家/区域层面的合作伙伴。该项调查主要是针对特文特大学五个研究机构（MESA+、MIRA、CTIT、ITC和IGS）的学术研究人员，探讨邻近性是否有利于研究，以及这种好处是否仅限于单项增值活动。

调查问卷由七个部分组成，包括介绍研究的基本情况和十四个问题，以及年龄、性别、研究立场和研究经验等背景信息，以便于分析答案的交叉制表，并比较不同群组之间意见的差异。由于问卷调查的重点是研究人员对外部合作伙伴关系的态度，因此还包括这些外部合作伙伴的所处区位、他们的主要联系方式、合作频率、保持有效合作关系的理由和障碍以及促进合作的因素等问题。设计的问题是封闭式的多选题，采用李克特五级量表进行排序。为确保研究人员是积极参与校企合作的（即具有该领域相关知识），在第一个问题就对这个因素进行了筛选，没有与产业界合作经验的人不必继续回答问题。该项调查总共向 1144 位学者发出了问卷，有 199 位学者给出了回复，其中 62 位表示与外部合作伙伴有过接触。

## 3.4　肯尼斯帕科技园作为知识社区领域

肯尼斯帕科技园被创新研究小组称为荷兰知识经济最重要的引擎（Kerngroep Innovatie, 2012）,但考虑到埃因霍温智慧港( Eindhoven Brainport )综合体的优势( 见本书第 4 章），这个说法可能有点夸张。不过，荷兰一系列重要的政策和分析报告（包括国家经济发展战略、国家空间战略、集群分析和集群监测）仍然强调了肯尼斯帕科技园将技术转化为创业项目的独特之处。肯尼斯帕科技园代表了一种高科技企业孵化器中心的独特模式，它不是单体建筑层面上的运作，而是一个拥有大约 6000 名员工的综合技术园区知识领域。在本节中，我们将探讨肯尼斯帕科技园在多大程度上提供了第 3.2.2 节中介绍的三个要素，作为知识社区领域的科技园区项目在多大程度上能够创建区域级的基础设施、动员知识社区和支持创业生态。

首先，从基础设施的角度来看，肯尼斯帕科技园是区域高科技产业的集聚中心，该区域大约三分之二活跃的研发企业都位于肯尼斯帕科技园范围内。肯尼斯帕科技园将之前相邻但彼此独立的大学校园、商业科技园结合在一起，成为一个约 150 公顷的集成空间。学校的设施被重新规划（整个校园从 1998 年开始重建），位于中央的教育研究广场向企业开放，其南面是新的画廊大楼。原校园演讲厅被改造成创新中心，为积极从事大学开放创新的知识密集型企业提供服务。整个园区由上艾瑟尔省、恩斯赫德市、特文特大学和萨克森应用科学大学联合发起的肯尼斯帕科技园特文特基金会监管，并由商业科技中心代表园区投资者进行日常管理。

其次，在企业支持方面，肯尼斯帕科技园开发了一套复杂的支持初创企业和成长型企业的程序，针对企业成长的不同要素和阶段，明确地构建知识社区。其中一个关键要素是创业支持，继续开展“临时创业者定位”（Temporary Entrepreneur Position）项目（该项目25年来培养了大约400家公司），提供商业建议、临时贷款、良好的区位，并与大学研究群体联系，寻找潜在的高科技创业人员。企业支持的另一个关键要素是通过肯尼斯帕科技园协调各种金融支持，包括特文特技术基金、恩斯赫德创新基金和来自地区风险投资公司PPM Oost的融资。处于成长期的技术企业可以获得一系列的支持和补贴，以加速其创新活动，并支持创新集群的发展（Kerngroep Innovatie, 2012）。

最后，肯尼斯帕科技园形成了一个由广泛的交互网络构成的相对密集的创新生态系统。“临时创业者定位”模式为创业企业获取网络中的各种资本，包括商业建议、科学知识、商业指导以及创业支持。随着时间的推移，其中一些企业成长并取得了巨大的成功之后，会将自身的资源用于建立新的子公司、为新创企业提供商业建议或是通过购买他们的服务来促进新创企业成长。一些区域内的高科技公司，包括他们的子公司，组成了“特文特技术圈”（Twente Technology Circle），帮助初创和成长中的企业获得所需的资源，特别是促进创新增长所需的咨询和联系。肯尼斯帕科技园力求成为连接各种区域网络的“集成网络”，提高网络的透明性和连接性，从而使初创期和成长期的创业者更容易通过网络获得最大的利益。

虽然肯尼斯帕科技园在知识交流方面的工作获得了嘉奖和赞誉，但是大学与外部合作伙伴之间的合作仍存在一些障碍。弗雷塔斯（Freitas）和弗斯帕根（Verspagen）（2009）认为，尽管所有这些活动共处一地，但实际上采取的干预措施相对零散，大学与产业之间的渠道联系也较为薄弱。本纳沃思和霍斯珀斯（2007）认为当前缺乏与特文特大学创业活动相关的分析文献，并且在跟踪知识社区领域内部的特定活动如何产生区域效应方面存在明显的经验空白（参考Benneworth et al., 2014a）。

## 3.5　肯尼斯帕科技园学术界的交互行为

以下两节通过探讨地理邻近性对学术主体的重要作用，主要论证肯尼斯帕科技园作为知识社区领域所产生的区域效应。本节分析以 62 名积极参与各种外部合作的学者为基础，他们的合作方式包括合作研究、解决问题、学生实习活动、创办衍生企业、与初创企业合作以及非正式网络活动。其中，合作研究占 32%，参与问题解决活动占 25%，非正式网络活动占 23%，学生实习活动占 19%。样本中涉及与初创企业合作和创办衍生企业的只占很小部分，分别是 11% 和 3%（图 3–2）。总之，对于参与外部活动的学者而言，合作研究和解决问题（即密集的知识交流活动）是最常见的互动形式。

此外，尽管主要互动类型具有知识密集性的特征，但学者的外部合作伙伴以国内其他地方为主（53%），本地知识社区领域层面上的合作最少（图 3–3）。

即使本地合作相对有限，但学者与合作伙伴之间的沟通模式表明，社交性的互动模式是重要的。约 60% 的受访学者表示，他们更喜欢与外部合作伙伴进行面对面交流，而只有 6% 的研究人员是通过电话、短信与外部合作伙伴联系（图 3–4）。

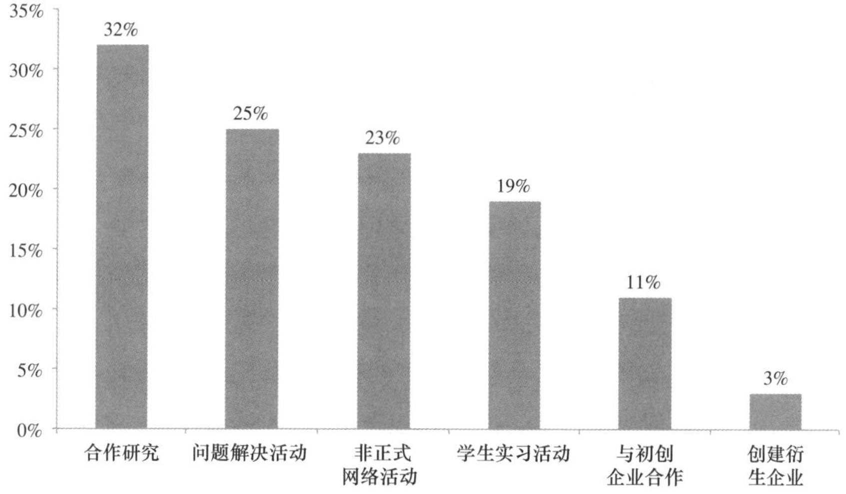


图 3–2　活动类型（占受访者的百分比）

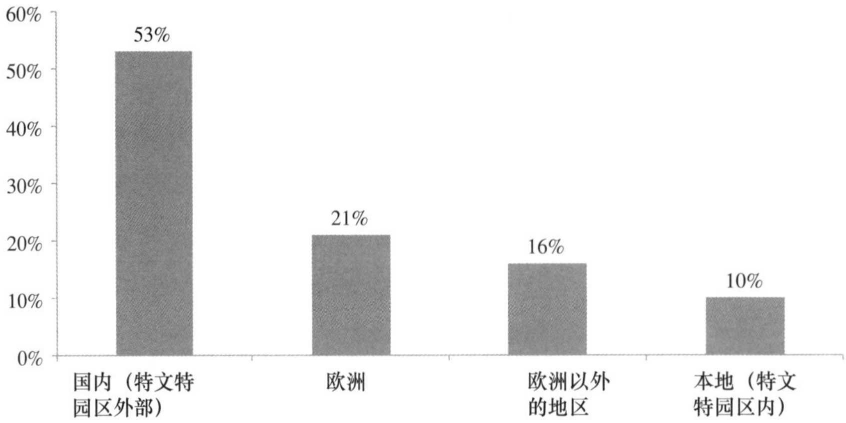


图3-3 外部合作伙伴占比（占受访者的百分比）

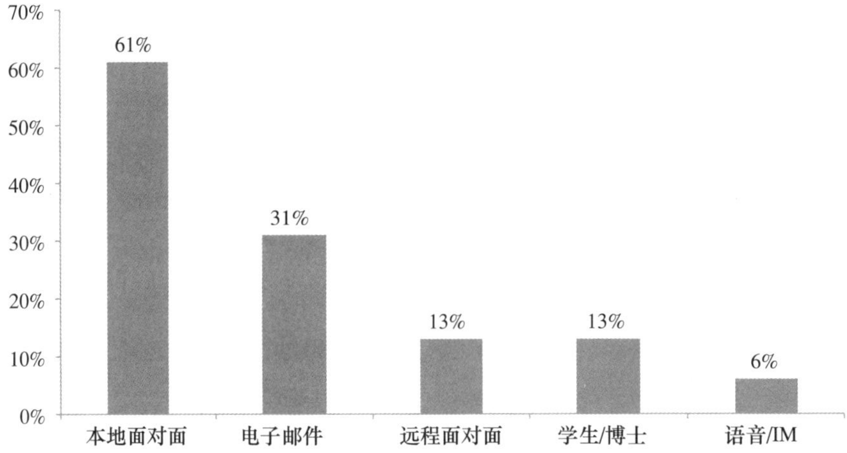


图3-4 主要联系方式（占受访者的百分比）

## 3.6 大学—产业合作的动机、制约和支撑因素

乍看之下，这些发现有一些矛盾之处：学者们尽管不喜欢与本地合作伙伴合作，但与外部合作伙伴的合作还是通过“社会知识交流”的互动方法（面对面交流）进行知识密集型的活动。为了深入理解为什么会出现这种矛盾，我们将注意力转向为什么这些学者会与外部合作伙伴进行互动，以及为什么在合作伙伴相距遥远的条件下，他们还是选择密集的、与地理邻近性相关的人际互动形式。受访者需从七个原因中选择他们与外部合作伙伴互动的原因（图3-5），回答主要包括三种与外部合作伙伴合作的原因。

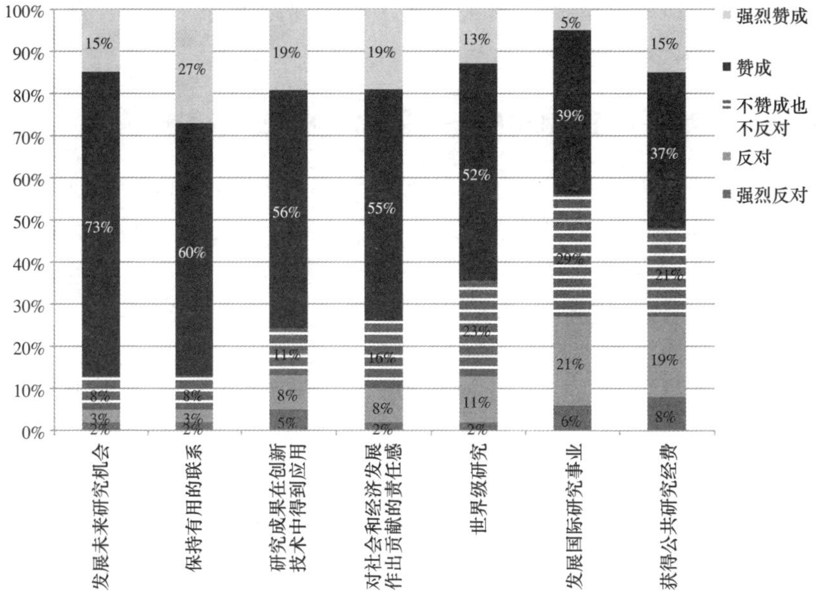


图 3-5　与外部合作伙伴开展活动的动机（平均分，百分比）

- 最多的答案与开展研究的实际需要有关，即发展未来研究机会（73% 的受访者表示赞成，15% 强烈赞成）和保持有用的联系（60% 赞成，27% 强烈赞成）。
- 其次是增强其研究的影响，包括看到自己的研究成果在创新技术中得到应用（56% 赞成，19% 强烈赞成），以及出于对社会和经济发展作出贡献的责任感（55% 赞成，19% 强烈赞成）。
- 选择最少的是做出卓越研究，包括支持世界级研究（52% 赞成，13% 强烈赞成）、发展国际研究事业（39% 赞成，5% 强烈赞成）以及获得公共研究经费（37% 赞成，15% 强烈赞成）。

就参与合作学者所看重的邻近性类型而言，受访者根据他们认为的对外部合作的重要性，对博什马经典的五维邻近性进行排名。为便于操作，我们将博什马所述的每个维度具象化为代表每种邻近性的简要描述。认知邻近性是通过密切互动产生的；组织邻近性指类似非正式网络的组织；社会邻近性是一种信任；制度邻近性指存在共同的价值观；地理邻近性是指在地域上的邻近。我们分别询问每种邻近性对学者的核心利益（即研究）或对活动的价值增长是否有支持作用。每一个问题都用五级李克特量表（Likert-scale）变量，即“强烈反对”到“强烈赞成”来回答。一共 10 个问题，首先给出了每个问题（行）答案（列）的绝对分数和受访者百分比（表 3–1）。

**表 3–1 邻近性在大学—产业合作中的角色（交叉列表）**

| 邻近性类型 | 问题：你与行业合作伙伴最重要的合作活动是…… | 回答 | | | | |
|---|---|---|---|---|---|---|
| | | 强烈反对 | 反对 | 不赞成也不反对 | 赞成 | 强烈赞成 |
| | | 人数和百分比 | 人数和百分比 | 人数和百分比 | 人数和百分比 | 人数和百分比 |
| 认知（密切沟通） | ……与行业合作伙伴密切沟通有助于更有效地开展创新项目； | 1 | 6 | 17 | 35 | 3 |
| | | 2% | 10% | 27% | 56% | 5% |
| | ……与企业更密切的互动使我们能独立开展研究 | 2 | 20 | 27 | 10 | 3 |
| | | 3% | 32% | 44% | 16% | 5% |
| 组织（非正式网络） | ……与企业的非正式关系网有助于更有效地控制创新项目； | 2 | 9 | 22 | 27 | 2 |
| | | 3% | 15% | 35% | 44% | 3% |
| | 通过非正式关系网与企业沟通能为研究争取更大的自由空间 | 3 | 10 | 19 | 26 | 4 |
| | | 5% | 16% | 31% | 42% | 6% |
| 社会（信任） | ……与信任的行业合作伙伴合作能帮我提高创新项目的有效性； | 1 | 4 | 11 | 36 | 10 |
| | | 2% | 6% | 18% | 58% | 16% |
| | ……我喜欢不同的项目与不同的合作伙伴合作，以保持我的独立性 | 2 | 15 | 20 | 20 | 5 |
| | | 3% | 24% | 32% | 32% | 8% |
| 制度（共同的价值观） | ……我发现与工作方式、研究文化以及价值观和自己一致的公司合作更容易； | 0 | 6 | 10 | 36 | 10 |
| | | – | 10% | 16% | 58% | 16% |
| | ……如果能获得优质的出版物或专利我愿意和任何行业合作伙伴合作 | 4 | 18 | 8 | 26 | 6 |
| | | 6% | 29% | 13% | 42% | 10% |
| 地理（本地） | ……与本地企业合作能帮我更有效地组织和协调我的创新项目； | 2 | 9 | 31 | 19 | 1 |
| | | 3% | 15% | 50% | 31% | 2% |
| | ……我与本地企业合作只为获得高水平的研究经费 | 17 | 22 | 16 | 7 | 0 |
| | | 27% | 35% | 26% | 11% | — |

外部合作伙伴的区位与五种邻近性影响的分析表明，学者们愿意与位于任何地区的外部合作伙伴合作，但是对于不同位置的外部合作伙伴而言，最重要的邻近性维度有所不同。首先，对于外部合作伙伴，学者认为最重要的邻近性是社会邻近性。其次，在与本国其他地方合作伙伴的合作中，学者们认为制度邻近性最为重要。再次，在与欧洲其他国家合作伙伴的合作中，认知邻近性和社会邻近性同样重要。最后，在与全球合作伙伴的互动中，制度邻近性是最重要的，这反映了研究人员需要一种共同的方法（相同的价值观）来指导工作，在没有持续接触和互动的情况下取得互惠互利的成果（表 3–2）。

**表 3–2　外部合作伙伴的区位与邻近性评分（平均）**

| 位置 | 邻近性 | | | | |
|---|---|---|---|---|---|
| | 认知 | 组织 | 社会 | 制度 | 地理 |
| 本地 | 3.8 | 3.3 | 4.3 | 3.7 | 3.5 |
| 本国 | 3.5 | 3.3 | 3.8 | 3.9 | 3.1 |
| 欧洲 | 3.7 | 3.1 | 3.7 | 3.5 | 3.4 |
| 全球 | 3.3 | 3.4 | 3.5 | 3.9 | 2.7 |
| 平均分 | 3.6 | 3.3 | 3.8 | 3.8 | 3.2 |

## 3.7　特文特大学知识园——区域创新的“温床”？

在这一章中，我们试图理解“高技术园区”如何发挥知识社区领域的作用，以及活跃于研究和价值网络的创新合作伙伴之间如何进行社会性的学习。这为更新卡斯特尔和霍尔的“高技术园区”概念提供了新的探索，因为在过去 20 年里，尽管地理位置仍然很重要，但知识创造的过程已经进一步分散化（Rutten et al., 2014）。我们的研究发现学者在与外部合作伙伴合作方面表现得相当积极：本地知识社区在国家和国际层面的合作似乎比在区域层面更为积极。我们认为，这是当地企业与本地知识社区的联系相对有限造成的，但也有一些特例。为了更深入地理解高技术园区如何在知识社区时代发挥作用，我们现在回到最初的研究问题。

我们的第一个问题是知识社区领域中的学者与外部合作伙伴接触想要寻求和实现的是什么。研究结果显示：外部接触首先是与进行研究的实际需求有关，其次是使其研究有应用价值并对整个社会有用，最后是参与卓越的研究。第二个问题是什么样的邻近性会影响知识社区领域中的学者选择与本地/外地的外部合作伙伴合作。在肯尼斯帕科技园，学者们与外部合作伙伴的合作是基于组织和社会邻近性，而不是地理邻近性。但是研究结果表明，无论研究人员的背景、研究经验、活动类型、合作频率或联系形式如何，只要能够支持高质量的研究，他们就愿意与外地的外部合作伙伴合作。第三个问题是知识社区领域应如何建立有用的邻近性。我们的研究结果表明知识社区领域参与者会根据某种类型邻近的重要性选择更适合于社会学习过程的交互形式（参阅第3.2.3节）。结果证实了我们的发现，地域（即地理）邻近性对肯尼斯帕科技园参与者的影响并不重要，而重要的是其他形式的邻近性（认知、组织和社会）。

本研究的结果有助于深化知识转移过程以及特定的知识转移空间——即“高技术园区”在知识型城市发展中的作用的理论探讨。由于当前文献在学术界选择与产业界合作的定量分析方面存在实证缺口，本研究有助于对大学—产业合作关系进行定量分析研究。本研究探讨的内容代表了学术界对与产业界合作的态度，证实了社会、组织、战略和制度邻近性可能有助于在当地和外部参与者之间建立有效的网络，与同类合作伙伴相邻近的地理邻近性并不是在大学和产业界之间建立有效关系的先决条件（Ratinho et al., 2010）。作为一个地域空间的知识社区领域对于构建参与者之间特定类型的邻近性非常重要，为了深入探讨这一点，我们强调以下三个关键的要点：

- 学者与用户之间进行知识交流（合作研究与问题解决）。
- 研究以社会学习过程（面对面交流，甚至是与不在肯尼斯帕科技园的企业的交流）为支撑。
- 学者感受到与这些主体的认知、组织和社会邻近性。

因此，我们认为肯尼斯帕科技园的某些方面可能有助于创造区位的优势，即使这些区位优势不能完全归因为地理上的邻近性。现有的研究无论是对肯尼斯帕科技园的分析，还是对知识社区领域的整体研究，都没有涉及特定场所的活动如何有助于构建认知、组织和社会邻近性。显然，如果学者和外部用户共同进行一项研究，或者就学生实习项目合作，那么这种互动就会产生共同的语言、惯例、期望和理解，从而产生认知和社会邻近性。因此，我们认为需要进一步分析“特定于场所的知识区位如何建立不特定于场所的邻近性”这一问题，特别是与参与者所在的更广泛的研究和价值网络之间的关系。

这是一项探索性的研究，旨在了解随着社会知识经济的出现，知识生产的地点（我们将其概念化为“知识社区领域”）是如何变化的。因此，对于我们提出的诸多观点必须保持谨慎的态度，但同时我们也承认：人们越来越认识到，知识生产不是一个纯粹的本地化过程。我们认为知识社区领域有助于形成学者和用户之间的邻近性，但其他类型的邻近性可能比纯粹的地理邻近更重要。我们可以对学者和外部用户之间的交互如何建立邻近性进行推测（参阅 Gertner et al., 2001），但是准确辨别知识社区领域在构建这些共享知识库、技能库、规范和共同的理解，以及建立有效合作基础方面的作用却很难。这与博埃克尔（Boekel）和博什马（2012）提出的“邻近性悖论”观点正好相反。邻近性悖论是指尽管知识交流可以在任何地方进行，但在学者和外部用户之间建立邻近性方面，地理邻近性仍然很重要。我们的结论是，如果高技术园区要保持其作为 21 世纪的重要空间形态（正如本书所表明的），应该对其在推动非空间和空间邻近性方面的作用一视同仁，未来的研究需要对此进行更多的思考和检视。

## 致谢

本文作者感谢受访者花费宝贵的时间参与调查并且坦诚地回答问题，没有这些受访者，这项研究就不可能完成。还要感谢特文特大学荷兰科学研究组织 DATALAB 项目在调查方面提供的技术支持，以及苗田对本章前期初稿提出的宝贵意见。文中如有错漏之处，概由作者负责。

## 参考文献

Amin, A. and Roberts, J. (2008) ‘Knowing in action: Beyond communities of practice’. *Research Policy*. 37(2): 353–69.

Anttiroiko, A.V. (2004) ‘Science cities: Their characteristics and future challenges’. *International Journal of Technology Management*, 28(3): 395–418.

Asheim, B.T., Boschma, R. and Cooke, P. (2011) ‘Constructing regional advantage: Platform policies based on related variety and differentiated knowledge bases’. *Regional Studies*, 45(1): 893–904.

Baldini, N., Grimaldi, R. and Sobrero, M. (2007) ‘To patent or not to patent? A survey of Italian inventors on motivations, incentives, and obstacles to university patenting’. *Scientometrics*, 70: 333–54.

Benneworth, P.S. and Charles, D.R. (2005) ‘University spin off companies and the territorial knowledge pool: Building regional innovation competencies?’. *European Planning Studies*, 13(4): 537–57.

Benneworth, P.S. and Hospers, G.J. (2007) ‘Urban competitiveness in the knowledge economy: Universities as new planning animateurs’. *Progress in Planning*, 23(1): 3–102.

Benneworth, P.S. and Ratinho, T. (2014a) ‘Reframing the role of knowledge parks and science cities in knowledge based urban development’. *Environment & Planning C*, 32(5): 784–808.

Benneworth, P.S. and Ratinho, T. (2014b) ‘Regional innovation culture in the social knowledge economy’, in R. Rutten, P. Benneworth, D. Irawati and F. Boekema (eds) *The social dynamics of innovation networks*. London: Routledge.

Benneworth, P.S., Hospers, G.J., Jongbloed, B., Leiyste, L. and Zomer, A. (2011) ‘The “science city” as a system coupler in fragmented strategic urban environments?’. *Built Environment*, 37(3): 317–35.

Benneworth, P.S., Hospers, G.J. and Timmerman, P. (2009) ‘Who builds “science cities” and “knowledge parks”? High technology firms mobilising heterogeneous commercialisation networks’, in R. Oakey, S. Kauser, A. Groen and P. v.d. Sijde (eds) *New technology based firms in the new millennium Vol* 7. London: Elsevier.

Bøas, M. and McNeill, D. (2004) ‘Ideas and institutions: Who is framing what?’ (pp. 1–12), in M. Boas and D. McNeill (eds) *Global institutions and development: Framing the world*? London: Routledge.

Böhme, K. and Gloersen, E. (2011) ‘Territorial cohesion storylines: Understanding a policy concept'. Spatial Foresight Briefing 2011: 1. Luxembourg. Available at: www.spatialforesight.eu/tl_files/files/editors/dokumente/Brief-2011-1-111025.pdf (accessed on 27 January 2015).

Boschma, R.A. (2005) 'Proximity and innovation: A critical assessment'. *Regional Studies*, 39(1): 61–74.

Bozeman, B., Youtie, J., Slade, C.P. and Gaughan, M. (2012). 'The "dark side" of academic research collaborations: Case studies in exploitation, bullying and unethical behavior'. In annual meeting of the Society for Social Studies of Science (4S) October (pp. 17–20).

Broekel, T. and Boschma, R. (2012) 'Knowledge networks in the Dutch aviation industry: The proximity paradox'. *Journal of Economic Geography*, 12(2): 409–33.

Caniels M.C.J., Kronenberg, K. and Werker, C. (2014) 'Conceptualizing proximity in research collaborations' (pp. 221–38), in R. Rutten, P. Benneworth, D. Irawati and F. Boekema (eds) *The social dynamics of innovation networks*. London: Routledge.

Castells, M. and Hall, P. (1994) *Technopoles of the world: The making of 21st century industrial complexes*. London: Routledge.

Charles, D.R. and Wray, F. (2010) 'Science cities in the UK', Melbourne 2010 Knowledge Cities World Summit, Melbourne, 16–19 November.

Clark, B. (1998) 'The entrepreneurial university: Demand and response'. *Tertiary Education and Management*, 4(1): 5–16.

Cooke, P. (2005) 'Regionally asymmetric knowledge capabilities and open innovation: Exploring "Globalisation 2" – a new model of industry organisation'. *Research Policy*, 34:1128–49.

d'Este, P. and Perkmann, M. (2011) 'Why do academics engage with industry? The entrepreneurial university and individual motivations'. *Journal of Technology Transfer*, 36: 316–39.

Fromhold-Eisebith, M., Werker, C. and Vojnic, M. (2014) 'Tracing the social dimension in innovation networks – from conceptualization to empirical testing' (pp. 121–40), in R. Rutten, P. Benneworth, D. Irawati and F. Boekema (eds) *The social dynamics of innovation networks*. London: Routledge.

Freitas, I.M.B., Verspagen, B. (2009) 'The motivations, organization and outcomes of university-industry'. Available at: www.socialsciences.leiden.edu/cwts/news/ scoreboard.html (accessed on 28 October 2014).

Fromhold-Eisebith, M. Werker, C. and Vojnic, M. (2014) 'Tracing the social dimension in innovation networks – from conceptualization to empirical testing' (pp. 121–39), in R. Rutten,

P. Benneworth, D. Irawati and F. Boekema (eds) (2014) *The social dynamics of innovation networks*. London: Routledge.

Garud, R. (1997) 'On the distinction between know–how, know–why and know–what', *Advances in Strategic Management*, 14: 81–101.

Gertler, M. (1995) ' "Being there" : Proximity, organisation and culture in the development and adoption of advanced manufacturing technologies' . *Economic Geography*, 7/(1): 1–26.

Gertner, D., Roberts, J. and Charles, D. (2011) 'University–industry collaboration: A CoPs approach to KTPs' . *Journal of Knowledge Management*, /5(4): 625–7.

Gulbrandsen, M., Mowery, D. and Feldman, M. (2011) 'Introduction to the special section: Heterogeneity and university–industry relations' . *Research Policy*, 40(1): 1–5.

Hospers, G.–J. (2006) 'Silicon somewhere? Assessing the usefulness of best practices in regional policy' . *Policy Studies*, 27(1): 1–15.

Kemgroep Innovatie (2012) 'Innovatiesprong Twente: Naar meer inhoudelijke focus en vemieuwing van de aanpak. Hoofdlijn van de strategic voor het innovatiebeleid en de governance voor de periode 2012–2015' . Available at: http://ris.enschede.nl/ stukken/09638/download.html_ (accessed on 28 October 2014).

Korotka, M.A. (2012) 'Proximity factors influencing academics' decisions to co–operate with industry – a case study of the University of Twente' s research institutes' . Unpublished MSc thesis. Available at: http://purl.utwente.nl/essays/62013/ (accessed 8 April 2012).

Knight, R.V. (1995) 'Knowledge–based development: Policy and planning implications for cities' . *Urban Studies*, 32(2): 225–60.

Lam, A. (2010) 'What motivates academic scientists to engage in research commercialization: "Gold" , "ribbon" or "puzzle" ?' . *Research Policy*, 40:1354–68.

Lagendijk, A. and Visser, G. (2014) 'The travels of the Creative City. Boosting creativity and innovation in Amsterdam and Leiden' (pp. 201–20), in R. Rutten, P. Benneworth, D. Irawati and F. Boekema (eds) *The social dynamics of innovation networks*. London: Routledge.

Lazzaretti, L. and Tavoletti, E. (2007) 'Higher education excellence and local economic development: The case of the entrepreneurial University of Twente' . *European Planning Studies*, 13(3): 475–93.

Lundvall, B.–A. (2007). 'National Innovation Systems – Analytical Concept and Development Tool' . *Industry & Innovation*, 14(1): 95–119.

McCann, P. and Ortega–Argiles, R. (2013) 'Modem regional innovation policy' . *Cambridge*

*Journal of Regions. Economy and Society*, 6(2): 187–216.

Martin, R. and Sunley, P. (2003) ‘Deconstructing clusters: Chaotic concept or policy panacea?’. *Journal of Economic Geography*, 3(1): 5–35.

May, T. and Perry, B. (2011) ‘Urban research in the knowledge economy: Context, content and outlook’. *Built Environment*, 37(3): 352–67.

Miller, S. (2014) ‘The Strathclyde Technology and Innovation Centre in Scotland’s innovation system’. *Regional Studies, Regional Science*, 7(1): 145–51. Available at: www.tandfonline.com/doi/full/10.1080/21681376.2014.944208 (accessed on 28 October 2014).

Nonaka, I. and Takeuchi, H. (1995) *The knowledge creating company: How Japanese companies create the dynamics of innovation*. New York: Oxford University Press.

OECD (2011) ‘Regions and Innovation Policy’, *OECD Reviews of Regional Innovation*, OECD Publishing, pp. 25–84. Available at: www.oecd.org/document/2/0,3746,en_2649_37429_47721730_1_1_1_37429,00.html (accessed on 28 October 2014).

Perry, B. and May, T. (2010) ‘Urban knowledge exchange: Devilish dichotomoies and active intermediation’. *International Journal of Knowledge-based Development*, 7(1/2): 6–24.

Perry, B. and May, T. (2011) ‘Urban research in the knowledge economy: Content, context and outlook’. *Built Environment*, 37(3): 352–67.

Quintas, P., Wield, D. and Massey, D. (1992) ‘Academic–industry links and innovation: Questioning the science park model’. *Technovation*, 72(3): 161–75.

Ratinho, T. and Henriques, E. (2010) ‘The role of science parks and business incubators in converging countries: Evidence from Portugal’. *Technovation*, 30(4): 278–90.

Ratinho, T. (2011) ‘Are they helping? An examination of business incubators’ impact on tenant firms’. Unpublished PhD thesis. Available at: http://doc.utwente.nl/78235/ l/thesis_T_Ratinho.pdf (accessed on 28 October 2014).

Romer, P.M. (1994) ‘The origins of endogenous growth’. *Journal of Economic Perspectives*, 5(1): 3–22.

Rutten, R., Benneworth, P., Boekema, F. and Irawati, D. (eds) (2014) *The social dynamics of innovation networks*. London: Routledge.

Schutte, F. (1999) ‘The university–industry relations of an entrepreneurial university: The case of the University of Twente’. *Higher Education in Europe*, 24(1): 47–65.

Smith, R.G. (2003) ‘World city actor networks’. *Progress in Human Geography*, 27(1): 25–44.

Solow, R. (1994) ‘Perspectives on growth theory’. *Journal of Economic Perspectives*, 5(1): 45–54.

Temple, J. (1998) 'The new growth evidence'. *Journal of Economic Literature*, 37(1): 112–56.

Yeung, H.W. (2009) 'Situating regional development in the competitive dynamics of global production networks: An East Asian perspective', in FI.W. Yeung (ed.) *Globalizing regional development in East Asia: production networks, clusters, and entrepreneurship*. London: Routledge.

Yigitcanlar, T. and Velibeyoglu, K. (2008) 'Knowledge–based urban development: The local economic development path of Brisbane, Australia'. *Local Economy*, 23(3): 195–207.

Yigitcanlar, T. (2010) 'Making space and place for the knowledge economy: Knowledge–based development of Australian cities'. *European Planning Studies*, 75(11): 1769–86.

# 4 知识场所的协同管理

威廉·范·温登、路易斯·卡瓦略

## 4.1 引言

近几十年来，全球许多城市和区域都兴起了“知识场所”（knowledge locations）的开发。“知识场所”是一种区域性的项目，其目的是在指定的城市地区集中开展以知识为基础的活动。知识场所的形式多种多样，其中历史最悠久、研究最深入的是科技园这一形式（参阅 Massey et al.,1992; Castells et al., 1994），即科研机构和企业在空间上集聚，通常位于大学校园里或大学附近。在过去的15 年间，知识场所又出现了新的形式，包括“创意工厂”“科学单元”和“开放式创新校园”等。其中许多是围绕“高科技”以外的主题开发的，比如数字媒体或其他创意产业（van Winden et al.,2012; Carvalho, 2013）。

知识场所的发展源于包括（当地和区域）政府、大学和不同领域的私营机构（例如国际科技园协会）等各种利益相关方的雄心和行动（Evans, 2009）。地方政府投资知识场所的目的是创造新的就业岗位，获得“创意城市”或“知识城市”等称号，并吸引和留住人才与企业。大学和知识机构也越来越多地参与知识场所的发展，增强与商界的联系，促进研究成果的商业化。其他的利益相关者及其具体的利益诉求还有很多（关于不同的公共和私人利益相关者投资知识场所原因的全面分析参见 Benneworth et al., 2011）。

尽管涉及不同的利益，各方对知识场所的投资在很大程度上还是反映了集聚对创新和经济发展影响的期望、见解和幻想。最重要的是，知识场所具有产生协同效应的共识，即系统中多个元素的交互作用所产生的效应大于它们各自效应的总和。通过提高资源利用效率（例如基础设施、技能和专业化服务），树立形象和声誉，以及促进当地租户之间富有成效的知识交流和创新网络，可以形成积极的协同效应。

本章将重点讨论两个重要的问题，即协同效应如何产生，以及是否能够积极地进行协同效应管理。许多知识场所的支持者和管理者逐渐认识到，地产开发和企业集聚不足以创造协同效应，因此开始积极地采取协同管理的策略和工具（Carvalho, 2013; van Winden et al.,2012）。战略部署主要是在场所层面，但也开始关注区域创新政策的视角。了解知识场所的协同管理类型有助于明确和分解促进区域知识溢出和创新网络的支撑程序和政策。此外，这也突出了知识场所（及其管理者）作为参与主体在当代“精明专业化”和建立“区域竞争优势”的政策框架中具有重要作用（例如 Boschma, 2014）。

为了探讨如何促进知识场所协同效应的形成，我们首先讨论了知识场所背后的空间创新关联网（space-innovation nexus）以及关于协同管理的研究。我们将协同管理策略和工具分为四类：

（1）加强互动性的设计；

（2）管理租户的组合；

（3）共享设施；

（4）促进网络和社区联系。

针对这四种工具，我们对五个欧洲城市案例——亚琛（德国亚琛工业大学（RWTH）园区）、奥尔胡斯（卡翠那堡信息技术城）、科英布拉—坎塔涅迪（拜奥肯技术转化园）、都柏林（数字园区）和埃因霍温（高科技园区和斯特里普文化创意产业园）进行研究。我们通过举例说明这四种协同管理策略如何在案例中进行应用，然后分析研究与政策所面临的挑战，特别是关于如何平衡协同效应管理和自发创新之间的关系，这是支撑城市知识场所蓬勃发展的创新生态系统所必需的。

## 4.2 文献综述

本章阐述了两个关键问题。首先，我们对知识场所集聚的好处或附加价值了解多少；其次，知识场所的管理者如何以及在多大程度上能够增加这种价值（即通过哪些类型的协同管理工具）？关于地域创新模式研究的文献介绍了创新、网络和空间之间错综复杂的关系，突出了集聚可能产生的协同效应类型。然而，除了地理邻近性之外，创新研究还揭示了创新是一个社会过程，因此我们提出了一个基于四种综合协同管理工具的模型。

### 4.2.1　地域创新模式

从新区域主义的视角来看，知识场所可以看作是一种“微型集聚”，其超本地（hyper-local）特征影响着知识和创新网络的形态和密度。从新马歇尔产业区的角度来看，知识场所是正外部性产生的地方；知识溢出更容易发生，创新传播更迅速，且该地区可能会培养出一种竞争和充满活力的精神。从制度主义和创新环境的角度来看，强调信任、共同的文化和制度有利于创新网络，知识场所可以被理解为是一种“信任增强剂”：集聚一地的企业相互邻近，可以发展个人关系和形成共识，促进互动、知识交流和创新（其他关于这些视角的评述参阅 Moulaert et al., 2003 等）。

然而，关于知识场所的新区域主义观点在以下几个方面是存在问题的。首先，大多数的发生机制和社会关系存在于区域层面，而不是只存在于特定的知识场所。其次，由于过分强调地理邻近性和创新的本地 / 区域因素，新区域主义研究最近面临越来越大的挑战。越来越多的证据表明，本地网络的作用可能没有通常认为的那么重要（Gamsey et al.,2005; Malmberg et al.,2006; Giuliani, 2007; Vale et al.,2013）。许多创新企业的知识来源并不是地理上邻近的合作伙伴，而是来自国际伙伴（Davenport, 2005; Drejer et al.,2007; Broekel et al.“邻近性悖论”, 2012）。

近年来，对知识场所价值增长的实证研究证实了新区域主义方法的局限性。大多数研究都集中于科技园区，并从园区区位对租户绩效进行评估，包括创新能力、研发效率、生存和增长等方面（综述参阅 van Winden et al.,2012; Carvalho, 2013）。这些研究对地理邻近性和创新的关系提出了严重质疑。尽管有迹象表明科技园内的企业与大学的关系比与其他企业更密切（例如 Detwiller et al.,2006; Chan et al.,2005），但几乎没有证据表明它们更有可能与当地大学或附近的企业就地合作或交流信息（Quintas et al.,1992; Bakouros et al.,2002; Lindeldf et al.,2003; Fukugawa, 2006）。总的来说，知识场所并不是表面上看上去的“本地创新网络的催化剂”，这也验证了一个越来越普遍的共识，即不要夸大地理邻近知识网络的重要性。

### 4.2.2　创新是一种社会实践

以往的研究表明，地理上的邻近不足以产生协同效应。一些研究认为科技园区缺乏互动的原因是租户不是互补型企业，或者彼此之间缺乏激励合作的互补资源（Lowegren-Williams, 2000; Chan et al.,2005）。科卡克（Kocak）和詹（Can）（2013）通过对土耳其 12 个科技园的管理干预措施效果的分析，发现具有特定行业属性的科技园中知识分享、共同开发和共同客户关系更为普遍。他们的发现与博什马（2005）和格特勒（Gertler, 2008）的观点相一致，即地理邻近性仅仅是创新网络中的一个影响因素。正如多洛罗（Doloreux）和谢穆尔（Sheamur）（2012）所指出：

> 根据博什马（2005）的研究，经济主体在许多维度具有邻近性，包括：①认知维度：具有共同的话语和概念框架；②组织维度：协调和交流知识的能力；③社会维度：微观层面的友好关系和信任纽带；④制度维度：规则和管理；⑤地理邻近性。
>
> （Doloreux et al.: 83）

知识互动交流和创新网络最有可能出现在不同类型邻近性叠加的地方。如果知识交流和创新是一种社会实践（例如 Amin et al.,2008），那么为创业者建立社会资本则是知识场所管理者的重要职能（例如 Hansson et al.,2005; Youtie et al.,2008）。在这方面，一些研究表明具有密切关联的个人所发挥的核心作用，他们连通着知识场所内外的网络，在场所的增长和创新潜力方面扮演重要角色（Link et al.,2003; Hommen et al.,2006）。格拉夫（Graf, 2011）认为创新集群得益于“守门员”（gatekeeper）和“跨界者”（boundary spanner），这些人员通过整合本地和外部知识源来进行本地的创新活动。本地化的学习和创新越来越依赖于当地的“蜂鸣”（buzz），同时也依赖于与外部世界联系的多尺度关系“渠道”（pipeline）（Bathelt et al., 2004）。中国台湾新竹科学园（如 Chen et al.,2004; 另见本书第 5 章）在这方面一直是一个典范，通过与国外（加利福尼亚）同行的密切互动，培育本土的创新社区。当前知识场所的许多活动推广策略、联络俱乐部和指导活动都是为了建立类似的本地—全球关系网（Carvalho, 2013）。

### 4.2.3 建立协同效应的管理策略

前两节提及了集聚如何产生协同效应以及这一过程存在的局限性，但没有解决协同效应可以在何种程度上进行管理的问题。本节将介绍目前已被许多知识场所用于建立协同效应的四种协同管理策略。

**加强互动性的设计**

协同效应可以通过知识场所促进互动的设计而得到强化，因为对实体空间、知识协作和创新之间关系的研究表明设计非常重要（Heerwagen et al.,2004; Rashid et al.,2006）。通过对办公室和公共空间的巧妙设计，可以增强人员之间的（规划和非规划的）互动（这是马歇尔知识溢出效应的关键机制），从而可能形成知识交流和创新。因此，知识场所（就建筑物、公共空间和基础设施而言）的建造可以采用更加便于个人与企业之间进行互动和交流的方式。

关于知识型工作环境中实体空间与协作之间关系的研究也认为，工作空间是一种组织性的资源，可以用来增强个人意识、互动和协作。更好的空间布局，包括提供更好的可达性、可视性和更短的步行距离，会影响办公室（Heerwagen et al.,2004）和大学研究中心（Toker et al.,2008）面对面交流的频率。佩恩（Penn）、德西拉斯（Desyllas）和沃恩（Vaughan）（1999）认为，随着时间的推移，面对面频率的提高会带来更多"有用"的互动。此外，实体空间布局与组织文化和集体认同形成之间也存在明显的关系（Peponis et al.,2007），随着时间的推移，这种关系会影响知识型员工的创新意识（Dul et al.,2012）。最后，我们要指出的是这些研究涉及企业、建筑物和研究中心，就我们所知，迄今没有任何研究对整个知识场所的这些关系进行系统的验证。

**管理租户的组合**

管理租户的组合也可以是促进知识场所协同效应的有效管理工具。一项针对美国科技园区的研究发现：随着时间的推移，专业化园区的发展越来越快，这表明专业化有助于形成独特的资源（例如，促进租户之间互动的生态系统），提高园区的吸引力（Link et al.,2006）。与科卡克和詹（2013）的研究相似，他们发现行业的同质化与科技园区知识共享程度的提高密切相关。这些发现也与创新地理学的文献相吻合，即在地域和认知上都接近的人们更有可能合作（如 Boschma, 2005）。

知识场所的管理者可能会主动设限来选择特定行业或技术领域的租户入驻，或者只允许一定比例的"不相关"企业进入他们的场地。谨慎的租户选择可能有助于提高租户合作并增加互惠互利的机会，而足够多的类似租户则有利于公共设施、服务或基础设施（如特定的实验室、机械或设计工作室）等共享设施的提供。

最后，特定的租户组合可以帮助知识场所建立“特定类型企业场所”的身份和声誉。赫尔辛基以艺术和设计为主题的知识场所阿拉伯海岸（van Winden et al.,2012）就体现了此类协同效应。主题概念就像一座“灯塔”，使得该场所对国内外企业充满吸引力。相反，当一个场所存在不同背景和兴趣的租户时，概念的清晰度可能会受到影响（Stankiewitz, 1998）。

**共享设施**

集群研究的文献（如Gordon et al.,2000）显示，将相似的活动安排在一起会带来若干正外部性。对于知识场所而言，关键优势之一是提供稀缺的、特定于集群的服务和基础设施。知识场所管理者，或是共处一地的租户群体，可能会投资于特定的设施（实验室、洁净室或其他昂贵的基础设施），然后将它们出租出去。这可能带来一些协同效应，包括更高的入驻率可能降低昂贵设施的平均成本，为小租户使用昂贵设施提供渠道（Feldman, 1994），以及鼓励知识和实践的交流互动。除了共享效应，一些独特的共享设施（例如，最先进的实验室）还会与知识场所的形象和声誉密切相关（Carvalho, 2013）。

**促进网络和社区联系**

第四种协同管理工具是积极促进知识场所构建网络、关系和社区。知识场所管理者越来越多地尝试以多种方式促进网络和社区的形成。这些尝试背后的理念是创新是一种社会现象，需要信任、归属感和相互理解（如Amin et al.,2008）。

一些研究认为场所的成功（例如，创造财富和就业机会）与基于网络和社区强化策略（如网络和平台搭建、指导或经纪）所形成的协同效应有关。林克（Link）和斯科特（2003）认为，长期来看，一个场所的发展与他们所称的创业领导力（entrepreneurial leadership）有关。创业领导力是指管理者调动资源、项目和构建新网络的能力。这些协同效应一旦形成，将有助于吸引更多的企业和租户。拉蒂尼奥和亨里克斯（2010）认为科学园区和孵化器的成功与园区内外的指导和网络增强策略密切相关。这些策略或计划对于让新来者有发言权和防止形成封闭、锁定的“俱乐部”也至关重要（Carvalho, 2013）。

**总结：增强集聚的协同效应**

我们认为，知识场所并非“马歇尔式的乌托邦”（即使其公共和私人支持者

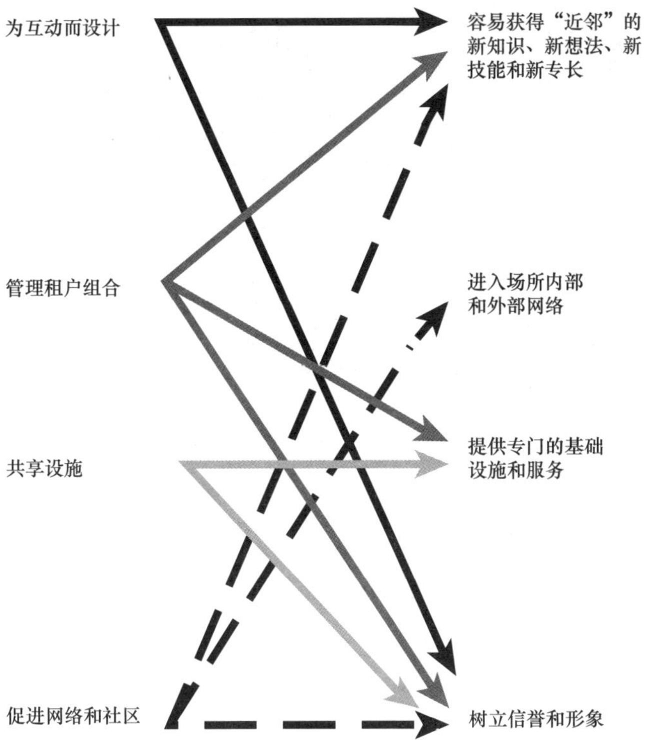


图 4-1　潜在协同效应和协同管理

来源：作者自行分析。[1]

可能会这样认为）。由于创新具有错综复杂的社会属性，单靠集聚不足以产生高效的资源共享、声誉和形象塑造、网络链接以及知识交流等协同效应。然而，现有的文献研究确实表明协同管理策略和工具（由场所管理者部署）可以增强集聚潜在的协同效应。图 4-1 总结了这些典型事实，指出了四种管理策略（左侧）和集聚潜在的衍生优势（右侧）之间的一些关系。

## 4.3　案例研究介绍

在本章的后面几节，我们将举例说明不同知识场所的管理者和租户如何尝试使用四种协同管理策略和工具来创建所需的协同效应。我们将分别描述和分析欧洲六个知识场所的协同管理实践，其中五个位于高度发达的知识型经济体，只有

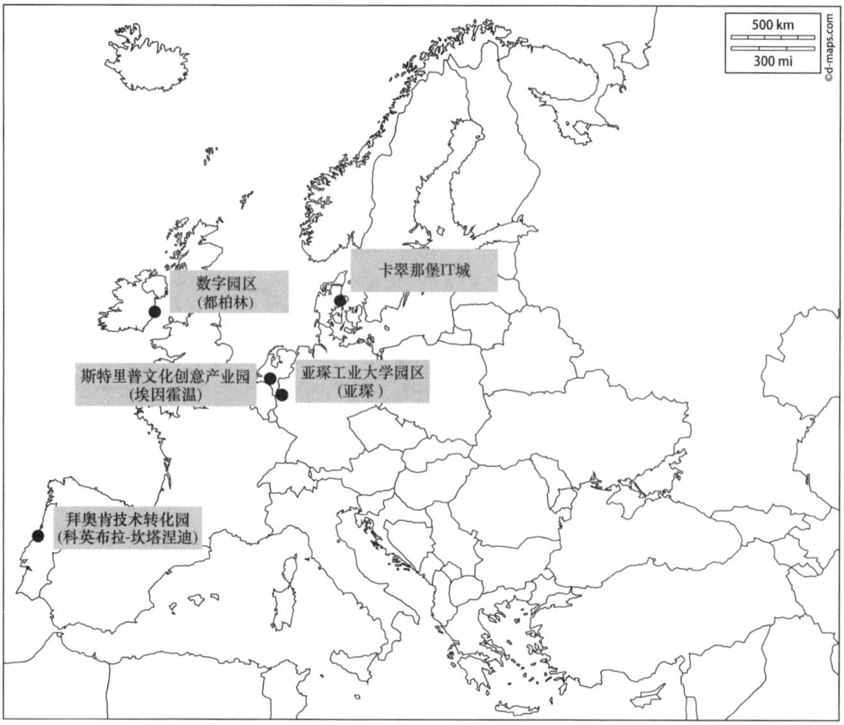


图 4-2 知识场所的地理分布

来源：http://d-maps.com/carte.php？ num_car=13437&lang=en

拜奥肯技术转化园位于创新追随者区域（科英布拉—坎塔涅迪，葡萄牙），不过附近有一个高等级的科学机构——科英布拉大学。六个场所都专注于一个或多个特定的知识型行业或技术领域。图 4-2 描绘了这些案例的空间分布情况。

在每个案例中，我们研究了该场所的规划、愿景和成就等政策文件。我们在多种场合对每个场所进行调研，并与开发商、租户、管理者和政策制定者进行了半结构化的访谈，深入了解他们的“协同管理”策略、期望和现实。从 2008 年年底至 2012 年年初，我们分别以三个不同研究项目的名义进行了实地考察。[2]

亚琛工业大学园区是一个雄心勃勃的大学新园区概念项目。该项目由亚琛工业大学工业和商业关系副校长主导，总投资额 20 亿欧元，涉足多学科主题（例如，生态友好的可持续能源、光子学或生物医学工程）的研究团队、学术机构和企业。开发商希望通过将商业和学术机构统一安排在“子集群”中，推动彼此之间的合作，从而实现协同效应。这些子集群建立在多学科学术研究优势的基础上，因此具有足够的协同效应。为了实现目标，该校创办了一个特殊的载体——亚琛工业大学园区有限公司（RWTH Aachen Campus GmbH）。截至本文撰稿时，已有 92 家企业在该园区设立办事处，其中大多数企业以前都没有入驻亚琛。

卡翠那堡信息技术城位于丹麦奥尔胡斯历史悠久的市中心的西北部，处于大学校园和城市中心之间。信息技术城中有一片旧街区，正在全面向“世界级信息技术企业环境”转型。该地区的重建工作始于 1999 年，当时有几位来自大学和企业部门的热情而有影响力的人士后来加入了市政府。最近，这片区域变为一个多功能的商业区，亚历山大研究所（一家 IT 研究所，2004）、奥尔胡斯大学计算机科学系（2004）和 Katrinebjerg 孵化（INCUBA）科技园（2006）都已慕名入驻，目前已经有约 80 家不同规模的企业，其中包括谷歌的研发子公司。奥尔胡斯大学正在扩建这一区域，以集中安置所有信息技术研究和教育活动（超过 1800 名全日制学生）。与其他研究案例不同，卡翠那堡信息技术城没有正式的管理机构，由关键租户的领导者组成的工作组协调所有行动，并受到了市政府提供的支持（包括提供营销和品牌顾问、制定法律规章并进行总体规划）。

拜奥肯技术转化园是一个专门从事生物技术的科技园，位于葡萄牙科英布拉市 25 公里外的地级市坎塔涅迪。拜奥肯技术转化园源于坎塔涅迪市与神经科学和细胞生物学中心（Centre of Neurosciences and Cell Biology，与科英布拉大学合作的一个研究中心）之间的合作，致力于该地区生命科学的开发和商业化。神经科学和细胞生物学中心前副主席是拜奥肯技术转化园的现任董事，他在建立场所内外网络联系方面非常活跃。拜奥肯技术转化园于 2005 年成立，目前拥有 8 个专业技术转移中心，20 家处于初创和早期成长阶段的生物技术公司，以及一家风险投资公司。有一些创业者和实验室主任毕业于哈佛大学、休斯敦大学和麻省理工学院。2011 年，尽管葡萄牙和欧洲面临经济危机，拜奥肯技术转化园实验室的签约研究数量增加了 30%（Biocant, 2012），园区也在继续扩张。

都柏林的数字园区（Digital Hub）位于都柏林市中心边缘的一个健力士啤酒厂区，原来啤酒厂的办公楼和其他建筑被改造成了数字和新媒体公司的办公室和实验室。到 2011 年，已有大约 70 家企业入驻，提供了 800 个高技能工作岗位，所涉领域包括动画、设计、学习、多媒体、电子商务、软件、游戏和移动技术。数字园区的一个关键催化剂是 21 世纪初麻省理工学院媒体实验室欧洲分部在都柏林成立，这是该中心的第一个固定租户（但由于经营问题已于 2005 年搬走）。2003 年，政府成立了一个专门的发展组织——数字园区发展局（Digital Hub Development Agency），由政府机构、市长（City Manager）和社区协会共同参与地区的再开发和管理。数字园区发展局的主要任务之一是促进该地区租户之间的协同效应。由于市政府不希望数字园区成为贫困地区（自由城区）的“精英岛”，因此采取了一些措施促进园区与周边环境的联系（例如，在附近的学校进行 IT 培训）。

斯特里普（Strijp-S）文化创意产业园毗邻埃因霍温市中心，之前是飞利浦的生产基地，目前正作为混合创意区进行重建。其基本理念是将斯特里普文化创意产业园打造成“历史上重要的产业综合体（转型）为充满活力、文化和技术并重的后工业城区的最佳实践”（KuiperCompagnons, 2007: 85）。根据规划，斯特里普文化创意产业园将成为一个由设计师、新媒体公司以及其他创意企业和教育机构组成的“繁华”区域。斯特里普文化创意产业园曾经是一个封闭的场所，只有飞利浦的员工可以进入。该项目旨在为埃因霍温塑造“更时尚”的城市形象，并解决创意青年人才向荷兰大城市流失的问题。斯特里普文化创意产业园由市政府所有的管理公司“斯特里普园区贝希尔”和一家房地产开发商共同管理。

埃因霍温还有一个高科技园区（High Tech Campus），位于该市最南端，占地 103 公顷，其部分区域在整个园区正式开放之前已经投入商业使用。目前整个园区约有 7000 名工作人员，飞利浦研发部门是其主要租户和“创始客户”之一，在该园区有 1800 名员工。这里有单租户建筑和多租户建筑，还有一个商业加速器以及各种知识机构。园区由私人投资者所有，通过积极的管理来推动创新。园区管理团队坚持“开放创新”的理念，通过租户选择、联络管理和活动组织等活动进行园区运营管理。技术联络处与租户之间保持紧密的联系，并推动租户之间彼此建立联系。此外，园区管理部门还成立了“知识产权和标准办公室”，在园区成员中寻找可申请专利的新创意。

## 4.4　协同管理的实践

在这一节，我们将描述并分析协同管理的四种工具（见第 4.2 节）如何应用于案例中的场所，并汇总了一些案例的做法（表 4–1）。

**表 4–1　知识场所的协同管理工具**

| | 加强互动的设计 | 管理租户组合 | 共享设施 | 促进网络和社区 |
|---|---|---|---|---|
| 亚琛工业大学园区（亚琛） | 公开和半公开会议与工作场所；多功能建筑 | 研究“子集群”；长期研发框架合同 | 实验室 | “入驻大学”：将企业整合到学校活动中 |
| 卡翠那堡信息技术城（奥尔胡斯） | 公开和半公开会议与工作场所 | 未执行（信息技术相关企业自行选择） | 先进的信息技术及宽带设施（例如研发机构和孵化器） | 培训、交流和经验分享 |
| 拜奥肯技术转化园（科英布拉） | 公开和半公开会议场所 | 专业生物技术公司（卫生、农业和环境） | 实验室 | 指导和定制的生物技术经纪 |
| 数字园区（都柏林） | 公开和半公开会议与工作场所 | 数字价值链；新媒体相关企业 | 展览和试点空间，展示厅 | 应需定制中介服务；社交媒体工具（如数字园区电视） |
| 斯特里普文化创意产业园（埃因霍温） | 路线和楼梯设计，促进接触；文化消费设施 | 为小型创意公司提供交叉补贴；进行市场调研，选择和优先考虑居民 | 艺术和技术的连通实验空间 | 文化活动及节庆自下而上的社交媒体分析 |
| 高科技园区（埃因霍温） | 强制集体空间，步行道，多功能建筑 | 五大技术领域和公司类型（固定、小型和初创企业） | 洁净室、实验室和试点空间 | 许多社交活动（例如为外籍人士举办的体育活动）；技术研讨会；联谊中心 |

来源：实地考察（源自 van Winden et al.,2012; van Winden, 2011; Carvalho, 2013）。

### 4.4.1　加强互动性的设计

所有六个知识场所均设有共享空间、公共和半公共的开放空间，以及会议场所，所有空间的设计都采用温馨宜人的风格，方便在知识场所工作的人员召开会议。建筑物通常有意用透明的轻质材料建造而成，以营造一种开放的氛围，对外开放且“欢迎”合作，这一点在卡翠那堡的许多设施都有体现。其他知识场所也具有特定的设计和建筑特征，用以促进互动。埃因霍温斯特里普文化创意产业园的楼梯经过专门设计，鼓励自发的聚会和互动，而文化设施包括第一批咖啡馆和商店，也都经过特别设计以优化租户和游客之间的互动。

埃因霍温高科技园区的设计是最复杂的，有意识地采用了促进接触的设计方案。园区中心是一些共享设施，周围以同心结构分布着不同的功能区。园区中心位置的共享设施（一家餐厅和若干商店、会议室）都集中在名为“带子”（The Strip）的一栋建筑里。其周围是一些配有共享设施的建筑，包括洁净室、实验室和其他专用空间。在园区边缘地带，建筑物之间设有共用多功能停车场，可供不同使用者使用。汽车不能进入园区内部：步行道设计以最大限度增加接触为宗旨，内部景观也经过精心设计，以鼓励居民步行，中心共享设施和其他设施之间的步行距离最多为8分钟左右。园区内还设有运动设施、儿童日托和创业加速器。单栋建筑的最大会议室可容纳8人，“带子”大楼里则提供了更大的共享设施。单栋建筑没有餐厅或咖啡馆，只有共享空间能提供这些功能。即使是共享体育设施，也有意把重点放在集体运动上而不是个人锻炼上。

### 4.4.2 管理租户的组合

我们发现，租户选择有不同的“严格”程度。高科技园区管理采取的是相当有选择性的入园策略，潜在租户必须是园区希望重要发展的五个技术领域（即微系统、生活科技、高科技系统、资讯娱乐及嵌入式系统）之一的研发密集型组织。园区管理部门负责维护园区发展理念，决定哪些租户可以租用园区的物业，并致力于保持三种潜在租户之间的平衡：

（1）“3A”租户：大型老牌公司，对这些公司而言，场所的品牌很重要；

（2）使用专业化设施（包括非常昂贵的专业实验室）的小型科技公司；

（3）技术型的初创公司，能受益于创业和交流机会。

拜奥肯技术转化园和数字园区的做法类似；二者的管理团队逐个分析企业的申请文件，判断申请人能否从园区的氛围中获益（并作出贡献）。拜奥肯技术转化园只接受活跃于生物技术领域，并且最好是能够从当地实验室获益的企业；所有企业必须已经具备一项前景良好的技术和商业模式，因此刚起步的初创企业被明确排除在外。数字园区管理委员会密切监察租赁申请，并要求租户与信息技术及数字媒体解决方案领域有关。

我们还发现，有的知识场所尽管有其专业化倾向，但并没有采取或强制执行任何类型的租户选择方案。奥尔胡斯的卡翠那堡信息技术城就是一个很好的例子。由于业已存在的众多信息技术企业以及特定的基础设施和实验室，因此出现了一种自我选择机制，主要是吸引信息技术企业入驻。

亚琛工业大学园区采用了一种特殊的租户选择方法。亚琛工业大学园区有限公司（管理机构）邀请企业在园区的学术机构附近办公。但要获准进入园区，企业必须签订一份为期 10 年的租约，将部分研究人员派驻到园区，并签订一份长期研发框架合同，承诺在特定的集群领域与大学开展合约性研究，同时还要在亚琛工业大学做演讲。其理念是通过整合商业界和学术界的资源和知识，提高各领域研究的质量、规模和相关性。该校亦希望透过邀请业界伙伴演讲，向学生传递商界最新的见解，以提高教学质量。“入驻”企业的员工可以在亚琛工业大学以较低的学费学习硕士课程。与此同时，任何学院都有权与不在校内的其他产业合作伙伴签订协议；可能会出现新的集群，学校也鼓励向外发展。

一些知识场所使用交叉补贴来实现租户和功能的适当组合。斯特里普文化创意产业园向初创企业或文化机构等富有活力但不太富裕的租户收取低廉的租金，这些租户的存在具有积极的溢出效应，有助于提升该地区的声誉，并吸引特定的受众。斯特里普文化创意产业园成立了一个文化基金，向各组织提供资金支持，用于举办与斯特里普文化创意产业园所期望的充满创意、活力四射的形象相符的活动；管理层还为特定租户提供补贴（包括一间时尚餐厅，一个室内滑板场和其他运动文化设施）。

### 4.4.3　共享设施

知识场所的管理者通过开发并推广共享设施，加强租户之间的合作，并以先进的设备支持他们的研发测试活动。卡翠那堡信息技术城为创新型信息技术企业提供专用设施。其孵化（INCUBA）研究所开设了商业场所，提供电话总机和高速宽带服务，以满足租户的特定需求。高科技园区设有洁净室和许多实验室，可供租户租用，这对不能负担自有实验室的小租户来说至关重要。

共享实验室是亚琛工业大学园区的一个基本要素。该园区计划发展成为拥有各种主题集群的聚集体，每个主题集群都达到足够的规模，可以对实验室等共享设施进行专项投资。只有达到明确定义的“关键规模”水平，即至少 150 名工作人员（以及在三年内发展至 350 名的增长前景）、10 个研究合作伙伴、2 所大学研究所和 9000 平方米的出租物业，才能成为新的集群。拜奥肯技术转化园的第一个实验室设施是在租户到来之前预先开发的。最先进的实验室成为园区的特色，吸引了新的大型和小型生物企业入驻；在拜奥肯技术转化园（就像一般的生物技术园区一样），实验室和周边空间配有社交互动的专门场所。

在其他更加"以创意为导向"的场所，比如数字园区和斯特里普文化创意产业园，共享设施的高科技和实验属性要少一些，但却是租户之间培育协同效应的场所。数字园区设有共用展示厅，可以展示新数字媒体解决方案，并吸引更多观众参与早期测试。斯特里普文化创意产业园提供工作室和实验空间，可以根据不同规模公司的需求进行调整。该地区的一些固定租户（如巴尔坦实验室）还提供了一些结合艺术、设计和技术的实验设施。

### 4.4.4　促进网络和社区联系

在我们分析的所有场所中都能看到，管理促进了专业社区的形成，例如组织技术研讨会和有关本地知识团体感兴趣的主题的外部讲座。通过这种方式，创建了一个聚会场所，人们可以在这里聚集、交流思想和建立关系网。研讨会和活动是连接知识场所和外部世界的桥梁。场所不仅可以成为租户的核心、会客或会议场所，也可以成为从事类似活动的其他公司和个人的核心、会客或会议场所。

一些研究场所除了开展研讨会和举办活动之外，还会采取其他干预措施促进正式和非正式社区的形成。埃因霍温高科技园区有来自世界各地的数千名外籍员工，他们组织并促进与工作无关的活动，例如体育比赛或音乐表演，帮助知识型员工结交新朋友，使他们对园区产生归属感。此外，技术联络处亦会举办工作研讨会、商业会议和网络活动，以加强知识的传播。他们还将园区内的决策者和"有影响力人士"聚集起来，组成了"园区技术联络俱乐部"，试图建立并维持一种实践社区的感觉，这样，人们在一定程度上会感觉自己在为园区，而不仅仅是一家企业工作。

埃因霍温的斯特里普文化创意产业园采用自下而上的网络管理策略：有一名租户自发开设了一个会员制网站（strijp.is），其他租户可以在上面上传自己的个人资料，作为该地区的"花名册"。这位租户的目标是"拉近创意专业人士之间的距离”（Eindhovens Dagblad, 2013）。在亚琛工业大学园区，整个运作模式都是为了形成由企业、大学和研发机构组成的新社区。该校使用“录取”一词来形容那些被赋予特殊地位的公司：它们会影响未来几年的研究重点，并为员工提供低价的研发和教育机会。都柏林数字园区的管理者将重点明确放在促进租户之间的协同效应上，这也是该场所的主要使命之一。然而，目前还没有正式或定期的举措（数字园区内部电视除外）：多数的中介服务是“按需”提供的。

拜奥肯技术转化园也高度重视社区的建立，但其主要方式也是非正式、定制式的。拜奥肯技术转化园的管理者通过自己的个人和专业网络，提供建立关系网的机会，积极支持国外的优秀博士和明星科学家入园（以及创办新公司）。拜奥肯技术转化园的经纪和交流活动帮助本地的生物社区与美国先进的商业和研究网络连接起来。拜奥肯技术转化园的管理者经常在新企业的咨询委员会中占有一席之地，他们既是新公司的创业导师，又串联着公司和研究人员的能力，为新的合作关系铺平道路。最近的案例包括一个基于干细胞的心脏病解决方案新项目，以及健康服务套餐的联合商业分销。随着时间的推移，年长的创业者也会为新的企业提供指导，从而形成一个具有支持性、能够解决问题的基于场所的生态系统。

## 4.5　结论和未来的挑战

本章介绍并分析了促进知识场所协同效应的四种管理方法：加强互动性的设计、租户组合管理、共享设施以及促进网络和社区联系。我们探讨并举例说明了六个欧洲知识场所的管理者是如何实施这些协同管理方法的。现有的文献研究认为知识场所不应被先验地视为“马歇尔式的乌托邦”：因为集聚并不会自动为协同效应的形成提供快速通道。然而，最近的研究和我们的研究证据都表明，知识场所可以产生协同效应和可能性，而协同管理工具可以增强这些协同效应。换言之，虽然集聚是不够的，但协同管理可以提供帮助。

在这一章中，我们提出了一个分析框架，将协同管理方法与不同类型的协同效应联系起来。管理租户组合以及促进网络和社区联系似乎是最相关的战略；前者对于确保学习的潜力和互补性很重要，后者可能是将各个“部分”结合起来的“黏合剂”。场所的结构设计和共享设施的提供也是重要的支持性因素。形象、信誉和声誉的形成也是一种协同效应，并在很大程度上直接或间接地源于我们的四种协同管理战略。这个框架尚需要进一步的验证，以更好地理解协同管理在不同类型的知识场所发挥的不同效果，以及它们潜在的互补性和相互作用。

从政策的角度来看，协同效应的创造在一定程度上取决于协同管理，那么这个场所的管理者的作用就比想象中更加重要。管理者必须制定适当的政策组合，并不断评估哪些有效，哪些无效。本章提出的分析工具和策略提供了一些初步指导和提示，但是未来还面临着许多挑战。

首先，所谓“正确的”租户组合很难定义或实现。在经济困难时期就难以继续对租户进行选择；管理层可能会试图或被迫填补空置的空间，以产生租金收入。评估新租户是否会为该区域增加协同价值，或该价值可能包含哪些内容，并不是一个简单的过程。相似或相近技术领域或行业的公司最有可能互惠互利（Boschma et al., 2011），但看似无关的活动也可能产生出人意料的组合（Jacobs, 1969; Frenken et al., 2007）。当新租户是已有租户的直接竞争对手时，可能会导致关系紧张。为了确保租户组合保持适当，可能应该为那些随着时间推移失去战略价值的租户制定“退出”策略，例如采取新的战略方向，积极参与新技术，或被另一家公司收购，作为租户选择的补充措施。

其次，关系网和社区建设策略的类型可能因场所和活动的不同而不同。不同行业的创新过程有明显差异（例如 Asheim et al., 2007），这会影响知识场所的管理。一方面，高科技体系的知识网络似乎具有明显的结构性特征；诸如飞利浦或西门子等公司绝对不会以在园区召开计划外会议的方式来寻求新技术知识或创新。这类知识场所的管理者不应太关注创建随机的本地网络，而应专注于提供共用实验室或设施，以及高度专业化的研讨会和量身定制的经纪服务。然而我们发现，在一些创意产业领域，当地自发形成的关系网更有意义，甚至可以像斯特里普文化创意产业园那样，由租户自发推广形成。

再次，与前一点有关的是，本章认为无论在“精明专业化”还是在“构建区域优势”框架下，知识场所协同管理在当代区域创新政策中都可以发挥重要作用（Boschma, 2014）。对于前者，协同管理有助于及早发现和促进新的区域创新领域；对于后者，协同管理可以通过支持新参与者和现有参与者之间以及本地参与者和非本地参与者之间的联系，来解决创新系统失灵的问题。此外，通过引入新成员，促进区域经济多样性，协同管理可以改善区域创新政策中的两个关键瓶颈，即寻租行为和区域锁定的风险。在此背景下，知识场所协同管理者在区域创新政策的设计与实施中扮演着越来越重要的角色。

最后，知识场所的结构布局和空间嵌入方面出现了与社会变革相关的新趋势。20 世纪 80 年代末的城郊模式（Massey et al.,1992; Castells et al., 1994）受到了诸多挑战，包括：①开放和网络化创新实践的兴起；②学科之间的界限正在模糊化，技术、设计、金融和行为科学之间的互动日益凸显；③技术人员对其工作环境偏好的变化；④工作和社会生活之间平衡的改变；⑤从等级制结构向网络化和项目导向的工作方式转变。受这些观点和趋势的影响，在一些特征明显的城市中心区位（而不是无名的郊区），单一功能的热点地区和园区正在被重新设计，以增加功能多样性（例如住宅、便利设施、文化和消费设施、教育、商业和研究）。21 世纪的知识场所及其协同管理者面临的一个重要挑战将是平衡多重关系：规划还是自发发展；功能性还是巧合性；统一性还是多样性；建设“城中之城”还是将知识场所视为更大的城市功能区的一部分。

## 注释

1 感谢保罗·本纳沃思提议绘制这样的图表。

2 这些项目包括“知识经济中的场所开发”（受参与城市委托，由欧洲城市比较研究所（European Institute for Comparative Urban Research）执行）、“EURODITE——知识经济的区域轨迹”（欧盟第 6 框架计划，由伯明翰大学协调）和“REDIS——将地区重组为科学园区”（URBACT（欧洲城市可持续发展项目）II）。详细的方法程序和采访草案请参见范·温登等（2012）和卡瓦略（2013）。

## 参考文献

Amin, A. and Roberts, J. (2008) *Community, economic creativity, and organization*. New York: Oxford University Press.

Asheim, B., Coenen, L. and Vang, J. (2007) ‘Face-to-face, buzz, and knowledge bases: Sociospatial implications for learning, innovation, and innovation policy’. *Environment and Planning C: Government & Policy*, 25(5): 655–70.

Bakouros, Y.L., Mardas, D.C. and Varsakelis, N.C. (2002) ‘Science park, a high tech fantasy?: An analysis of the science parks of Greece'. *Technovation*, 22(2): 123–8.

Bathelt, H., Malmberg, A. and Maskell, P. (2004) 'Clusters and knowledge: Local buzz, global pipelines and the process of knowledge creation'. *Progress in Human Geography*, 28(1): 31–56.

Benneworth, P., Hospers, G.J., Jongbloed, B., Leiyste, L. and Zomer, A. (2011) 'The "science city" as a system coupler in fragmented strategic urban environments?'. *Built Environment*, 37(3): 317–35.

Biocant (2012) *Annual report* 2011. Cantanhede: Biocant.

Boschma, R. (2005) 'Proximity and innovation: A critical assessment'. *Regional Studies*, 39: 61–74.

Boschma, R. (2014) 'Constructing regional advantage and smart specialisation: Comparison of two European policy concepts'. *Scienze Regionali – Italian Journal of Regional Science*, 13(1): 51–68.

Boschma, R. and Frenken, K. (2011) 'Technological relatedness and regional branching', in H. Bathelt, M. Feldman and D. Kogler (eds), *Beyond territory: Dynamic geographies of knowledge creation and innovation*. Abingdon: Routledge.

Broekel, T. and Boschma, R. (2012) 'Knowledge networks in the Dutch aviation industry: The proximity paradox'. *Journal of Economic Geography*, 12(2): 409–33.

Carvalho, L. (2013) *Knowledge locations in cities: Emergence and development dynamics*. ERIM PhD Series Research in Management, Rotterdam: Erasmus University Rotterdam.

Castells, M. and Hall, P. (1994) *Technopoles of the world: The making of 2lst century industrial complexes*. London: Routledge.

Chan, K.F. and T. Lau (2005) 'Assessing technology incubator programs in the science park: The good, the bad and the ugly'. *Technovation*, 25:1215–28.

Chen, S. and Choi, C.J. (2004) 'Creating a knowledge-based city: The example of Hsinchu science park'. *Journal of Knowledge Management*, 8(5): 73–82.

Davenport, S. (2005) 'Exploring the role of proximity in SME knowledge-acquisition'. *Research Policy*, 34(5): 683–701.

Dettwiler, P., Lindelof, P. and Lofsten, H. (2006) 'Utility of location: A comparative survey between small new technology-based firms located on and off science parks – implications for facilities management'. *Technovation*, 26(4): 506–17.

Doloreux, D. and Sheamur, R. (2012). 'Collaboration, information and the geography of innovation in knowledge intensive business services'. *Journal of Economic Geography*, 12(1): 79–105.

Drejer, I. and Vinding, A.L. (2007) 'Searching near and far: Determinants of innovative firms' propensity to collaborate across geographical distance'. *Industry and Innovation*,14(3):259–75.

Dul, J., Ceylan, C. and Jaspers, F. (2011) 'Knowledge workers' creativity and the role of the physical work environment'. *Human Resource Management*, 50(6): 715–34.

Eindhovens Dagblad(2013) *Weblog Strijp: Strijp.is*, 27 June 2013. Available at: www. ed.nl/extra/strijp–s/weblog–strijp–s–strijp–is–1.3886925.

Evans, G. (2009) 'From cultural quarters to creative clusters–creative spaces in the new city economy'. In M. Legner (ed.), *The sustainability and development of cultural quarters: International perspectives*. Stockholm: Institute of Urban History.

Feldman, M. (1994) *The geography of innovation*. Dordrecht: Kluwer.

Frenken, K., Van Oort, F. and Verburg, T. (2007) 'Related variety, unrelated variety and regional economic growth'. *Regional Studies*, 41(5): 685–97.

Fukugawa, N. (2006) 'Science parks in Japan and their value–added contributions to new technology–based firms'. *International Journal of Industrial Organization*, 24(2): 381–400.

Gamsey, E. and Hefferman, P. (2005) 'High–technology clustering through spin–out and attraction: The Cambridge case'. *Regional Studies*, 39(8): 1127–44.

Gertler, M. (2008) 'Buzz without being there? Communities of practice in context'. In A. Amin and J. Roberts (eds), *Community, economic creativity and organization*. Oxford: Oxford University Press.

Giuliani, E. (2007) 'The selective nature of knowledge networks in clusters: Evidence from the wine industry'. *Journal of Economic Geography*, 7(2): 139–68.

Gordon, I.R. and McCann, P. (2000) 'Industrial clusters: Complexes, agglomeration and/or social networks?'. *Urban Studies*, 37(3): 513–32.

Graf, H. (2011) 'Gatekeepers in regional networks of innovators'. *Cambridge Journal of Economics*, 35(1): 173–98.

Hansson, F., Husted, K. and Vestergaard, J. (2005) 'Second generation science parks: From structural holes jockeys to social capital catalysts of the knowledge society'. *Technovation*, 25(9): 1039–49.

Heerwagen, J.H., Kampschroer, K., Powell, K.M. and Loflness, V. (2004) 'Collaborative knowledge work environments'. *Building Research & Information*, 32(6): 510–28.

Hommen, L., Doloreux, D. and Larsson, E. (2006) 'Emergence and growth of Mjardevi science park in Linkoping, Sweden'. *European Planning Studies*, 74(10): 1331–61.

IASP – International Association of Science Parks (2010) Annual statistcs. Accessed on 20 December 2011, at www.iasp.ws/web/guest/statistics.

Jacobs, J. (1969) *The economy of cities.* New York: Vintage.

Kocak, O. and Can, O. (2013) 'Determinants of inter-firm networks among tenants of science technology parks'. *Industrial and Corporate Change*, doi: 10.1093/icc/dtt015 (online first).

KuiperCompagnons (2007) *Bestemmingsplan Strijp-S.* Rotterdam: Kuiper Compagnons.

Lindelof, P. and Lofsten, H. (2003) 'Science park location and new technology-based firms in Sweden – implications for strategy and performance'. *Small Business Economics*, 20(3): 245–58.

Link, A.N. and Scott, J.T. (2006) 'US university research parks'. *Journal of Productivity Analysis*, 25(1–2): 43–55.

Link, A.N. and Scott, J.T. (2003) 'The growth of research triangle park'. *Small Business Economics*, 20(2): 167–75.

Lowegren-Williams, M. (2000) *Advantages of a science park location. Case studies from the Ideon Science Park.* Lund: University of Lund.

Malmberg, A. and Maskell, P. (2006) 'Localized learning revisited'. *Growth and Change*, 37(1): 1–18.

Massey, D., Quintas, P. and Wield, D. (1992) *High-tech fantasies: Science parks in society, science and space.* London: Routledge.

Moulaert, F. and Sekia, F. (2003) 'Territorial innovation models: A critical survey'. *Regional Studies*, 37(3): 289–302.

Penn, A., Desyllas, J. and Vaughan, L. (1999) 'The space of innovation: Interaction and communication in the work environment'. *Environment and Planning B: Planning and Design*, 26(2): 193–218.

Peponis, J., Bafna, S., Bajaj, R., Bromberg, J., Congdon, C., Rashid, M. and Zimring, C. (2007) 'Designing space to support knowledge work'. *Environment and Behavior*, 39(6): 815–40.

Quintas, P. and Massey, D. (1992) 'Academic-industry links and innovation: Questioning the science park model * 1'. *Technovation*, 12(3): 161–75.

Rashid, M., Kampschroer, K. and Zimring, C. (2006) 'Spatial layout and face-to-face interaction in offices — a study of the mechanisms of spatial effects on face-to-face interaction'. *Environment and Planning D*, 53(6): 825–14.

Ratinho, T. and Henriques, E. (2010) 'The role of science parks and business incubators in converging countries: Evidence from Portugal'. *Technovation*, 30(4): 278–90.

Stankiewicz, R. (1998) 'Science parks and innovation centers'. In H. Etzkowitz, A. Webster and P. Healey (eds), *Capitalizing knowledge — new intersections of industry and academia.* Albany, NY: State University of New York.

Toker, U. and Gray, D. (2008) 'Innovation spaces: Workspace planning and innovation in US university research centers'. *Research Policy*, 37(2): 309–29.

Vale, M. and Carvalho, L. (2013) 'Knowledge networks and processes of anchoring in Portuguese biotechnology'. *Regional Studies*, 47(7): 1018–33.

Winden, W. van (2011) *Creating knowledge hotspots in the city: A handbook.* European Union: URBACT.

Winden, W. van, Carvalho, L., Tuijl, E. van, Haaren, J. van and Berg, L. van den (2012) *Creating knowledge locations in cities: Innovation and integration challenges*. Abingdon: Routledge.

Youtie, J. and Shapira, P. (2008) 'Building an innovation hub: A case study of the transformation of university roles in regional technological and economic development'. *Research policy*, 37(8): 1188–204.

# 5　从高技术园区到科学城

## 科学城新发展阶段的特征

大卫・查尔斯

### 5.1　引言：科学城的理念

科学城可以看作是高技术园区的一种特殊形式或其中的一个子类，这个概念并不新鲜：在卡斯特尔和霍尔（1994）最初的著作中就讨论了一些特殊的科学城。不过，科学城的概念在过去20年里不断拓展，如今需要对其进行重新评估。《世界的高技术园区》一书认为科学城是为了集中进行科学投资而规划建设的城市。这些前沿的开发项目在当时并没有得到非常积极的评价（另见 Lambert, 2000），但这个概念的某些方面在其他地方得到了支持。日本的科技城项目与此有关，它将科技发展与现有城市相结合（Tatsuno, 1986; Higashi, 1995），这可能在科学城理念的演变中也发挥了作用。后来，一些较大的科学园区开始具备一些城市的特征，并带动新一轮大规模的开发（Lin, 1997）。

从卡斯特尔和霍尔1994年研究的科学城开始，科学城的概念已经有了一些新的发展。最近的一些关于科学城状况的说法与最初规划的城市理念非常不同，它们更多地关注现有不同规模的城市中与科学发展和利用相关的组织网络（Gamer, 2006; Charles et al., 2010）。因此，本章首先基于历史或演化视角，探讨了科学城的主要类型。然后，界定了科学城的三个主要发展阶段或三波热潮，每个阶段或每波热潮都具有特定的特征，这将在第3.2节具体探讨。“第三波”科学城的出发点是制定适用于现有城市和大都市区的战略，在这些城市和大都市区中，科学被视为高科技产业增长以及产业和社区发展的核心因素。这些科学城战略通常会包括特定的地产开发项目，但只是战略的一部分，其他还包括社区参与过程、公众科学节庆、新的研究中心和科学商业化过程。

新的科学城理念可以看作是两方面政策的融合：一方面，高技术园区的概念获得了新一代政策制定者的支持，其关注点不再局限于房地产开发和设立研究实验室，城市品牌营造[1]也将科学理念作为一种独特的资源（Dinnie, 2010; Donald et al., 2009）。现在，许多城市除了利用自身文化和其他资源优势之外，还通过提升科学声誉来寻求最大限度的发展机会，从而拥有科学城市、文化城市等多重身份。这在一定程度上也可归因于城市越来越热衷于吸引人才或创意阶层（Florida, 2002; Asheim et al., 2009），注重它们在国际网络中的定位和知识城市排名（Yigitcanlar et al., 2008）。

并非所有城市都使用相同的“科学城”标签，在某些情况下，至少在本章介绍的其中一个案例中，政策是在没有使用这一标签的情况下推行的。从某种意义上说，这可以追溯到彼得·霍尔的另一本著作《城市与文明》（*Cities and Civilisation*, 1998）中探讨的一些观点，即城市是创新的中心——这里指的是那些制定具体的战略、通过科学的发展和应用促进创新和变革的城市。问题是：是否只要使用“科学城”的标签，或者只要有效实施科学城政策的城市，无论其成功与否，就能称之为“科学城”？

在这一章中，科学城的理念主要集中在标签的使用和政策的实施上，两者或均有涉及或只涉及其中之一。因此，本章在对科学城进行分类的基础上，从一组关键属性出发探索新一代科学城的特征，具体涉及以下四个问题：

- 科学城具有怎样的愿景，其发展过程如何（第 5.3.1 节）？
- 建立了怎样的合作关系，做出了怎样的治理安排？是由具体的国家内部多层次的治理结构决定的吗（第 5.3.2 节）？
- 科学城是制定面向国际还是专注于国内的政策议程（第 5.3.3 节）？
- 科学城项目如何获得资助（第 5.3.4 节）？

本章主要通过英国以及布里斯班和巴塞罗那等案例对这些特征进行探讨。

## 5.2　科学城的更新换代

从最初的原型新西伯利亚科学城（Akademgorodok）和筑波科学城（Castells et al., 1994），到纽卡斯尔和格拉斯哥等老工业城市的重塑，科学城的概念已经逐渐发生变化：从最初专注于科学研究（与城市几乎没有相似之处），转变为寻求新的科学利用方式的城市。安特罗伊科（Anttiroiko, 2004）将科学城的概念从政府规划的新城拓展到拥有科学园区的城市，甚至是使用科学城作为标签的科学博物馆和主题公园。撇开后者不谈，安特罗伊科界定了三种基本形式：规划建设的新城；本地化的发展战略；以及拓展的科学园区。2004 年以来出现的许多科学城更多地可以被归类为拥有科学发展战略的城市，这些城市的特征与早期创建的科学城有所不同。从历史演变来看，科学城的概念经历了政策模仿、变异和适应的过程，我们可以将科学城发展分为如下三个阶段。

### 5.2.1 第一波科学城

在第一波浪潮中，科学城的出现主要是通过有目的地建设基于大学校园的新城，开展全国层面的基础研究。经典的例子包括新西伯利亚科学城和日本筑波科学城（卡斯特尔和霍尔对此进行了较为详细的描述，1994）以及韩国的大德科技特区（Park, 2004）。这些科学城的目的是将大量科学活动聚集在远离嘈杂城市的地方，以激发新的想法。然而，由于这些新城一直由国家资助的研究机构主导，本地互动程度令人失望。尽管与产业的联系有所增强，但主要是集中在企业研究部门，没有创造出硅谷或剑桥那样的创新生态系统（Dearing, 1995; Lambert, 2000; Anttiroiko, 2004）。

早期科学城的一个缺点是缺乏强烈的城市特色和文化活力，甚至会与当地历史脱节（Traweek, 2004）。虽然拥有最好的国家研究中心意味着不难吸引人才，但由于缺乏其他形式的吸引力，除了政府部门实验室的狭窄“垂直孤岛”之外，很难有真正的创新空间。这种中央规划的科学城可能会变得缺乏活力，与当前所关注的跨学科和社会嵌入式创新相差甚远，特别是筑波科学城在这方面受到的不少批评（Gonzalez Basurto, 2007）。

筑波科学城的发展经验为 20 世纪 80 年代日本广泛制定的科技城计划提供了支撑。在这个计划中，从东京到大阪的主要都市走廊以外地区的每个县都基于现有城市制定了关联的小型科学城项目，以促进科技发展（Tatsuno, 1986）。类似地，也有人试图将这种模式推广到澳大利亚，即位于阿德莱德附近的“多功能都市”（Multi-functional Polis），但未能实现（Inkster, 1991）。

### 5.2.2　第二波科学城

第二波科学城并非完全以“科学城”为标签，体现出这些项目更加注重商业化。“科学园”的概念源自美国，后来发展成为由国家政府资助的大型项目。这些项目大多集中在亚洲，通常位于现有城市的郊区，主要是为了国家经济发展、科学应用和吸引跨国研发中心，以及支持地方和国家的产业发展。在当时，国家研究实验室并不是最重要的，其主要任务是以高科技产业为基础的经济发展。这些科学城可以被看作只是大型的科学园，不过它们与科学园的区别在于其具有城市特性，如住房和其他城市服务。中国台湾新竹科学园（Lin, 1997; Lee et al., 2000; Chou, 2007）和广州科学城（Anttiroiko, 2004）就属于这一类型的科学城。这些项目一开始只有一个园区，但在发展过程中逐渐变得越来越像城市，成为国家经济的发展引擎。它们的规模比美国和欧洲最初的科学园大得多——新竹拥有超过 10 万个工作岗位，园区和附近的城市完全融为一体。马来西亚赛城（Cyberjaya）被作为一个新城开发，但是其重点是吸引高新技术外商直接投资（Bunnell, 2004a, 2004b）。

一些规模较大的传统科学园也具有第二波科学城的特征，如法国南部的索菲亚科技园（Sophia-Antipolis）（Parker, 2010）。美国北卡罗来纳州的三角研究园（Research Triangle Park）过去一直采取低密度开发模式，而且只关注工作场所，现在也开始在园区内的关键位置开发住宅和城市设施（Research Triangle Foundation of North Carolina, 2011）。在瑞典，位于斯德哥尔摩郊区的希斯塔高科技园区已经发展成为一个科学城，其城市功能发展不断完善，并与周边新城建立了战略联系（Anttiroiko, 2005）。

### 5.2.3　第三波科学城

第三波科学城浪潮与前几波浪潮的不同之处在于没有大型的城市建设活动。这些科学城都是在现有大都市区内推动基于科学的经济发展。第三波科学城的重点不在于吸引和建设新的研究设施（尽管这可能是战略的一部分），而在于利用现有的科学资源来满足城市未来的发展需要。其重点更多地放在软性基础设施上，如商业化项目和网络。这些举措的一个显著特征是，通过为共同愿景而建立的广泛地方合作关系，产生了对科学具有社会包容和公众参与性的社会使命（Gamer,

2006; Webber, 2008）。减少大规模的物质空间规划和政府主导的研究实验室建设，也有利于形成更多样化的治理形式。第三波科学城在某些情况下可能是由中央政府指定的，也可能是由州或市政府在当地发起的，甚至也可以是由当地合作伙伴发起。

我们所说的“第三波科学城”近年来在西方国家特别流行。西方对高技术园区的兴趣主要起源于科学园模式——一个专门的研究空间和以科学为基础的产业空间，通常附属于大学或研究中心（Monck et al., 1988）。这种项目通常规模非常小——在英国，科学园一般只是大学校园边缘的几栋建筑（Charles et al., 1995; Bruhat et al., 1995）——很少发展成为大型的就业中心。在20世纪80年代科学园开发项目的爆炸式增长之后，许多项目发展开始放缓，引发了许多人的失望，科学园项目因而被批评是“高科技幻想”，从此进入了一段低潮期（Massey et al., 1992）。在英国，许多科学园项目都失败了，要么被并入大学校园，要么成为标准的商业地产。不过最近，科学园又卷土重来，但通常是融入更广泛的城市战略，大学校园也被重塑为更加一体化的创新空间（Benneworth et al., 2010）。与此同时，各个城市和地区对科学项目投资的兴趣也越来越浓，作为区域创新战略的一部分，地方政府对科技基础设施建设的兴趣也越来越大（Charles et al.,2004; Perry, 2007）。

## 5.3 显性和隐性的科学城战略

许多城市把科学城这个标签或者是这个标签的某些变体作为它们在经济发展和科学创新方面投资的一个品牌。2005年前后，英国政府宣布六个英国城市为科学城。2004年，英格兰北部的三个城市曼彻斯特、纽卡斯尔和约克作为首批入选，这与一项名为“北方之路”（Northern Way），旨在重塑英格兰北部地区的政策有关（HM Treasury, 2004）。2005年，又增加了英格兰中部和西南部的三个城市：伯明翰、诺丁汉和布里斯托尔。因为这项政策只是为了刺激落后地区的增长，所以伦敦和东南部的牛津、剑桥一直被排除在外。英国科学城虽然是国家指定的，但并没有分配大量新的科学资助——每个城市的任务都是发展当地伙伴关系，探索如何更好地将现有的区域资源用于以科学为基础的发展（Charles et al., 2010; Gamer, 2006; OECD, 2008）。英国的科学城更多是为了重新平衡国家经济发展，而不是基于对城市现有科学实力的认可（May et al., 2011），尽管这些城市必须拥有可靠的科学基础。这一政策领域已经开始扩散到苏格兰、威尔士和北爱尔兰，但当地政府并没有效仿英格兰在科学城方面的做法。后来格拉斯哥制定了一种城市伙伴关系，由大学发起来推行“科学城”战略，[2] 而爱丁堡则建立了完善的“科学三角”伙伴关系，以促进整个城市—区域基于科学的发展。[3]

其他城市虽然没有公开使用“科学城”这一标签，但也采取了可以称之为“科学城”的策略。例如，巴塞罗那将科学和创新领域作为旧城区东北部波布雷诺周围老工业区重建的一个关键要素（见第 10 章）。这片区域被更名为“22@ 巴塞罗那”，是一个涉及大规模城市开发，包括新的大学校园和技术中心在内的雄心勃勃的项目（Ajuntament de Barcelona, 2009; Yigitcanlar et al., 2008）。该项目旨在汇聚城市、技术和社会创新，但整个巴塞罗那市对科学和创新的关注不止于此，地方政府在其他地方还资助了新的研究机构、关于科学的文化和公众意识项目以及吸引国外科学人才的战略（OECD, 2010）。

目前，法国也在围绕大学新校区和校区搬迁开展一些科学城类型的活动，尤其是巴黎南郊的萨克雷高地。该地正在发展成为一个主要的科学中心，拥有众多的大学、公共研究设施和私营企业研发中心（Behar, 2012）。在法国的其他城市中，格勒诺布尔是公认以科学为基础的发展中心，拥有一系列的公共实验室和重要企业研发中心（Lawton Smith, 2003），还有位于尼斯山上的超大型科学园区索菲亚科技园，聚集了众多跨国公司（Parker, 2010）。

在澳大利亚，布里斯班受益于 21 世纪初政府主导的一项战略，该战略具有科学城战略的所有特征，但没有使用此类名称（Charles, 2011）。近年来，墨尔本在州政府的支持下也推行了一项城市科学战略，该战略拥有澳大利亚最大的信息通信技术和生物技术集群，以及州政府资助的同步加速器（Puukka et al., 2010）。

从 1998 年到 2012 年州政府换届前，澳大利亚昆士兰州推行了一项名为“智慧之州”（Smart State）的战略，一方面是作为该州的经济发展战略，另一方面也是政府现代化和发展的整体方针（Queensland Government, 2000a）。在过去十年中，“智慧之州”战略的重点和行动已经发生了变化，但有一个不变的信念是：

对科学和创新的投资可以帮助改变该州，尤其是人口主要集中的该州东南部即首府布里斯班附近的经济发展。考虑到大布里斯班地区人口、经济发展潜力和智力资本高度集中（Guhathakurta et al., 2007），投资不可避免地集中在这片区域，而且随着战略的发展，知识生产和开发活动的地理邻近性日益受到重视。州政府由此将布里斯班定位为“智慧城市”（Smart City），并推行与英国科学城类似的政策和举措。其战略包括建设新的研究设施、吸引人才投资、开设高科技产业的新学位课程、创办风险投资公司、促进科学—产业合作、通过更广泛的城市更新计划将研究与产业相结合等一系列知识领域以及公众科学意识和宣传活动（Charles, 2011）。自2012年以来，新一届自由党州政府已经放弃了“智慧之州”战略，但之前制定的许多政策仍在继续执行。

在其他许多地方，科学城更像是节庆城市的称号，就像“欧洲文化之都”（European Capital of Culture），可能只是一年。在德国，德国科学促进者协会（Stifterverband fur die Deutsche Wissenschaft）会每年为提出申请并在角逐中获胜的城市授予“科学城”（City of Science）称号。[4]

如果把关于科学城的讨论限制在使用这一标签的城市是有问题的。例如，斯德哥尔摩郊区的新城西斯塔科学城，其科学园区采用了“科学城”的名称（Anttiroiko, 2005），但即使没有使用“科学城”的名称，整个城市的战略也会采取同样的政策组合。有趣的是，现在许多城市在战略和类似政策中都在使用科学城的概念。

### 5.3.1 科学城愿景

科学城战略的核心是关注以科学为基础的发展愿景或目标。无论是否使用“科学城”的标签，正是这种愿景才定义了科学城。拥有清晰的战略愿景对于建立伙伴关系至关重要，这种愿景通常跨越各级政府和不同的社会部门：公共和私营机构、研究人员和社区。在某种程度上，愿景可以确定需要发展的主要科学领域，也可以确定社会和经济战略发展目标。有些愿景是雄心勃勃、乌托邦式的，也有一些是根植于经济发展的现实，但这些愿景都必须具有足够的雄心，来激发城市合作伙伴关系的想象，以及确保对一个可能会持续多年甚至几十年的项目的承诺。显然，早期的几轮科学城项目在多年里一直保持着这种愿景和想象力，尽管可能有人会质疑，究竟是清晰的愿景促成了成功，还是成功支撑了科学城的理念。

愿景可以通过两种方式来形成。有时候，愿景来自单一的机构，通常是某一级政府。在第一波和第二波科学城浪潮中通常是中央政府；在第三波浪潮中，一些科学城是由地方政府发起的，它们的愿景是推动更广泛城市合作的基础。还有一种情况是愿景通过合作发起，英国科学城的情况尤其如此：国家政府提出了初步的建议并指定几个科学城，但并没有给出科学城可能会是什么样的愿景。城市本身需要建立伙伴关系来形成发展愿景和战略。

对于最初宣布的几座英国科学城而言，这项指定可谓出乎意料（Webber, 2008）。约克市已经有一项“约克科学城”（York Science City）战略，由市议会和约克大学共同制定，并且已经推广多年；曼彻斯特则吸收了科学城的理念，建立了“知识资本”（Knowledge Capital）战略（Gamer, 2006）。对于没有任何准备的纽卡斯尔来说，这是一个真正的意外；伯明翰、布里斯托尔和诺丁汉在被指定之前也没有科学城战略。因此，在被指定后，这些城市要做的第一件事就是组建一个能够形成发展愿景和战略的团队。对纽卡斯尔来说，这意味着纽卡斯尔大学、纽卡斯尔市议会和地区发展机构英格兰东北发展署（One NorthEast）之间的三方合作。这三个主要合作伙伴组成了一个董事会，由当地最大的科技公司赛奇集团（Sage Group）的董事长担任主席，并吸纳了其他企业共同形成这一愿景。

纽卡斯尔的愿景是：

> 使纽卡斯尔成为重要的城市，聚集大量与科学有关的活动，通过科学研究和教学、科学应用以及配套服务对该地及其周围地区的经济繁荣和增长作出重大贡献。
>
> （Newcastle Science City, 2008: 2）

这一愿景的一个关键推动力是围绕老龄化、可持续性、干细胞和再生医学等特定科学领域的合作伙伴关系，促进研究转化（基础科学与应用之间的转化，参见 Rubio et al., 2010）。这需要新建研究和商业化场地，也需要更大范围的本地社区。教育和激发年轻人对科学的兴趣是这一愿景的关键部分。需要强调的是：市议会在三方合作中具有核心作用，从而加强了这一愿景在社会层面的实施。特别是在一家大型啤酒厂关闭后，市中心边缘空出了大量土地，之后被一个科学发展合作机构所收购。该地块及其毗邻的一个地块目前正在被开发为一所新的商学院、一

图5-1 纽卡斯尔科学中心现场图
来源：作者拍摄。

栋学生宿舍和一座孵化器大楼（图5-1）。同时，这里靠近一些市区相对弱势的社区，正好强化了市议会的观点，即科学城必须改善广大群众的生活，必须帮助改善城市的教育。

对于布里斯班而言，“智慧之州”战略源自州政府的一项举措，并受到昆士兰大学的推动。根据“智慧之州”战略，布里斯班将专注于以科学为基础的发展。1998年，在彼得·比蒂（Peter Beattie）领导下的工党政府当选后，比蒂和他的内阁参加了一场政策审查社区内阁会议，会上昆士兰大学的约翰·马多克教授（John Maddock）阐述了投资生物科学和创新的必要性。这一想法激发了比蒂的想象，因为他在竞选承诺中也强调了创新（2008年访谈）。使昆士兰州成为一个“智慧之州”的想法成为州长和内阁领导下的政府整体战略，1999年的财政预算专门为研究基础设施增加了预算项目。昆士兰的创新愿景简单而清晰，即“5年内成为全国创新领导者，10年内成为全球创新领导者”（Queensland Government, 2000b）。在随后的政策实施中，相当一部分投资集中在布里斯班市，因为布里斯班市在州经济和人口上占主导地位，而且集中了当时的前沿研究和技术产业。“智慧之州”的早期发展与布里斯班市工党政府、许多城市项目（如创意节）以及一系列大学—研究—产业领域的规划相一致。这种模式随后成为布里斯班“智慧城市”愿景的核心部分。堪培拉的联邦政府基本上没有参与“智慧之州”战略，但是他们也有一些开发项目，包括在联邦资助下在该州新建一些联邦科学与工业研究组织（Commonwealth Scientific and Industrial Research Organization）实验室。

对于巴塞罗那而言，加泰罗尼亚政府追求高研发、高技术、知识经济的愿景（Generalitat de Catalunya, 2010），使巴塞罗那成为地中海地区的龙头城市。与此同时，市议会试图通过节庆和形象宣传活动来塑造这座城市的不同之处，逐步从单纯关注文化和旅游转变为科学和创新并重（见第10章）。这也反映了19世纪末以来巴塞罗那以西班牙新思想引领者自居的传统。

### 5.3.2 建立伙伴关系

建立伙伴关系和治理关系是形成科学城共同愿景的核心。第三波科学城具有复杂而广泛的目标和政策链，因此需要集中一组不同的合作伙伴来实现这些目标和政策链。虽然这些合作伙伴在城市尺度上共处一地，但它们并非都是主要面向城市，可能有区域和国家政府部门机构，也可能有卫生服务、商业和工业组织等城市中的不同部门机构，当然还有各种各样的研究机构，包括大学。因此，科学城伙伴关系不仅必须跨越不同规模的治理、联系资金和其他资源，还必须将科学与商业发展、城市规划、学校教育、卫生、环境、社会服务以及其他潜在政策领域联系起来。这些政策领域的性质将取决于愿景的主题和具体研究计划——例如，可持续性和与卫生有关的主题由于全世界都面临着巨大挑战，因此非常常见。然而，这并不意味着所有科学城都在追求相同的愿景，不同城市之间的卫生或环境研究资源与商业机会也有所不同。其中一些领域还需要志愿部门以及公共和私营机构的参与。纽卡斯尔的“老龄化”主题很好地说明了这一点，该主题需要各种关注老人需求和老龄化疾病的慈善机构的合作和投入。

根据不同的国家治理结构，这些伙伴关系的具体形式因国家情况而异。在高度集权的国家，科学城将不可避免地由强有力的国家政府引导，而在联邦结构的国家，战略更有可能由区域主导。但一般来说，伙伴关系的形式多样性意味着它们是基于当地特定环境，并且它们本身影响着科学城战略的方向。国家政府也是重要的，无论它们是科学城计划的指定者还是提供某种形式的支持，因为国家支持对于提升外部信誉很重要。即使是由分权制体系中的州或地区政府领导，国家政府也可能通过资助国家研究项目和设在该市的关键研究组织发挥作用。

在地方一级，伙伴关系的性质将受到地方和区域政府的形式、每一级政府的权力以及城市—区域行政边界的影响。在强大的区域政府与较弱的城市政府并存的地方，如昆士兰和加泰罗尼亚，区域政府主导和塑造政策干预的形式。在其他方面，城市可能会发挥主导作用，但这也取决于城市内部管理机构之间合作的传统。不过一般来说，由区域主导的科学城项目通常更强调城市中心与周边地区之间的关系，而由城市主导的项目则可能更专注于城市内部。

对于英国的科学城而言，虽然科学城项目是由当时的首相戈登•布朗(Gordon Brown)指定的，但是国家政府并没有发挥积极作用。科学城必须依托领导小组，通常包括市议会、区域发展机构（regional development agencies）以及一所或多所大学，来形成自己的伙伴关系。纽卡斯尔和约克围绕这三种合作伙伴建立了规模很小的领导团队，而其他城市的合作伙伴关系则广泛得多，包括关于城市区域的地方当局团体（曼彻斯特）、卫生部门（曼彻斯特和伯明翰）、商业团体（布里斯托尔和伯明翰）以及科学传播机构（布里斯托尔）（Charles et al., 2010）。这些伙伴关系的性质影响了项目的地理特征，纽卡斯尔更注重中央行政区，对其他地区投入很少；而曼彻斯特和伯明翰则以城市—区域为导向。大学和其他研究机构的区位很重要，因为在邻近地区有大学的地方，更重要的是考虑更广泛的城市—区域。另一个重要的伙伴关系是英国科学城之间的伙伴关系，因为这些城市可以通过一个正式的"科学城发展小组"交流实施策略方面的经验，促进城市之间的相互学习，了解如何使科学城这一新概念发挥作用（OECD, 2008）。

在布里斯班的案例中，"智慧之州"是州政府的一项政策，因此基本上由州政府各部门执行，在政策设计方面几乎不需要正式的伙伴关系。然而，在布里斯班的城市层面，有四个重要的伙伴关系要素：

- 州政府与城市和其他合作伙伴围绕特定领域开展合作，开发涉及科学投资和支持创新的新空间。其中包括一个与大学新校区结合的创意产业“城市村”（urban village）项目（Beattie, 2000; QUT, 2010）。

- 州政府与布里斯班的主要大学密切合作，对大学进行“智慧之州”投资，制定更广泛的大学战略，并与地方进行合作（Dodgson et al., 2012）。
- 昆士兰州东南部和布里斯班等区议会的经济发展战略是在“智慧之州”和其他州政策的背景下制定的，有时涉及密切合作，有时没有（City of Brisbane, 2002）。
- 州政府引入了一个论坛，讨论“智慧之州”战略的演变，一些代表来自政府之外，主要有大学和高科技产业，但不包括地方政府。“智慧之州”议会在制定具体报告时吸纳了更广泛的群体意见，但在“智慧城市”报告中，布里斯班市议会没有参与（Queensland, 2007）。

尽管需要围绕布里斯班市的特定地点开展合作，但在 2000 年代后期，州政府和城市之间并没有围绕“智慧之州”事务的正式合作，这似乎是党派政治分歧的结果。在 2004 年之前，在工党市长的领导下，特别是 2003 年前在吉姆·索利（Jim Soorley）的领导下，该市积极地与州政府合作，实施了一系列“智慧之州”举措。而在 2004 年和 2008 年自由党两次当选市长后，这种关系似乎成了一个问题，布里斯班市议会的战略很少关注“智慧之州”，事实上，市长发起了一项“智慧城市”（City Smart）计划，重点关注可持续发展，而不是更广泛意义上的创新。

布里斯班还在州政府和大学之间的关系方面遭遇了结构性困难，而大学是“智慧之州”计划的核心。澳大利亚的大学由州政府管理，但大部分受到联邦政府的资助，而在“智慧之州”计划中，它们参与州级计划需要州政府提供额外的资源资助。各州对大学进行监管，然而州政府发现：在没有额外资金的情况下，很难有效地将大学纳入州发展重点项目，因为大学主要是由国家资助重点项目和国际学生市场推动。大学和州政府之间经常存在利益冲突，这只能通过提供大量新资金，促进面向区域的项目来解决。因此，有效的伙伴关系可能取决于能否获得财政资源，以此说服关键机构发挥应有作用。

### 5.3.3　面向国际

如上所述，科学城战略的发展主要集中在科学基础、产业和社会方面。然而，这需要有充分全球化的创新环境，需要一些成功的创新集群嵌入到全球网络中（Bathelt et al., 2004），大学也要在高度全球化的市场和网络中运营（Marginson, 2004）。因此，科学城战略的成功与否可以通过以下方面来衡量：这些举措在多大程度上增加了城市的国际投资和联系，以及科学城如何在更广阔的人员、资本和知识的全球循环体系中进行定位（Dicken, 2001）。

所有的科学城案例都在很大程度上提到了全球化和利用国际创新网络的必要性。这在一定程度上是由吸引资本和投资的愿望推动的，所有这些城市都渴望吸引国际科技公司，尤其是研发中心。从这个意义上说，科学城战略与其他吸引外商直接投资的计划相联系，通过宣传科学基地的品质和未来发展的前景来支持国际投资活动。以科学为基础的特定产业一直是人们关注的焦点，而这些产业之间的联系尤其密切。例如，为了促进布里斯班的生命科学产业发展，州政府支持其在国际会议和展览上高调亮相。澳大利亚前总理彼得·比蒂积极参与其中，并多次在国际生物技术方面的展览和会议上发表演讲，试图影响昆士兰州在国际投资者心中的声誉和形象。英国的科学城也强调了吸引国际企业的重要性，尽管在全球金融危机期间这样的机会有限，科学城品牌也被用来支持当地的外来投资战略（Webber, 2008）。

另一个方面是对人才的吸引力，各城市和地区竞相吸引顶尖科学家，这些科学家可以组建研究团队，并为创办企业提供激励条件。加泰罗尼亚吸引研究人员的政策对巴塞罗那影响颇深，这一点在生命科学领域尤为明显。对研究机构的投资和为国际领先的研究人员提供研究资金有助于吸引生物技术研究人员。在这些开发项目中，最重要的是建造巴塞罗那生物医学研究园，此研究园是一座滨水的大型建筑（55 000平方米，图5-2），有八个研究所，据报道1300名工作人员中有一半以上是外国人（Ajuntament de Barcelona, 2011）。自2001年以来，该地区政府的加泰罗尼亚高级研究所（ICREA）项目提供的资助以取得科学领域的卓越和领导地位为重点，已经吸引大约300名研究人员来到加泰罗尼亚，每个加泰罗尼亚高级研究所研究员平均有6.89名其他工作人员提供支持。

### 5.3.4 资助

任何政策都需要某种形式的资助。加强科学基础设施和鼓励以科学为基础的

图 5-2　巴塞罗那生物医学研究园
来源：作者拍摄。

经济发展宏大计划，可能需要为研究、经济发展计划、新建筑以及社区扩展活动筹集大量资金。然而，无论是否有科学城战略，大多数这些活动往往主要是由公共项目资助。因此，从某种程度上来看，问题是科学城战略如何为额外的活动获得新的财政资源，以及如何影响现有的资金以支持科学城领导层的目标。其中，科学城领导层的性质有着重要影响。如果该战略是源于政府的，例如昆士兰州“智慧之州”战略，那么可以从新的项目中确立一些额外的资金，但部分活动也可能包含在正常的预算中，可能难以分清。因此如果成立一个新的组织来制定科学城战略，确定为发展该战略需获得的项目资金可能会更容易。然而，在城市内部，新资金仍有可能与相当数量的科学和经济发展常规投资并存，因此，科学城资助永远不能完全定义，因为科学城战略不可避免地会包含无论如何都会发生的活动。

对于那些由强大且资源丰富的区域政府实施的科学城战略，国家政府很少有重大的作用，区域或州可能从国家政府寻求某种形式匹配的资金，或寻求利用国家计划来支持特定项目。例如，在加泰罗尼亚，区域政府被赋予大学资助的责任，并承担了一部分研究资助，发展到了区域政府资助大学研究的水平与国家政府资助的水平相似的程度，结果巴塞罗那的公共研究经费水平比西班牙其他地区高得多。此外，面向产业的研究中心也获得了大量额外资金。

昆士兰州也有类似的情况，该州政府一直是主要的资助机构，但高等教育和科学一般是由国家资助。最近十年左右，州政府拨款30亿澳元投资“智慧之州”计划。并不是所有拨款都投入了布里斯班的科学城项目，但可以确定的是，这数十亿美元的资金中，有相当一部分已经进入了布里斯班新的大学研究设施、新的科学领域以及相关的创新项目。英国的情况更为复杂。国家政府指定了科学城市，却没有为科学城提供新的资金，虽然现有的区域发展机构和一个有关英国北部区域的项目（即“北方之路”）确实有可用的资源可以专门用于实现科学城的目标。更特别的是，当地的科学城伙伴关系预计将联合现有的资助资源，并直接向政府申请额外的资助（Science Cities Consortium, 2007），而后者以毫无收获告终。区域发展机构对每个英国科学城基于科学的发展提供了相当大的投资，包括资助科学城秘书处，在某些情况下还动用了已移交给区域发展机构管理的欧洲区域发展基金。自区域发展机构废除以来，科学城团队从国家政府管理的区域增长基金寻求额外的资金，某些情况下，他们的确成功地为孵化器大楼和技术企业的资助赢得了资金。

## 5.4　结论

本章旨在界定第三波科学城浪潮的主要特征。第三波科学城是一组以现有城市为基础的新战略项目，具有广泛和多样化的目标和运营模式。与《世界的高技术园区》中提到的发展类型相比，已经取得了一些进步：从为科学家规划城市演变为围绕现有城市的科学和技术资产以及基于伙伴关系和包容性的城市战略进行品牌塑造。其强调的重点已经从实验室和研究中心的科学研究转移到整个城市的科学开发和利用。科学城不再仅仅是利用科学推动经济发展，而是更关注于将科学应用于社会和经济发展，为广大人民谋福利。第三波科学城与早期规划的科学城和其他形式的高技术园区战略的关键区别在于，对房地产开发重视程度的降低和对社区关注程度的提高，而不再局限于实验室和高科技企业的工作人员。

虽然这些新的科学城战略的基本要素——愿景的性质、支持的活动类型和国际定位——表面上有相似之处，但在治理和资助方面却有着相当大的差异（表 5–1）。这些差异在很大程度上是城市及其周边区域治理结构差异以及国家政府所起作用造成的。本章中的案例主要都是由地方或区域政府及其合作伙伴实施的，只有英国科学城是由国家政府指定的。在其他地方，例如在新加坡，在前一波科学城浪潮的持续发展中也可以看到国家战略的身影，这些战略本身也在发展并呈现新的方面。这些战略的有效实施取决于合作伙伴可获得的财政资源，在这方面，由区域或国家政府执行的战略往往比在城市一级制定的战略有更好的资源。然而，区域主导的战略可能并不总能得到城市的全力支持，比如布里斯班。新出现的趋势是：基于地方的战略更符合城市与区域开发的需求和治理结构，而不是采用通过模仿以往成功案例的现成解决方案。

**表 5–1　科学城三个阶段的特征**

| | 愿景 | 治理和建立伙伴关系 | 面向国际 | 资助 |
|---|---|---|---|---|
| 第 1 阶段 | 基于公共研究设施的新城，旨在产生新的科学 | 中央政府主导，自上而下的方法 | 与全球科学界建立联系 | 国家政府资助 |
| 第 2 阶段 | 基于大型科学园的开发项目，以科技型企业为主体，以国家经济发展为目标 | 主要由中央政府主导，合作伙伴范围有限，重点是吸引外商直接投资 | 重点是吸引外商直接投资 | 国家和私人资助共存 |
| 第 3 阶段 | 利用科学，通过经济和社会发展使现有城市获益的战略 | 非常多元化的合作关系，通常由城市或区域政府主导。私营部门大力投入 | 寻求建立全球声誉，吸引企业和人才。大力强调品牌建设 | 资助结构复杂，但通常只是小规模的网络化资金。通常由州或地区经费而不是国家政府主导 |

名称或标签是体现这种差异的有趣之处。不是每一个科学城都符合本文描述的广义模式，尽管这一标签仍有炒作的潜力，就像科学园的概念一样。事实上，并不是每个追求科学和创新战略的城市都使用“科学城”这个名称。这个标签并不重要，也不能保证成功，就像过去许多所谓的“硅谷模式项目”那样。本文认为真正重要的是政策组合，在综合战略中采用更广泛、更包容的科学和城市概念

可能更有好处。如果名称真的很重要的话，也只是体现在它是一种建立伙伴关系、说服当地和国际组织及企业支持这一战略的手段。

第三波科学城战略是否成功取决于其所提出的愿景类型、战略运作的时间周期以及资金的可用性。因此，布里斯班和巴塞罗那等城市的巨额支出或许取得了一些显著成就，但它们的目标也很远大。在资源比较有限的地方，预期在较长时间内会显现出渐进式的变化。在英国的案例中，大型科学园可能没有出现以科学为基础的产业快速增长，但现有科学基础设施已经在向地方合作的方向转变，取得科学卓越地位的目标得到了更广泛的支持。就此而言，从这些新的科学城项目获得的重要经验启示可能是，科学机构和当地利益相关方的视角发生了转变认识到更大程度的相互依赖性，更有意愿来制定协作的未来议程。

## 致谢

本章内容部分是基于纽卡斯尔大学在英国国家科学技术和艺术基金会的资助下进行的研究，该基金会为费利西蒂·雷（Felicity Wray）博士提供了奖学金，雷博士的导师是大卫·查尔斯教授和保罗·本纳沃思博士。作者感谢雷博士对本文提出的想法和见解。很多研究是在不同项目下进行的，包括由英国经济与社会研究理事会资助的社会科学项目——“建立欧洲研究领域的科学领域”（RES-151-25-0037）。该项目由纽卡斯尔大学和索尔福德大学合作完成，对英格兰西北部和东北部、阿尔萨斯（法国）、北莱茵—威斯特法伦（德国）和加泰罗尼亚（西班牙）开展了案例研究。此外还对澳大利亚，特别是布里斯班，基于 21 世纪初期的多次访问进行了研究。作者还要感谢参与纽卡斯尔科学城和格拉斯哥科学城项目讨论的同事们。

## 注释

1　事实上，科学城可以看作是品牌城市（Donald et al., 2009）的一个类别，与知识城市（Yigitcanlar et al., 2008）、文化城市（Garcia, 2005）、体育城市（Smith, 2005）、健康城市（Ashton et al., 1986）、智慧城市（Caragliu et al., 2011）和生态城市（Fitzgerald, 2010）一样。

2　www.glasgowcityofscience.com

3　www.edinburghsciencetriangle.com

4　历届获奖城市包括不莱梅-不莱梅哈芬（2005）、德累斯顿（2006）、不伦瑞克（2007）、耶拿（2008）、奥尔登堡（2009）、美因茨（2011）、吕贝克（2012）和明斯特（2013）。参见 www.stadt-der-wissenschaft.de

## 参考文献


Ajuntament de Barcelona (2009) 22@ State of Execution, Barcelona, December 2009, Barcelona. Available at www.22barcelona.com/documentacio/Estat_execucio_ 2009_ang.pdf (accessed on 10 January 2014).

Ajuntament de Barcelona (2011) The Biotechnology Sector in Barcelona, Barcelona. Available at www.biocat.cat/sites/default/ffles/Dossier_Biotecnologia_eng.pdf (accessed on 16 January 2014).

Anttiroiko, A.V. (2004) 'Science cities: Their characteristics and future challenges'. *International Journal of Technology Management*, 28: 395–418.

Anttiroiko, A.V. (2005) 'The saga of Kista Science City: The development of the leading Swedish IT hub from a high tech industrial park to a science city'. *International Journal of Technology Policy and Management*, 5: 258–82.

Asheim, B. and Hansen, H.K. (2009) 'Knowledge bases, talents and contexts: On the usefulness of the creative class approach in Sweden'. *Economic Geography*, 85: 425–12.

Ashton, J., Grey, P. and Barnard, K. (1986) 'Healthy cities – WHO's New Public Health initiative'. *Health Promotion International*, 1: 319–24.

Bathelt, H., Malmberg, A. and Maskell, P. (2004) 'Clusters and knowledge: Local buzz, global pipelines and the process of knowledge creation'. *Progress in Human Geography*, 28: 31–56.

Beattie, P. (2000) 'State Govt and QUT to develop creative industries precinct'. Ministerial media statement 6 July 2000 Queensland Government. Available at http://statements.cabinet.qld.gov.au/MMS/StatementDisplaySingle.aspx?id=31267 (accessed on 22 October 2013).

Behar, D. (2012) 'Saclay et le Grand Paris: Comment "faire cluster" en situation metropolitaine?'. In Ingallina, P. (ed.) *Universites et enjeux territoriaux: Une comparaison internationale de l'economie de la connaissance*.France: Presses Universitaires du Septentrion, Villeneuve d'Ascq.

Benneworth, P., Charles, D.R. and Madanipour, A. (2010) 'Building localised interactions between universities and cities through university spatial development'. *European Planning*

*Studies*, 18:1611–29.

Bruhat, T., Alderman, N., Hayward, S., Charles, D.R., Sternberg, R. and Escorsa, P. (1995) Etude Comparative des Parcs Scientifiques en Europe: Enjeux pour une Politique Communautaire d' lnnovation, for the European Commission DG XIII.

Bunnell, T. (2004a) 'Cyberjaya and Putrajaya: Malaysia' s "Intelligent Cities' ", in Graham, S. (ed.) *The cybercities reader*. New York: Routledge.

Bunnell, T. (2004b) *Malaysia, modernity and the multimedia super corridor: A critical geography*. London: Routledge Curzon.

Caragliu, A., Del Bo, C. andNijkamp, P. (2011) 'Smart cities in Europe' . *Journal of Urban Technology*, 18: 65–82.

Castells, M. and Hall, P. (1994) *Technopoles of the world: The making of 21st century industrial complexes*. London: Routledge.

Charles, D.R., Hayward, S. and Thomas, D. (1995) 'Science parks and regional technology strategies: European experiences' . *Industry and Higher Education*, 9: 332–9.

Charles, D., Perry, B. and Benneworth, P. (2004) *Towards a multi-level science policy: Regional science policy in a European context*. Seaford: Regional Studies Association.

Charles, D.R. (2011) 'The role of universities in building knowledge cities in Australia' . *Built Environment*, 37: 281–98.

Charles, D.R. and Wray, F. (2010) 'Science cities in the UK' , Melbourne 2010 Knowledge Cities World Summit, Melbourne, 16–19 November.

Chou, T.-L. (2007) 'The science park and the governance challenge of the movement of the high-tech urban region towards polycentricity: The Hsinchu science-based industrial park' . *Environment and Planning A*, 39:1382–102.

City of Brisbane (2002) *Economic Development Framework for Action*, 2002–2005. City of Brisbane.

Dearing, B.H. (1995) *Growing a Japanese science city: Communication in scientific research*. London: Routledge.

Dicken, P. (2001) 'Firms in territories: A relational perspective' . *Economic Geography*, 77: 345–63.

Dinnie, K. (2010) *City branding: Theory and cases*. Basingstoke: Palgrave Macmillan.

Dodgson, M. and Staggs, J. (2012) 'Government policy, university strategy and the academic entrepreneur: The case of Queensland' s Smart State Institutes' . *Cambridge Journal of*

*Economics*, 36: 567–85.

Donald, S.H., Kofman, E. and Kevin, C. (2009) Branding cities: *Cosmopolitanism, parochialism, and social change*. Abingdon: Routledge.

Fitzgerald, J. (2010) *Emerald cities: Urban sustainability and economic development*. New York: Oxford University Press.

Florida, R. (2002) *The rise of the creative class*. New York: Basic Books.

Garcia, B. (2005) ‘Deconstructing the City of Culture: The long–term cultural legacies of Glasgow 1990’. *Urban Studies*, 42: 841–68.

Gamer, C. (2006) ‘Science cities: Refreshing the concept for 21st century places’. *Town Planning Review*, 77(5): i–iv.

Generalitat de Catalunya (2010) *Pla de Recerca i lnnovacio de Catalunya* (*Research and Innovation Plan of Catalonia*). Barcelona: Generalitat de Catalunya.

Gonzalez Basurto, G.L. (2007) ‘Tsukuba Science City: Between the creation of innovative milieu and the erasure of Furusato memory’. RCAPS Occasional Paper No.07–3, Ritsumeikan Center for Asia Pacific Studies, Ritsumeikan Asia Pacific University.

Guhathakurta, S. and Stimson, R.J. (2007) ‘What is driving the growth of new “Sunbelt” metropolises? Quality of life and urban regimes in Greater Phoenix and Brisbane–South East Queensland region’. *International Planning Studies*, 12: 129–52.

Flail, P. (1998) *Cities and civilisation*. London: Weidenfeld and Nicholson.

Higashi, H. (1995) ‘The technopolis in Japan: Its past and its future’. *Industry and Higher Education*, 9: 357–64.

HM Treasury (2004) *Pre-budget report opportunity for all: The strength to take the long term decisions for Britain*. London: TSO.

Inkster, I. (1991) *The clever city: Japan, Australia, and the multifunction polis*. Sydney: Sydney University Press.

Lambert, B.H. (2000) ‘Building innovative communities: Lessons from Japan’ s science city projects’. EIJS Working paper no. 107, European Institute of Japanese Studies, Stockholm, http://swopec.hhs.se/eijswp/papers/eijswp0107.pdf (accessed on 10 January 2014).

Lawton Smith, H. (2003) ‘Knowledge organizations and local economic development: The cases of Oxford and Grenoble’. *Regional Studies*, 37: 899–909.

Lee, W.–H. and Yang, W.–T. (2000) ‘The cradle of Taiwan high technology industry development – Hsinchu Science Park (HSP)’. *Technovation*, 20: 55–9.

Lin, C.-Y. (1997) 'Technopolis development: An assessment of the Hsinchu experience'. *International Planning Studies*, 2: 257–72.

Marginson, S. (2004) 'Competition and markets in higher education: A "glonacal" analysis'. *Policy Futures in Education*, 2(2): 175–244.

Massey, D., Quintas, P. and Wield, D. (1992) *High tech fantasies: Science parks in society, science and space*. London: Routledge.

May, T. and Perry, B. (2011) 'Contours and conflicts in scale: Science, knowledge and urban development'. *Local Economy*, 26: 715–20.

Monck, C.S.P., Porter, R.B., Quintas, P.R., Storey, D.J. and Wynarczyk, P. (1988) *Science parks and the growth of high technology firms*. London: Croom Helm.

Newcastle Science City (2008) 'Newcastle Science Central: Transforming tomorrow, transforming the city'. Options appraisal report: Stage 2, Newcastle Science City, Newcastle upon Tyne.

OECD (2008) *Reviews of innovation policy: North of England, United Kingdom*. Paris: OECD.

OECD (2010) *OECD Reviews of regional innovation: Catalonia, Spain*. Paris: OECD.

Park, S.-C. (2004) 'The city of brain in South Korea: Daedeok Science Town'. I*nternational Journal of Technology' Management*, 28: 602–14.

Parker, R. (2010) 'Evolution and change in industrial clusters: An analysis of Hsinchu and Sophia Antipolis'. *European Urban and Regional Studies*, 17: 245–60.

Perry, B. (2007) 'The multi-level governance of science policy in England'. *Regional Studies*, 41:1051–67.

Puukka, J., Charles, D., Hazelkom, E., Piacentini, M. and Rushforth, J. (2010) *OECD reviews of higher education in regional and city development, State of Victoria, Australia, Peer review report*. Paris: OECD.

Queensland (Dept of Premier and Cabinet) (2007) *Smart cities: Rethinking the city centre. Report by the Smart State Council*. Brisbane: Queensland State Government.

Queensland Government (2000a) *The Smart State*. Brisbane: Queensland Government.

Queensland Government (2000b) *Innovation - Queensland's future*. Brisbane: Queensland Government.

Queensland University of Technology (QUT) (2010) *The QUT creative industries experience*. Brisbane: QUT.

Research Triangle Foundation of North Carolina (2011) *The Research Triangle Park masterplan*. Raleigh-Durham, NC: Research Triangle Foundation of North Carolina. Available at http://

rtp.org/sites/default/files/Concise%20PUBLIC%20Master%20 Plan.pdf (accessed on 19 May 2014).

Rubio, D.M., Schoenbaum, E.E., Lee, L.S., Schteingart, D.E., Marantz, P.R., Anderson, K.E., Platt, L.D., Baez, A. and Esposito, K. (2010) 'Defining translational research: Implications for training'. *Academic Medicine*, 85: 470–5.

Science Cities Consortium (2007) 'Transforming regions by building successful science cities', submission as a discussion paper to the Comprehensive Spending Review, Science Cities Consortium.

Smith, A. (2005) 'Reimaging the city: The value of sport initiatives'. *Annals of Tourism Research*, 32: 217–36.

Tatsuno, S. (1986) *The technopolis strategy*. New York: Prentice Hall Press.

Traweek, S. (2004) 'Keizu to Nendaiki: Making history in Tsukuba Science City'. Available at www.sscnet.ucla.edu/history/traweek/MakingHistory.pdf (accessed on 10 January 2014).

Webber, C. (2008) *Innovation, science and the city*. London: Centre for Cities.

Yigitcanlar, T., Velibeyoglu, K. and Martinez–Femandez, C. (2008) 'Rising knowledge cities: The role of urban knowledge precincts'. *Journal of Knowledge Management*, 12: 8–20.

# 第3部分

# 空间、场所和治理

# 6　重要的情境

## 英国科学城及基于知识的城市主义愿景

贝丝・佩里、蒂姆・梅

### 6.1　引言

“高技术园区”的概念激发了公众关于知识和场所之间关系的想象，其重点是技术驱动全球城市经济发展的潜力。《世界的高技术园区》（Castells et al., 1994）以硅谷获得卓越的成功为出发点，探讨了结构转型、信息时代的生产要素与新创企业的社会、文化和制度条件之间的相互作用。虽然作者承认硅谷的成功可能“具有讽刺意味的是，不太可能直接复制其自身经验”（Castells et al., 1994: 28），但“硅谷热”的扩散仍然值得注意。寇依普（Koepp, 2002）指出，“硅谷化”（siliconisation）已经发展出“阿尔卑斯硅谷”（Silicon Alps, 奥地利）、“腾华硅谷”（Silicon Tundra, 加拿大）、“硅沼”（Silicon Fen, 英国）和“低地硅谷”（Silicon Polder, 荷兰）等多个变体。这些“无处不在的硅谷”（Hospers, 2006）寻求实现“真正的高科技幻想”，人们的关注点往往是基于工具驱动的、以经济为中心的视角来看待城市及其对国家财富创造的贡献（Massey et al., 1992）。

深入研究后，对科学、技术和创新等进行干预的动机和理由可以根据行业、部门和治理规模进行分类。知识和场所之间在方法、价值和态度方面的差异可以加以区分，并参考跨学科的观点加以合理化。通过将不同利益相关者聚集起来的科技园区项目，有可能将这些“多元的理性”（Benneworth et al., 2011）进行战略联结，从而为如何利用知识来改变城市命运指出不同的方向和愿景。

理解这些差异对于知识和场所的初始定位很重要。政策开始实行时往往没有明确的基本假设和判断，也不清楚这些政策与期望和预期结果有无关系。寻求知识型城市发展的合作伙伴被认为拥有相同的动因；但动力机制有所不同，因为它们是通过不同的治理、制度、政治和社会文化背景来协调的。为了发展更“进步、社会公正、解放和可持续的城市生活形态”（Brenner et al., 2012: 5），就要提高对创造和再造“基于知识的未来”的价值、知识和社会利益的敏感度。其核心是社会包容、参与和形成新的话语和方法，超越而不是复制狭隘的技术或经济观点（Perry et al., 2013）。

从埃因霍温到巴塞罗那，再到霍隆和新加坡，关于不同的城市如何应对知识型增长带来的挑战，已开展了各种各样的案例研究（Clua et al., 2008; Femandez-Maldono et al., 2010; Ooi, 2008; Wong et al., 2006）。这些研究都着重强调不同的发展途径、成功因素、历史轨迹及其结果和局限性（Carillo, 2006）。从创造性、数字化和知识经济之间的融合、对特定形式知识的狭隘偏好以及主要方法的社会文化影响等方面阐明了其发展动力（Chapain et al., 2009），但没有具体强调讨论的总体框架，也未能突出概念化和治理框架之间的相互作用如何限制城市—区域努力实现基于知识的未来的能力。因此，不仅要更加注重对知识经济的治理，还要注意国家政策与地方优先事项之间的一致性（Winden et al., 2007），这一问题在卡斯特尔和霍尔（1994: 227–228）的著作中可能被低估了。

英国科学城规划的早期发展就是一个很好的例子。作为认识“科学”与“城市”之间潜在关系的重要一步，本章从自上而下和自下而上的角度强调了“科学城”概念最初定位的差异。然后，探讨了国家和地方的科学和城市政策的影响，以及在比较的语境下提出更广泛的问题。在此过程中，本章借鉴了 2002 年至 2010 年间进行的关于建设科学区域和城市的学术研究，这些研究为 2006 年至 2007 年期间向科学城政策发展联盟提供专家意见并为其工作奠定了基础。相关研究包括文献分析、国际比较和六个科学城的调研，并于 2007 年形成了一份科学城研究报告提交审查。

本章主要分为以下五个部分：首先概述了知识型城市发展的不同合理性，重点阐述了“城市”和“知识”是如何被概念化的（见第 6.2 节）。随后介绍了英国科学城规划（见第 6.3 节），这一节着眼于其政策背景和规划的起源，并区分了中央和地方机构的解释（见第 6.3.1 节）。随后讨论了在城市 – 区域尺度上采取行动的结果以及对国家科学和城市政策的影响（见第 6.3.2 节）。之后，从知识、空间和公共政策之间关系的角度讨论了这种分析的更广泛影响（见第 6.4 节）。最后做出总结，认为需要采取对地方情境更加敏感的方法来理解知识型发展模式如何解决全球知识资本主义的非空间性。

## 6.2 构建“知识型城市发展”的框架

“知识型城市发展”（Knowledge-Based Urban Development）概念包含各种各样的观点。随着科学、知识、文化、社会、地理和经济之间的界限日益模糊，从多个角度产生了一系列跨学科和多学科的著作（Lyotard, 1984; Gieryn, 1999）。纵观这些文献，我们明确了“知识型城市发展”模式的经济、政治、社会文化和科学四个方面的合理性。

### 6.2.1 “知识型城市发展”的合理性

在全球化、地方化、知识经济的背景下，强调知识与场所之间的关系以及不同生产要素的相对重要性的论述中，经济合理性是显而易见的。围绕后工业或后福特经济崛起的辩论常伴随新的关注点，即新型网络化、分布式治理模式和多层次安排，在政治和经济层面将“城市”和近来兴起的“城市—区域”视为恰当的分析和行动单元。（Bache et al., 2005; Brenner, 2004; Neuman et al., 2009; Storper, 1997）。城市与知识的关系主要是通过对“创新”与城市的研究进行理解（Marceau, 2009）。这里的重点是集聚、产业区、区位特定优势、创新环境、学习型区域和系统互动带来经济优势的理论研究（Uyarra, 2009）。“高技术园区”的概念正好符合这一概念化过程，通过新的“增长机器”，发展特定形式的公私伙伴关系，从而建立大学—产业伙伴关系（Logan et al., 2007）。

城市增长联盟和新城市企业家主义方面的文献提供了第二种合理性（Macleod, 2002; Salet et al.,2003）。根据竞争力和经济发展方面的论述，地方政府的角色得到重塑，结果是城市治理的特点日益突出，主要强调创业活动和生产问题，而不是社会福利或消费问题（Boddy et al., 2004; Wilks-Heeg et al.,2003）。“22@巴塞罗那”项目是一项“自上而下的旨在吸引高科技活动的再开发战略”，被认为是城市战略政策的典型范例（Casellas et al., 2009: 1151）。城市越来越关注市场营销、品牌推广、全球定位，强调创意、创新和知识在城市未来发展中的作用（Hospers, 2008）。在这里，“科学”是一个标签，因为它能让人联想到新兴、忙碌、前沿的城市形象，并因此而得到利用和重视。就此而言，改变城市命运的往往是愿景，而不是战略或行动计划。

关于“创新城市”或“创意之城”的辩论提供了第三种合理性。在英国，“智力都市”（ideopolis）作为吸引后工业化城市基本要素的一种手段，在政策界和实践者群体中引起了特别的共鸣（工作基金会，2006）。“智力都市”最初被认为有三个关键元素：一系列关键的物质和经济特征；一种特定的社会和人口结构；以及一种特定的文化氛围和一套普遍认同的价值观（Canon et al., 2003）。从社会文化的角度来看，“创新城市”与佛罗里达（2002）的“创意阶层”概念有着明显的联系，二者同样关注吸引合适的知识型员工，注重文化感受和“蜂鸣”（Buzz）效应、城市更新和连接性以及必要的支持网络。其中，促进增长的人力资本与社会、文化和制度条件处于核心地位（Archibugi et al., 2001）。另一方面，有更多的经济文化视角的研究强调创意产业和创意经济的发展（Collinge et al., 2009）。这些论述试图从城市层面寻找文化资本的过程中，将经济竞争力与品牌化和定位联系起来（Christopherson et al., 2009）。科学、知识、文化和创意相互融合，形成了认识城市知识经济的特定方式（Hutton, 2009）。

第四种合理性来自与知识生产方式剧烈变化有关的文献（Nowotny et al., 2001）。许多转变既能导致知识如何产生、产生原因、由谁产生、为谁产生以及后来如何评价的范式转型，同时也是这些范式转型的结果。新的知识生产模式强调跨学科、异质性、分布式的专业技能、用户需要的关联性、协作以及研究与实践之间的互动过程，并将尺度问题纳入重点（Gibbons et al., 1994; May, 2006）。地方和区域利益相关者变得重要，不仅在评估影响和展现参与性方面，也体现在确定研究和共同资助研究方面。对影响评估和创新方法以及行动研究方法日益受到重视，其基础是通过场所建立本地化知识交换系统，并由此取得成功（May et al., 2010）。此外，许多知识管理的文献借鉴了商业、危机管理和组织研究，也反映出对隐性和具体化知识、编码化和知识共享的关注。

讨论知识与场所之间关系的理论依据是多种多样的，其合理性既有外源性的，也有内源性的（May et al., 2011）。每一个视角都体现了对知识、城市和不同参与者的概念化方式（Perry, 2008）。以经济为中心的观点强调产品、产出和更适合编码化的特定知识形式。对“科学”的狭义理解仍然占据主导地位，意味着那些机构（大型研究型大学或大型科学产业）最适合在这些议程中发挥作用。这一视角强调产业组织的不断变化，例如知识型产业以及大学和企业之间的联系带来商业化和衍生企业，而不是重新定义学术界的研究议程和工作方式。然后，城市被框定为“创新”的容器或推动者，依赖于涓滴效应实现增加值的增长目标。[1] 知识也可以被看作是重塑场所品牌的核心要素，是全球定位和城市再生的工具。人才的获取、研究专长、资产的开发以及成功的外部形象或市场营销都至关重要，知识的象征价值会比实际内容更加重要。大型的“科学标志”和设施，或者是世界级的“一流学者”，最有可能产生这种示范效应。大学被视为工具、仪器、资产和地位的象征，需要通过获取和利用，体现他们的价值。在获取驱动的观点中，大学是在战略联盟制度基础上运作的众多参与者之一，很少涉及个体学者。在知识经济的背景下，大学可能是城市增长联盟的一部分，也可能不是，因为其存在的重要性主要是作为一种资产，而不是因为它们产生的知识。另外，“知识”的领域可能更广，包括自然科学、社会科学、人文和艺术。在确定研究重点方面，城市可以通过当地不同参与者之间的伙伴关系，或通过利益相关者的介入发挥重要作用，包括地方政府、商业利益集团和伙伴城市作为研究过程的潜在用户或参与者。此外，大学也可能不发挥任何作用，因为即便“城市”本身没有任何机构，邻近性和本地化关系也会发生。

这些不同的问题与它们如何转化为政策框架和具体干预措施之间不存在线性关系。知识型城市发展或创新城市环境政策往往没有检验这些基本假设，缺乏对知识和场所、预期结果和适当干预措施之间关系的清晰理解。人们通常认为，对创新和知识经济“采取一些行动”就足以带来变革。在实践中，采取行动的理由可能与理论框架有关，但更普遍的情况是，这些理由是在政策和实践中通过经验积累而形成的，而且被证明是必要的，并通过事后解释使此前的行动过程合理化。

### 6.2.2　科学创新的多层次治理

经济、政治、社会文化和科学层面并不是割裂的，它们在空间影响方面可能是矛盾，甚至对立的，例如在集中或分配资源和能力方面，尤其是在当代科技创新的多层次治理日益普遍的情况下（Edler et al., 2003; Perry et al., 2007）。在西欧、大洋洲、亚洲和北美洲的许多国家，越来越多的国家项目是由区域和地方参与者在集权、分权和联邦的背景下执行的（Kitagawa, 2007; Salazar et al., 2007; Sotarauta et al., 2007）。随着区域参与者成为执行国家政策的主体，国家项目可能具有不同的空间维度；国家 / 区域基础设施的合作伙伴或共同资助者等会为科技创新或知识型增长制定独立的政策（Perry et al., 2007）。

科技创新政策和知识型发展涉及多个层面的参与者。然而，机构、政府和各部门的立场和态度都不相同。正如我们对欧盟委员会负责研究、创新、创业和区域的代表采访所揭示的那样，虽然同样签署了措辞热忱的政策文件，但各国在知识、尺度和场所之间的关系方面持有一系列不同的观点。在实践中，尽管政府对科学、经济、商业和高等教育等特定部门的重组和重新命名似乎没完没了，但在很多国家和地方，很少有关于任何认识论上形成共鸣的跨部门讨论（Dresner et al., 2001）。

通过国家经济体系和科学体系的协调，“区域化”的含义在实际应用中已有所不同（Fristch et al., 2005）。使用集群、技术特区和创新极等新概念工具背后的共同合理性是认识到科学和技术的经济潜力。然而在许多国家，国家和区域主体之间的另一个共识是关注平衡增长和科技创新解决区域差异的潜力。在法国、德国和意大利，有一些具有强烈空间特性的国家政策（Crespy et al., 2007; Koschatzky et al., 2007）。其中包括针对特定区域和城市能力构建的举措，如历史上的东德或意大利南部，以及为建设卓越能力而开展的公开竞赛，所有地区都可以参加，但只有部分地区会从中受益。正如我们将在下文讨论的那样，这些案例与英国的情况形成了强烈对比。在英国，传统上国家层面并不认为区域经济发展的主张会影响国家政策，而是要求地方政府参与者（分权政府、英国各地区和科学城）将科技创新和社会经济发展目标联系起来（Charles et al., 2001; Perry, 2007）。

重要的是，如何将对于知识和空间的反思式理解（通过不同的理论角度，隐性或显性地了解）与多尺度治理安排相互关联。随着治理层次之间交互频次和质量的增加，知识、空间和场所之间的关系也可能出现差异，地方参与者建立可持续的基于知识的未来的能力也将受到重要影响（Winden et al., 2007）。

## 6.3　英国科学城

英国的发展经验能够说明在实践中发生的这些变化。“高技术园区”的概念在 21 世纪前十年被重新构想为“科学城”规划。这为分析多层治理安排，如何与关于知识和场所之间关系，以及塑造和重新塑造城市在知识经济中作用的假设之间的相互作用提供了一个合适的切入点。

### 6.3.1 背景和催化剂

将科学城规划的起源与政策发展的历史对照来看，可以发现“科学”越来越多地与“城市”相关联，而城市政策与“科学”的关联程度则相对较低（表6–1）。

**表6–1 高技术园区是科学和城市政策的交界面**

| 对于科学 | 城市的作用 | 对于城市 | 科学的作用 |
|---|---|---|---|
| 科学和创新是生产力、国家增长和竞争力的关键驱动力。英国未来的财富和经济发展取决于更好地利用科学、技术和创新，实现经济和社会效益。 | 自2000年以来，就区域发展机构在知识转移和发展高等教育与商业联系方面的作用而言，科学和创新政策的区域功能不断扩大。然而，人们对城市作用的认识仍然有限，而且很大程度上局限于狭隘的、线性的商业主导式创新概念。 | 区域发展差异成为整个英国提高生产率的阻碍。城市被认为是区域和国家经济增长的动力。关于加强地方政府的建议也是在ERA公民投票失败和推迟之后提出的。 | 创新、技能和就业对区域和国家增长至关重要。城市在为知识型社会作出贡献方面的作用越来越受到重视。然而，这些计划往往是自下而上的，而政府的城市政策更多是关注传统的“城市”问题。 |
| 挑战包括： | 问题包括： | 挑战包括： | 问题包括： |
| • 保持和加强基础研究的现有优势，以发展成国际卓越水平；<br>• 通过大学与商界的互动加强知识转移，促进创新和商业化，并提高全球竞争力；<br>• 确保科学、技术、工程类的毕业生供应，包括解决学校的科学教育问题；<br>• 解决与教育抱负、成就和技能有关的问题；<br>• 在教育领域培养卓越的教学能力；<br>• 增进公众对科学研究的了解和参与 | • 政府科技创新政策倾向于将“地方”和“区域”视为同义词，而不承认参与者在多个空间尺度上的不同作用；<br>• 强调城市是创新发生的“容器”，而不是将地方政府视为变革的推动者或场所塑造者；<br>• 对城市在促进知识转移方面的重要性重视不够；<br>• 强调高等教育机构的经济作用，而排斥其更广泛的社会、社区或环境职能；<br>• 没有认识到参与者议程之间的相互关系，包括国际卓越性、世界级竞争和地方的相关性 | • 解决区域增长差距问题，以此作为国家竞争力的基础；<br>• 加强城市在区域和国家增长及生产力方面的作用；<br>• 明确英国的空间和地方治理，以及城市、城市区域和区域之间的责任平衡；<br>• 提高地方参与者跨行政边界进行战略性工作的能力；<br>• 实施可持续发展社区议程，包括解决贫困、排斥、邻里更新和场所品质问题 | • 更好地理解科学和创新在地方和城市增长中的作用；<br>• 通过大学、地方政府和企业之间的关系改善“创新环境”；<br>• 整合区域内外的区域性和地方性的科学政策；<br>• 加深对高等教育机构如何在商业化之外为一系列科学议程作出贡献的理解，包括科学技能和公众对科学的理解；<br>• 为关键参与者之间的战略伙伴关系制定框架和合适的结构 |

在 21 世纪初，由于人们日益认识到知识和科学在财富创造和竞争力方面的重要性，以及全球化的压力，特别是来自巴西、俄罗斯、印度和中国等新兴经济体的压力，国家政策正在被重塑。越来越多的人认识到规模经济、群聚效应、集聚和邻近性是知识转移和创新的先决条件，这导致地方与区域层面的创新政策越来越多。这种转变也反映在高等教育的政策中，包括旨在通过区域发展机构管理，促进研究与产业之间实现更密切协同效应的一系列计划。[2]

区域发展机构的作用是国家政策的实施者和管理创新的“容器”。经济和科学的合理性占据主导，强调实现国家目标依赖于从英国社会的利益出发，最大限度地提高科学、研究的回报以及利用不同场所的能力。贸易与产业部和财政部是核心部门，而城市战略相对而言没有太多涉及知识或创新。在工党政府致力于权力下放的背景下，地方政策的兴起为人们对科学、创新和地方的关注引入了更强有力的政治经济合理性。国家政策已初步开始承认与区域、城市、创新和知识转移有关的主张，但“空间”仍然是次要考虑的因素。相比之下，空间区位、分布和影响问题是知识经济背景下区域和城市参与科技创新相关议程的核心。近几十年的区域政策未能对英格兰地区之间的生产力和繁荣差距产生显著影响，英格兰北部的老工业区被认为“表现不佳”或“落后”。投资“新”经济不仅被视为具有经济上的意义，而且也被一些人视为解决伦敦以外地区长期结构性问题的“最后手段”。随着城市和城市—区域作为区域和国家经济引擎的政治和经济意义日益增强，以及对知识型增长的需求的共识，为城市科技创新政策举措提供了肥沃的土壤。

城市在这一领域独立采取行动的合理性是通过自下而上长期建立起来的，而不是中央政府赋予的。“约克科学城”（Science City York）项目于 1998 年启动，约克大学与约克市议会紧密合作，旨在“重新定位约克和北约克郡，使其成为新技术研发和创业的中心”。该项目的重点是对特定产业的商业支持，包括生物科学、创意产业、信息技术和数字产业。在英格兰西北部，曼彻斯特应对知识型增长挑战的举措体现为 2002 年建立的“曼彻斯特：知识资本”（Manchester: Knowledge Capital, M:KC）计划。约克科学城是作为受担保的有限公司成立的，而“曼彻斯特：知识资本”是作为十个地方政府、四所大学以及公共和私人参与者之间的非公司伙伴关系机构成立的，它借鉴了“智力都市”的概念，并以成为知识经济全球枢纽的愿望为基础，为知识型增长制定了整体愿景。

21 世纪初期，区域层面的制度和政策有了明显的发展。2002 年，第一个区域科学和产业委员会在英格兰西北部成立，以应对（相对于繁荣的东南部而言）大量科学基础设施投资流失的情况。关于“钻石”（DIAMOND）同步辐射光源选址的辩论凸显了国家和地方参与者内部及之间的巨大差异。随之出现了两个结构松散的临时利益联盟，两个联盟都包括国家和区域、科学和经济的参与者，分别基于科学—经济和政治—经济方面的理由来支持不同的选址决定（Perry, 2007）。

关于“钻石”的辩论赋予区域发展机构参与科学政策的合理性，最终导致英国在所有地区都设立了新的科学和创新机构和职位。区域发展机构已经开始认识到城市在推动区域经济方面的核心作用，并且在区域层面将两个议程结合起来，为科学城规划提供了一个可接受的背景。与此同时，对科技创新的地方干预背后的理论基础也进行了重新构建。经历了“钻石”辩论的复杂关系、谈判和发展，以及后来为讨论该区域未来而设立的论坛，关于科学与经济政策之间关系以及再分配或公平问题的争论仍然没有得到解答。

在这种情况下，出现了一种强调国家科学政策占主导地位的主流话语，辅之以对科技创新的区域投资，并强调各区域本身有责任利用现有科学资产为区域经济和社会利益服务。区域科学和产业委员会十年科学和创新投资框架的建议中包含了国家对科技创新区域层面的支持（HMTreasury et al., 2004），所有国家政策文件开始更系统地参考区域发展，这些发展明显增加了英国的价值。主要强调的是物理科学（而不是更广泛的知识），强调研究型大学和大产业部门的作用以及主要的技术发展。

21 世纪 10 年代中期的特点是重新定义了国家区域政策的目标和适当的行动范围。工党在竞选宣言中承诺，将通过引入选举产生的地区议会来弥补英国各地区的民主赤字。此后，计划在西北、东北、约克郡和亨伯地区进行公民投票（DTLR, 2002）。2004 年，东北地区的选民实际上否决了进一步的全民公决，“反对”运动大获全胜（参见 Sandford, 2009）。这不仅导致民选区域政府的计划搁置，而且通过 2007 年的地方经济发展评估（Sub-National Review of Economic Development）重新定义了角色和责任。地方经济发展评估增加了地方政府在经济发展中的权力和责任，并通过为一些场所能够比其他场所更快地将多机构治理安排制度化奠定基础，正式确立了英国城市—区域主义的可变几何或多轨道性。此外，2004 年启动的“北方之路”计划涉及北方三个区域发展机构之间的合作，由中央政府出资 1 亿欧元，寻求通过日益强调科学、技术和创新的作用，解决北方面临的结构性问题（ODPM, 2004; Page et al.,2006）。

### 6.3.2 科学城：国家和地方视角

“科学城”的定义

“科学城”是那些拥有强大科学资产的城市，例如一座重点大学或卓越研究中心——这些城市具有利用这些资产推动商业成功的特殊潜力。发展科学城需要一系列配套政策，以满足研发的具体需求，支持大学与企业的合作，并影响更广泛的要素，如技能、交通、金融和基础设施，促进知识密集型产业的增长。通过将这些要素集中在同一空间中，科学城可以吸引大量创新企业，形成区域增长的动力。

虽然各个城市需要根据各自的情况调整其战略，但成功的科学城通常出现在世界级的研究能力与成功的知识型产业相结合的环境中，这种环境拥有实体基础设施和更高水平的技能来支持更多的投资。强有力的地方和区域领导力，以及与商界合作关系，也是科学城发展的一个重要因素。

摘自英国政府 2005 年预算

第 3 章：应对生产力的挑战

只有对比这些相关的发展，才能从多样化的政策背景、城市—区域不同的起点、占主导地位的科学和技术话语以及某些城市在经济发展和城市—区域辩论方面日益增长的责任和信心等维度，来理解科学城规划的最初形态、形式和意图。2004 年 12 月，戈登 • 布朗（Gordon Brown，时任英国财政大臣）在他的预算前报告中宣布了首批建设的三座科学城（曼彻斯特、纽卡斯尔和约克），随后 2005 年的预算又宣布将再开发三个城市作为科学城（伯明翰、布里斯托尔和诺丁汉）。

该规划的诞生和对城市的选择标准反映了不同的合理性组合。在最初的公告和新闻稿中，投资于科学和技术具有强有力的科学—经济合理性。2005 年的预算报告将科学城的价值与其增加科学和研究投资的、提高卓越科学利用和在全球知识经济中竞争能力的潜力联系起来："这六个科学城以及其他城市和区域在应对这些国家挑战方面发挥着至关重要的作用"（强调部分由作者标明，John Healey，时任财政部部长，《泰晤士报高等教育增刊》，2005 年 9 月 21 日）。通过对科学城的支持，国家认可了应对知识型增长挑战的城市层面措施，这是由面向全球、国家重点关注的科学技术发展和经济增长领域所推动的。随后，国家和地区参与者进行了一段时间的积极讨论，科学城从此领衔努力建设支持英国知识经济发展的卓越科学集群。

然而，这些公告并没有体现具有空间敏感性的科技创新政策，也没有体现关于知识和场所之间关系进行综合或再分配的国家议程，没有直接提到英国各地科学资源、资产和能力分布的差异，也没有提到区域发展机构面临的结构性缺陷和生产力问题。虽然该计划的概念强烈依赖于财政部以及负责科学与创新的人所领导的科学—经济理性，但其实施是以围绕区域发展运用政治—经济理性为依据的。科学城的发展将通过获得提供给"北方之路"项目现有资金的支持，以缩小南北地区之间的生产力差距。换句话说，从国家角度来看，重点是城市如何支持科学、技术和创新，而不是如何将后者作为城市更新和发展的工具。

由于同时存在不同的理性，根据科学或区域发展目标的城市选择没有明确的标准。鉴于已经出现的自下而上的发展，曼彻斯特和约克当然是首选。在区域科学和创新能力制度化方面，东北地区很快跟上了西北地区的脚步，纽卡斯尔也很快在区域优先事项中加入了对空间的关注。在选择其他的城市时，人们最初关注的是区域平衡问题，布里斯托尔、诺丁汉和伯明翰都是各自区域内的核心城市，也是核心城市集团的成员。[3] 但令一些当地代表失望的是，英格兰东部、东南部以及伦敦都没有指定"科学城"，这再次暗示了对大东南部以外科技创新资产和资源分布不平衡的担忧。不过，约克既不是该地区的"核心城市"，也不是一个整体经济严重匮乏的地区，因此在一定程度上达到了平衡。

支撑上述观点的是与"科学"和"城市"有关的定义或边界几乎都没有明确性。"科学城"并不是一个严谨的标签，之所以能够得到国家和地方参与者的广泛支持，正是因为它缺乏精确性。与此同时，在国家和地方范围内，关于标签是假设的还是指定的，是由区域发展机构推动还是由国家政府制定，需要作出解释。在最初的新闻稿和文件中，该规划的责任并不明确，这为后来城市内部出现的失望埋下了种子。

后来，国家的认可并没有变成具体的支持措施。科学预算或其他方面都没有为该规划追加资金，部长级的赞助似乎因科学和创新责任所在（以及由谁承担）而异。热情的话语仍然是历届国家代表的口头语，他们热切地强调城市和区域有必要在基于知识的全国竞赛中发挥自己的作用，但只是下放责任而未分配资源。承认国家科学城规划是不合适的，国家政府的作用不是“发号施令”或“微观管理地方经济发展”，进一步证明了这一点（时任科学创新部长 Sainsbury, 2006）。

科学城同时面临着明显的挑战和机遇：一方面是如何在现有优先事项和资源承诺的范围内满足提升的期望和雄心的问题；另一方面是根据当地的优先事项和环境，定义和塑造“科学城”内涵的机会。科学城政策发展联盟由六个科学城共同成立，其职责是分享经验、建立证据库、与中央政府各部门交流、考虑联合项目、发展科学城品牌，并不断审视将联盟扩大到其他城市的可能性（科学城的职权范围，2006 年 7 月）。我们的研究提出了一种涉及三方面的方法，包括代表性、学习性和发展性。通过这种方法，科学城可以寻求影响和塑造国家政府，通过定期会议分享最佳实践，并发展各自的方法。通过年度峰会的形式，对以上各方面内容进行讨论，并对科学城的品牌和形象有效地进行塑造。

在接下来的内容中，可以看到关于知识和场所之间关系的基本假设以及对政策的影响存在明显的差异。2006 年 5 月第二次科学城峰会之后，财政部、贸工部、社区和地方政府部以及教育和技能部举行了跨部门会议。各部门在定位上的差异很明显：贸工部侧重于知识开发和转移；教育与技能部强调科学教育和技能，社区和地方政府部对能否创办一个不排外的特权俱乐部表达了担忧。鉴于缺乏明确的标准，后者部分解释了国家部门不愿意为该规划提供专门财政支持的原因。对于财政部而言，各个部门可以选择如何（或是否）在随后的提交支出审查中定位科学城。

随后，对科学城的关注重点转向了如何提供跨部门的案例和证明。我们受该联盟委托编写了一份报告，该报告审视了国家政策背景和部门，强调了科学城为一系列议程和公共部门协议（Public Sector Agreement）目标作出贡献的潜力（图6-1）（May和Perry, 2007）。该报告是代表科学城提交综合支出审查（Comprehensive Spending Review）的基础。提交材料的基础是科学城之间和科学城内部关于其总体意图的辩论，其中一些人支持直接申请额外资金，而另一些人则支持将“要求性”语言改为强调对话和共同努力，特别是考虑到从“科学”或“城市”的角度来看，很难证明这六个城市的选择是合理的。

提交的综合支出审查反映了在关于知识经济发展的辩论中对科学城潜力的更广泛和更全面的看法。在各部门和跨部门之间存在的差距中，可以在创新、技能、扩大参与、高等和继续教育推广、创意经济、绿色和可再生技术等方面，通过地方计划为议程架起桥梁。对于科学城来说，这一计划的作用可能不仅具有象征意义，而且具有（资源和能力方面的）附加作用和变革性（May和Perry, 2006）。不仅要强调建筑物和产品，而且也要强调过程；重点不仅在“科学”上，也在“知识”上。

科学城有着不同的出发点和背景。在一系列共识下，可以看到不同的基于知识的增长方法。科学、经济和文化理性得到了不同程度的运用。约克在很大程度

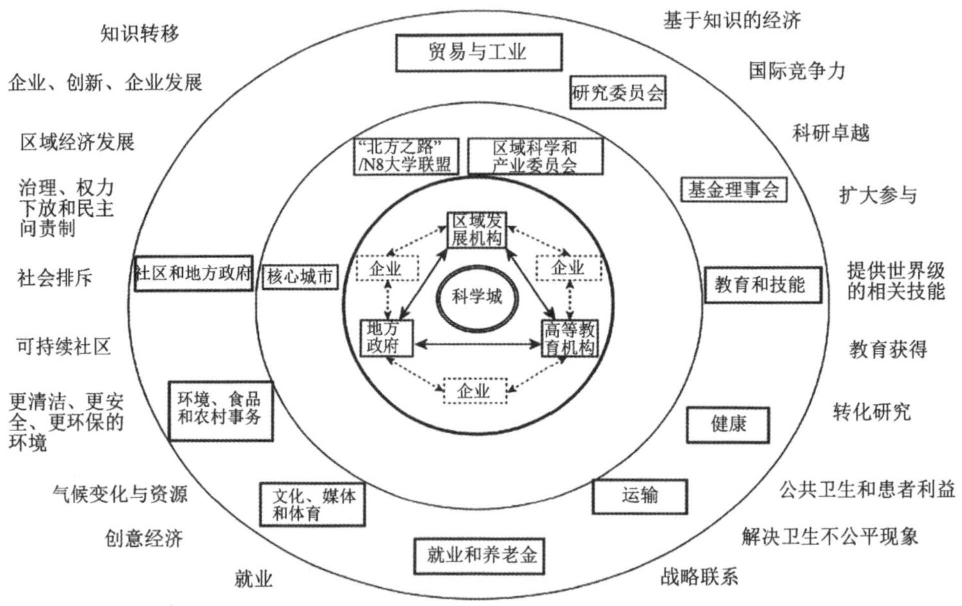


图6-1 英国的科学城的背景：组织和问题（2007年）

上以商业为重点，这与高层对曼彻斯特基于知识的增长所表达的更广泛愿景形成鲜明对比（Gamer, 2006）。例如，布里斯托尔大力强调公众对科学的理解和参与。该市的科学和工程历史，通过伊桑巴德·金德姆·布鲁内尔（Isambard Kingdom Bmnel）和查尔斯·达尔文（Charles Darwin）等杰出人物，被用来激发不同的公众、行业参与者以及地方和区域机构对目标和潜力产生共同意识。类似地，遗产和社区是诺丁汉科学城的中心主题，同时也是科学商业开发的主题。通过伯明翰大学和华威大学之间的合作，研究联盟成为伯明翰特色的重要组成部分。这也进一步表明了城市之间在地理范围和覆盖面上的差异，无论是在现有的行政边界内，还是更具流动性的城市—区域或跨城市领域。此外，区域发展机构的支持程度也各不相同，这体现在科学城在各自经济战略中的中心地位，其中纽卡斯尔和曼彻斯特似乎是区域的中心优先事项（Couchman et al., 2008）。

事实上，重点不在于对科学城之间的差异进行深入、详尽的分析，也不在于对特定城市进行华而不实的分类；而是要确定如何在知识型城市发展方法的范围和多样性中自下而上地反映对科学城的范围和潜力的看法。与自上而下的国家视角相比，在城市内部的城市发展、科技创新、技能、文化和环境议程中，普遍存在着一种更为统一的观点，将卓越的科学与商业和政策的相关性结合在一起，并寻求与不同的社区和选民建立联系。

这种整体观点并没有在政府部门之间得到认同，反映出地方在政策制定和推行方面重要性的不同文化观点（May et al., 2009）。国家决策者更加认可创新政策与场所关系以及创新需要新的伙伴关系（DIUS, 2008）。国家科学、技术和艺术基金会（National Endowment for Science, Technology and the Arts）通过其创新和场所项目以及在曼彻斯特城市—区域的投资，在这场辩论中发挥了重要作用。然而，国家层面的创新话语仍然以经济为中心，以技术为基础。尽管针对城市—区域制定了大量计划，但影响国家政策的往往是那些强调商业化、技术转移或开发新的科学园区、孵化器或走廊的计划（BIS, 2009: 44）。针对不同组织（区域发展机构、地方政府和大学）的激励措施和衡量标准反映并强化了这种主流观点。

在这种背景下，科学城面临的持续挑战是在现有治理责任和资源限制及其实施能力的条件下实现广泛的愿望。向国家组织呈现经济和技术潜力意味着反映而不是挑战知识型发展的主导方法，而其他方面的潜力在地方层面基本上得不到承认和发挥。尽管这些城市能够利用霸权话语中的某些裂隙（Holloway, 2010）来发展更加注重语境的方法，但是英国国家政治的力量和更广泛的国家—城市关系限制了在实践中超越“科技园区”幻想的潜力。

## 6.4 知识、城市和结果

现有对城市和知识型发展的研究倾向于从特定学科的视角来审视具体的案例研究。“高技术园区”的话语已经变得霸权主义，尤其是在某些公私伙伴关系中，某些合作伙伴的知识比其他合作伙伴更有价值。自卡斯特尔和霍尔的开创性著作以来，这一点在关于硅谷的著作中得到了认可。例如，奥马拉（O’Mara）指出，关于硅谷有一个常常被忽视的事实，即“知识城市的学术团体应该利用其科学知识来改善整个社会，尤其是城市生活”（O’Mara, 2005: 234）。目前还缺乏对不同国家背景下整个探讨框架的强调，也没有意识到概念化和治理框架之间的相互作用如何限制城市—区域为实现基于知识的未来发展而努力的能力。

我们对英国科学城规划的分析为这个问题提供了一些见解。在运用不同的政策干预理性和对所涉人员组织的影响方面，“国家”和“地方”视角出现了明显的差异。科学城可以被认为是一个由宏观环境变化和英国自 1997 年以来权力下放 / 分权争论的更广泛背景下所塑造的特定规划。关于科技创新资源的再分配议程很快被纳入话语中并被遗忘，这些话语成功地使人们认识到，地方参与者最适合确定地方优先事项和战略，以实施对更平衡的经济增长模式的要求。在自由化的语境和量身定制的解决方案背后，出现了一种国家权力下放的趋势，让责任和承诺变得清晰（“不是我们的责任和承诺”），但实际的支持却远没有那么明显。作为英国对“硅谷热”的一种回应，科学城被认为会像凤凰一样从英国城市中心地带的工业基础上脱颖而出。政府的政策试图让科学城承担责任，但所采取的措施没有考虑政策制定的关系空间。例如，在发展目标和以产出为重点的有效性度量方面，人们以是否符合全球化竞争力的抽象经济标准来“衡量”空间。就科学城而言，这也解释了为什么有些地方变得不可见，而有些地方却可见。从研发支出和对科学城的政治诉求来看，对特定场所的特权相对于其他空间的不可见性是显而易见的。人们的期望很高，但是城市等级的存在是因为责任下放时既无赋予地方权力也没有给予资源。

科学城规划表明：太多不切实际的希望被寄托在对“科学”狭隘的理解而非“知识”上，而没有切实考虑如何实现这种期望。在 2010 年初的一次演讲中，前首相戈登·布朗表示，政府寻求通过科学“提供新的解决方案、新技术、新机会来推进我们的共同目标……只有科学才能给我们希望……只有科学才能应对的挑战”（Brown, 2009）。他接着比较了不受监管的金融市场和不受监管的科学的危险，在这些危险中，“我们的进步可能超越我们的人性”（同上）。这表明人们期望过高，同时忽视了协调变革、利用潜力、分配机会或创造有利和支持性框架条件的任何一般责任或具体的政府责任。重点往往是快速的解决办法、捷径或技术解决方案，而不是理解和学习或关于适当赋权的问题。科学不能单独解决这两个问题，后者反而需要更广泛的“知识”概念来支持。通过狭隘地运用科学专业知识的概念及其与场所的关系，导致科学的结构在改变，民主的本质从主权公民政治转变为分散的专家政治，在这种政治中，选举斗争被专家机构所取代，专业的技术话语威胁着民主讨论（Turner, 2003）。戈登·布朗此前的言论就是这种说法的例证，因为科学被认为向公共政策的多个领域提供了明确而公正的技术官僚“解决方案”。

理解关于“知识”和“场所”的认知假设对于为上述情况提供一个解释框架至关重要。这反过来又需要研究宏观的压力是如何被中观层面的机构和结构及其内部的人所转化、调解、放大、折射或转换的，以及对微观层面的政策和结果有何影响。有一种观点认为，存在着各国无法控制的“全球性力量”，这种观点往往通过暗示经济发展的必要性来减轻政府的责任。相反，我们需要强调如何更好地管理外部压力，以实现共同的愿望。不断寻求竞争优势的全球化意识形态推动了基于知识发展模式的成功。这种探索的一个基本特征是缺乏对地方情景的关注，因为这样做会破坏对普遍增长模式的追求。根据同行评审判断，国际上在追求科学成功的过程中，这种趋势是重复的（Lamont, 2009）。空间成为一个被动的实体，事物在其中被制定，而不是共同构建。总的来说，对全球化 / 卓越的普遍目标追求呈现出一种绝对的空间感。

我们的分析让人们注意到，对科学知识的多重期望与其能够（及应该）在多大程度上实现技术政治议程之间，存在着一个“缺失的中间地带”。现有议程倾向于将"正在做的事"与"在哪些不同的情境下、如何使用资源和能力"分开。这是重新设想未来知识和场所关系的一个核心问题，需要对治理、参与和民主采取富有想象力的方法，并愿意跳出高技术园区想象的黑箱进行思考。

## 注释

1 增加值是衡量英国每一个生产者、工业或部门的经济贡献的一种方法。

2 区域发展机构最初于1999年成立，其使命是采取商业主导的方式来促进英国区域的经济发展和复兴。

3 核心城市群网络包括伯明翰、布里斯托尔、利兹、利物浦、曼彻斯特、纽卡斯尔、诺丁汉和谢菲尔德。

## 参考文献


Archibugi, D. and Lundvall, B. (eds) (2001) *The globalising learning economy*. Oxford: Oxford University Press.

Bache, I. and Flinders, M. (eds) (2005) *Multi-level governance*. Oxford: Oxford University Press.

Benneworth, P., Hospers, G.-J., Jongbloed, B., Leiyste, L. and Zomer, A. (2011) 'The "Science City" as a system coupler in fragmented strategic urban environments?'. *Built Environment*, 7(3): 317–35.

Boddy, M. and Parkinson, M. (eds) (2004) *City matters. Competitiveness, cohesion and urban governance*. Bristol: The Policy Press.

Brenner, N. (2004) *New state spaces: Urban governance and the rescaling of statehood*. Oxford: Oxford University Press.

Brenner, N., Marcuse, P. and Mayer, M. (eds) (2012) *Cities for people, not for profit. Critical urban theory and the right to the city*. London: Routledge.

Brown, G. (2009) 'Science and our economic future'. Romanes Lecture, Oxford University, 27 February.

Business, Innovation and Skills (BIS) (2009) *Annual innovation report*. London: HMSO.

Canon, T., Nathan, M. and Westwood, A. (2003) *Welcome to the Ideopolis*. A Work Foundation Working Paper.

Carillo, F. (ed.) (2006) *Knowledge cities. Approaches, experiences and perspectives*. Oxford: Butterworth-Heinemann.

Casellas, A. and Pallares-Barbera, M. (2009) ‘Public sector intervention in embodying the new economy in inner urban areas: The Barcelona experience’. *Urban Studies*, 46( 5&6): 1137–55.

Castells, M. and Hall, P. (1994) *Technopoles of the world: The making of 21st century industrial complexes*. London: Routledge.

Chapain, C., Collinge, C., Lee, P. and Musterd, S. (eds) (2009) ‘Can we plan the creative knowledge city?’ *Special Edition of Built Environment*, 35(2).

Charles, D. and Benneworth, P. (2001) ‘Are we realising our potential? Joining up science and technology policy in thc English regions?’. *Regional Studies*, 35(1): 76.

Christopherson, S. and Rightor, N. (2009) ‘The creative economy as “Big Business”: Evaluating state strategies to lure filmmakers’. *Journal of Planning Education and Research*, March, 29: 336–52.

Clua, A. and Albet, A. (2008) ‘22@bcn: Bringing Barcelona forward in the information era’, in T. Yigitcanlar, K. Velibeyoglu and S. Baum (eds) *Knowledge-based urban development: Planning and applications in the information era* (pp. 132–48). New York: Information Science Reference.

Collinge, C. and Musterd, S. (2009) ‘Deepening social divisions and the discourses of knowledge and creativity across the cities of Europe’. *Built Environment*, 55(2): 281–5.

Couchman, P., McLoughlin, I. and Charles, D. (2008) ‘Lost in translation? Building science and innovation city strategies in Australia and the UK’. *Innovation: Management, Policy and Practice*, 10(2–3): 211–23.

Crespy, C., Heraud, J.-A. and Perry, B. (2007) ‘Multi-level governance, regions and science in France: Between competition and equality’. *Regional Studies*, 41(8): 1069–84.

Crouch, C. (2004) *Post-democracy: Themes for the 21st century*. London: Polity Press.

Department for Innovation, Universities and Skills (DIUS) (2008) *Innovation nation*. London: HMSO.

Department for Transport, Local Government and the Regions (DTLR) (2002) *Your region. Your choice. Revitalising the English regions*. London: Cabinet Office.

Dresner, S. and Gilbert, N. (eds) (2001) *The dynamics of European science and technology policies*. Aldershot: Ashgate.

East of England Development Agency (2009) ‘ £5m boost for Norwich as world-class science city’. Available at www.eeda.org.uk (accessed on 26 January 2010).

Edler, J., Kuhlmann S. and Behrens, M. (2003) *Changing governance of research and technology policy: The European research area*. Cheltenham: Edward Elgar.

Femandez–Maldono, A. and Romein, A. (2010) ‘The role of organisational capacity and knowledge–based development: The reinvention of Eindhoven’. *International Journal of Knowledge-Based Development*, 7(1/2): 79–97.

Florida, R. (2002). *The rise of the creative class and how it's transforming work, leisure, community and everyday life*. New York: Basic Books.

Fritsch, M. and Stephan, A. (2005) ‘Regionalisation of innovation policy – Introduction to the special issue’. *Research Policy*, 34:1123–7.

Gamer, C. (2006) ‘Building Manchester’s Science City’, in B. Perry (ed.) *Building science regions and cities. Regions Newsletter* 263, pp. 11–12.

Gibbons, M., Limoges, C., Nowotny, H., Schwartzmann, S., Scott, P. and Trow, M. (1994) *The new production of knowledge. The dynamics of science and research in contemporary societies*. London: Sage Publications.

Gieryn, T. (1999) *Cultural boundaries of science. Credibility on the line*. Chicago, IL: University of Chicago Press.

Harvey, D. (2007). *A brief history of neoliberalism*. Oxford: Oxford University Press.

Hirst, P. and Thompson, G. (2000). *Globalization in question: The international economy and the possibilities of governance* (2nd edn). Cambridge: Polity.

H.M. Treasury, Department for Trade and Industry and Department for Education and Skills (2004) *Science and innovation framework* 2004–2014. London: HMSO.

Holloway, J. (2010) *Crack capitalism*. London: Pluto Books.

Hospers, G.–J. (2008) ‘Governance in innovative cities and the importance of branding’. *Innovation: Management, Policy & Practice*, 10(2–3): 224–34.

Hospers, G.–J. (2006) ‘Silicon somewhere? Assessing the usefulness of best practices in regional policy’. *Policy Studies*, 27(1): 1–15.

Hutton, T. (2009) ‘Trajectories of the new economy: Regeneration and dislocation in the inner city’. *Urban Studies*, 46(5&.6): 987–1001.

Kitagawa, F. (2007) ‘The regionalization of science and innovation governance in Japan?’. *Regional Studies*, 41:1099–114.

Koepp, R. (2002) Clusters of creativity: *Enduring lessons on entrepreneurship from Silicon Valley and Europe's Silicon Fen*. Oxford: Wiley.

Koschatzky, K. and Kroll, H. (2007) 'Which side of the coin? The regional governance of science and innovation'. *Regional Studies*, 41(8): 1115–28.

Lamont, M. (2009). *How professors think: Inside the curious world of academic judgement.* Cambridge, MA: Harvard University Press.

Logan, J. and Molotoch, H. (2007) *Urban fortunes. The political economy of place.* Berkeley, CA: University of California Press.

Lyotard, J.F. (1984) *The postmodern condition: A report on knowledge*, originally published in 1979, translated by G. Bennington and B. Massumi, foreword by F. Jameson. Manchester: Manchester University Press.

Macleod, G. (2002) 'From urban entrepreneurialism to a "revanchist city"? On the spatial injustices of Glasgow's renaissance', in N. Brenner and N. Theodore (eds) *Spaces of neoliberalism. Urban restructuring in North America and Western Europe.* Oxford: Blackwell.

Marceau, J. (ed.) (2009) 'Innovation in the city and innovative cities'. Special edition of *Innovation: Management, Policy and Practice*, 10(2–3).

Massey, D., Quintas, P. and Wield, D. (1992) *Hi-technology fantasies.* London: Routledge.

May, T. (2006) 'Universities: Space, governance and transformation'. *Social Epistemology*, 20(3–4): 333–45.

May, T. and Marvin, M. (2009) 'Elected regional assemblies: Lessons for better policy making', in M. Sandford (ed.) *The northern veto.* Manchester: Manchester University Press.

May, T. and Perry, B. (2006) 'Cities, knowledge and universities: Transformations in the image of the intangible'. *Social Epistemology*, 20(3–4): 259–82.

May, T. and Perry, B. (2007) 'Realising the potential of science cities: Evidence, practice and policy lessons'. Submission to H.M. Treasury 'Comprehensive Spending Review' on behalf of the Science Cities Consortium. March.

May, T. and Perry, B. (2011) 'Urban research in the knowledge economy: Content, context and outlook'. *Built Environment*, 57(3): 352–68.

May, T. with Perry, B. (2011) *Social research and reflexivity: Content, consequences and culture.* London: Sage.

Neuman, M. and Hull, A. (2009) 'The futures of the city region'. *Regional Studies*, 43(6): 777–87.

Nowotny, H., Gibbons, M. and Scott, P. (2001) *Rethinking science: Knowledge and the public in age of uncertainty.* Cambridge: Polity Press.

Office for the Deputy Prime Minister (ODPM) (2004) *Making it happen: The Northern Way.*

London: HMSO.

O' Mara, M. (2005) *Cities of knowledge. Cold War science and the search for the next Silicon Valley*. Princeton, NJ: Princeton University Press.

Ooi, C–S. (2008) 'Re–imagining Singapore as a creative nation: The politics of placebranding' . *Place Branding and Public Diplomacy*, 4: 287–302.

Page, T. and Secher, D. (2006). 'The Northern Science Initiative (The N8)' , in B. Perry (ed.) *Building science regions and cities, Regions Newsletter*, 263, pp. 12–13.

Perry, B. (2007) 'The multi–level governance of science policy in England' . *Regional Studies*, 47(8): 1051–67.

Perry, B. (2008) 'Academic knowledge and urban development: Theory, policy and practice', in T. Yigitcanlar, K. Velibeyoglu and S. Baum (eds) *Knowledge-basedurban development. Planning and applications in the information era* (pp. 21–41). London: IGI Global.

Perry, B. and May, T. (eds) (2007) 'Governance, science policy and regions' . Special edition of *Regional Studies*, 41.

Perry, B. and May, T. (2010) 'Urban knowledge exchange: Devilish dichotomies and active intermediation' . *International Journal of Knowledge-Based Development*, 7(1/2): 6–24.

Perry, B., May, T., Marvin, S. and Hodson, M. (2013) 'Rethinking sustainable knowledge–based urbanism through active intermediation: What knowledge and how?' , in H.T. Andersen and R. Atkinson (eds) *The production and use of urban knowledge: European experiences*. Dordrect: Springer.

Sainsbury, Lord (2006) *Thirteenth report of session* 2006–07. Great Britain: Parliament: House of Commons: Science and Technology Committee.

Salazar, M. and Holbrook, A. (2007) 'Canadian science, technology and innovation policy: the product of regional networking?' . *Regional Studies*, 4T.1129–11.

Salet, W., Kreukels, A. and Thomley, A. (eds) (2003) *Metropolitan governance and spatial planning: Comparative case studies of European city-regions*. Aldershot: E&FN Spon.

Sandford, M. (ed.) (2009) *The northern veto*. Manchester: Manchester University Press.

Sotarauta, M. and Kautonen, M. (2007) 'Co–evolution of the Finnish national and local innovation and science arenas: Towards a dynamic understanding of multi–level governance' . *Regional Studies*, 41:1085–98.

Storper, M. (1997) *The regional world: Territorial development in a global economy*. New York: Guildford Press.

Times Higher Education Supplement (2005) ‘UK designates six ‘Science Cities’ to spearhead economic growth’. *THES*, 21 September 2005.

Turner, S. (2003) *Liberal democracy* 3.0: *Civil society in an age of experts*. London: Sage.

Uyarra, E. (2009) ‘What is evolutionary about “regional systems of innovation”? Implications for regional policy’. *Journal of Evolutionary Economics*, published online 18 February 2009.

Wilks–Heeg, S., Perry, B. and Harding, A. (2003) ‘Metropolitan regions in Europe: Regimes, rescaling or repositioning?’, in W. Salet, A. Kreukels and A. Thomley (eds) *Metropolitan governance and spatial planning: Comparative case studies of European city-regions*. Aldershot: E&FN Spon.

Winden, W. van, Berg, L. van den and Pol. P. (2007) ‘European cities in the knowledge economy: towards a typology’. *Urban Studies*, 44(3): 525–49.

Wong, C., Choi, C.–J. and Millar, C. (2006) ‘The case of Singapore as a knowledge– based city’, in F. Carillo (ed.) *Knowledge cities: Approaches, experiences and perspectives* (pp. 87–96). Burlington and Oxford: Butterworth–Heinemann.

Work Foundation (2006) Ideopolis: *Knowledge city-regions*. London: The Work Foundation.

# 7 新竹高技术城市—区域集体供给的地域政策

## 基于政府地域结构视角的分析

黄伟茹

## 7.1 引言

自20世纪70年代以来，科技园、科学园、科学城、科学技术都市、高科技走廊、高科技园区等高科技空间开发项目已成为一种全球性现象。近几十年来，大量的研究探索了技术政策、经济、社会和空间之间的关系。许多研究的目的是探索与高技术园区的经济“成功”或“失败”相关的主要因素（包括 Carter, 1989; Keeble, 1989; Simmie, 1994; 2012; Sternberg, 1996a, 1996b; Komninos, 2002; Annerstedt, 2006; Kuchiki et al., 2005; 2008; Lagendijk et al., 2008）。尽管这些研究的侧重点不同，但它们都有一个共同的基本假设，即知识和技术创新不仅可以促进经济增长，而且还可以受到重点明确的供给学派政策（supply-side policies）的刺激和诱导。

相比之下，在高技术园区的发展过程中，对“集体供给的地域政策”（territorial politics of collective provision）关注较少（Jonas et al., 2010）。根据新经济地理学中的集聚理论（agglomeration theory），成功开发的高技术园区不仅创造了促使商品和就业 / 人口增长集聚的良性循环（Fujita, 2008），同时带来当地对公共服务集体供给的需求增加，包括劳工住房、交通、水电、学校和开放空间。以往的研究，如淮尔、乔纳斯和吉布斯（While, Jonas and Gibbs, 2004）以及乔纳斯等（2010）的研究，证明了将更加本地化的、与增长相关的问题内部化存在特有的困难。因此，寻求一种方法来解决高科技发展与这些更本地化的集体供给问题之间的矛盾，成了高技术园区长期发展的关键问题。

新竹科学园（Hsinchu Science Park）发展所产生的巨大外部性造成台湾省政府与新竹城市—区域各级政府之间长期以来的紧张关系，突显了这一关键的治理问题（Chen, 2001; Chou, 2007）。新竹高技术城市—区域因其在信息通信技术产业上的良好经济表现，被视为中国台湾地区杰出的科技及创新热点。新竹高新区是伴随着新竹科学园的快速发展而出现的。新竹科学园于 1980 年由台湾省政府建立，旨在推动台湾地区经济增长。它不仅实现了这个目标，而且后来被公认为是世界上最成功的高技术园区之一（参见 Castells et al., 1994）。

2010 年，新竹科学园产值 296 亿欧元。截至 2011 年，已有超过 14.8 万人在新竹科学园工作，其中大部分人及其家人住在新竹市区（SPA, 2012）。强大的集聚力对周边地区的土地供给和公共投资造成了巨大压力。这种外部性一直是当地治理的重大问题，自 20 世纪 90 年代以来，台湾省政府与新竹城市—区域各级政府之间的关系变得紧张。这些紧张局势和冲突反过来又影响了新竹市区在高技术园区开发、空间规划和基础设施配备方面的政府干预（Chen, 2001; Chou, 2007）。

为了进一步探讨和阐明这一问题，本研究考察了台湾省政府不同部门和当地各级政府为解决省政府主导的科学园发展与新竹市中心地带的本土增长相关问题之间的冲突，创建新的治理空间的各种尝试。第 7.2 节研究了一系列与高科技发展和地域政治相关的重要概念，作为分析的参考。在第 7.3 节中，作者简要回顾了新竹区域在过去三十年的发展，以及随着新竹科学园的快速发展，台湾省政府与当地各级政府在公共产品的集体供给问题上的紧张关系。第 7.4 节对两项主要城市—区域治理行动进行了案例研究，即分别于 20 世纪 90 年代初和 21 世纪初启动的新竹科学城发展计划和官方论坛。通过这两个案例研究，作者探讨了地域结构的变化如何影响公共产品集体供给的地域政策。最后，以新竹城市—区域为例，探讨在政策制订中平衡台湾地区整体与城市—区域关注点的必要性。作者认为，通过政府中不同层级的各种利益方的参与，以及制订一项共同议程，将与高新技术发展和地方集体消费需求有关的各种利益联系起来，可以实现必要的平衡。

## 7.2　集体供给的地域政策

高新技术产业的发展具有非常明确的空间维度（Castells, 1989）。随着高新技术产业的快速增长和集聚效应，一些城市和区域在两个方面面临着与增长需求相关的一系列问题。一是提供生产基础设施等政策投入，保持高新技术产业投资，维持高新技术产业发展，服务于高新技术产业；二是提供地方公共服务[1]，如劳工住房、交通等基础设施，保障当地生活质量（While et al., 2004; Jonas et al., 2010）。政府干预对于这种公共产品的集体供给尤其重要，因为尽管这对投资方来说似乎无利可图，但对长期集体资本积累来说却是至关重要的。

在高新技术经济增长和集体消费的地域政治中，为争夺有限的土地供给和公共投资，各级政府之间经常发生争夺集体供给的斗争。这些斗争可能会给地方政府造成“地域不匹配”的问题（Cox, 1993: 442），即地方政府对控制的需要或愿望超过了其地域范围和能力。建立地域联盟以创造“参与空间”是解决地域不匹配问题的一种常见方法（Cox, 1998; MacLeod et al., 1999）。该联盟可能包括政府和非政府成员。研究地方政府在集体供给政治中创造和组织新的参与空间的机制，需要特别关注促使政府和非政府主体加入这些联盟的主要原因，以及地方政府为解决与增长有关的问题而寻求外部资源的行动。依赖空间（spaces of dependence）和地域结构（territorial structure）两个理论概念可以为该研究提供重要的见解。下面作者将解释依赖空间与主体动机之间的联系，以及地域结构与地方政府和不同政府部门行动之间的联系。

### 7.2.1 主体的依赖空间和动机

建立地域联盟涉及一些社会空间关系，这些关系被认为是不可替代的，而且总是与特定的地域范围有关（Cox, 1993）。具体指：

> 依赖空间，可以用一种社会（空间）关系代替另一种关系的空间，但在这种空间之外，这种替代是困难甚至不可能的……依赖空间有不同的尺度，并且对于一些机构来说可能不止一个。
>
> （Cox,1998: 5）

高技术空间（即技术先进的产业和/或研发公司和研究所的聚集之地）发展中的地域关系可能包括资本积累的“空间修复”（Harvey, 1982）、本地知识和企业间联系的不可转移性（Cox et al., 1993）、创新活动的“原材料”可获得性（Castells, 1989）或知识的本地积累（Dicken, 2003）。依赖空间的概念表明，有可能邀请领先的高科技公司、研发机构、大学和/或其他在为某一特定地区的高新技术发展建立或确保地域联系方面具有共同利益的强大主体参与地域联盟，并为实施其高新技术发展议程带来必要的资源。

同时，地方政府也可以寻求上级政府的财政和监管支持，解决地域不匹配问题。这涉及在更广阔的城市—区域和地域上管理发展不平衡的政治（While et al., 2004; Jonas et al., 2010）。换言之，联盟需要具有多种尺度。这种竞争和冲突不仅可能发生在某一特定地域内的高科技经济利益与其他地方利益之间，也可能发生在不同地域的政府。

### 7.2.2　研究政治地域结构的维度

“政治地域结构”，是指政府与地域的关系。考克斯认为，地域是政府试图影响区域内事物的有界区域：

> 但是，除了自己的管辖范围，即应享有治理权的领域之外，地域还与许多其他有界地区（bounded areas）相联系，并共同确定了政治地域结构。
>
> （Cox, 2003: 2）

然而，这不是一个单向的过程——还有许多其他的有界地区也受到政治地域结构的影响；地方政府遇到地域不匹配问题的程度，以及可以利用什么机制来处理这个问题，与政治地域结构有相当大的关系。

考克斯（2003）提供了三个维度来研究政治地域结构，包括政府内部组织、政府投入和政府产出。政府内部组织包括政府的职责分工、各级政府之间的权力关系等。“政府投入”指的是“对政府提出要求的方式，无论是通过立法者、施压集团还是社团组织等”（Cox, 2003: 2）。“政府产出”与政府干预模式有关，体现在地理上选择性的基础设施政策，例如土地使用规划。这三个维度构成了本研究的框架，以研究政治地域结构如何影响地方政府创造新参与空间的行动情况，以及不同政府部门如何组织新的治理空间来管理高技术园区长期发展过程中与增长相关的各种矛盾。

## 7.3　新竹高技术城市—区域的发展

新竹高技术城市—区域不是行政区划，而属于功能区划。它的形成源自从1980 年开始运营的新竹科学园的发展。一些研究试图通过观察新竹科学园与周边地区之间的产业活动、人员和信息的密集流动，勾勒出新竹高技术城市—区域的地域范围，如解鸿年等（Hsieh et al., 2005）、胡太山等（Hu et al., 2005a, 2005b）以及周（Chou, 2007）。这些研究确定的城市—区域各不相同，但在此基础上，我们可以将新竹市全境和新竹县、苗栗县的部分乡镇认定为新竹高新区的核心区域。在案例研究之前，先从社会经济发展和地域治理的角度，简要介绍近三十年来新竹高新区的发展情况。

### 7.3.1 日益加剧的社会经济两极分化和住房需求

在过去的三十年里，新竹科学园的成功吸引了许多知识型工作者来到当地，深刻地影响了当地的人口结构。2011 年，新竹科学园的就业人数达到 148 714 人，有 477 家高科技企业，企业销售总额为 259 亿欧元（SPA, 2012），占台湾地区制造业收入的 30.3%。这使得新竹市和新竹县的家庭平均收入自 20 世纪 90 年代中期和 21 世纪初以来分别位居台湾第二和第三（CEPD, 2013; 2001; 1996），与 1980 年的第七（CEPD, 1981）相比有了显著的提升。

然而，新竹市的贫富差距是台湾地区七大城市中最大的（台北市政府，2007）。自 20 世纪 90 年代末以来，人们开始认识到新竹科学园发展所引发的日益加剧的社会经济两极分化。此外，从 1990 年到 2012 年，当地人口急剧增长，从大约 70 万增长到 95 万（CEPD, 2013; 1991）。这种快速增长迫使当地政府启动空间规划和土地开发项目，以满足住房需求和改善当地公共设施（表 7–1）。

### 7.3.2 新竹科学园的飞地制度设计及其治理意义

新竹科学园是台湾省政府主导的产业升级发展项目，它被有意设计成为一块飞地。这可以从两个角度来讨论：首先是它的实体空间设计。新竹科学园被设计成新城，不仅提供基础设施和服务来满足生产活动需求，还为吸引知识型工作者创造了良好的环境（Castells et al., 1994; Lin, 2010）。此外，园区与台北交通往来便利，同时完全绕过了新竹老城区（Castells et al., 1994）。事实上，在最初的规划中，园区与老城区几乎没有联系。

其次是制度设计。基于 20 世纪六七十年代高雄、台中出口加工区的成功发展经验，新竹科学园被规划为集科技元素为一体的自由贸易区。其开发以 1979

年的《科学园区设置管理条例》（Act for the Establishment and Administration of the Science Park）为基础。根据该条例，科学园区管理局（Science Park Administration）由台湾省政府在台湾科学委员会的监督下设立并编制预算，作为开发、运营和管理科学园的独立机构。该条例不仅界定了科学园区管理局的职责，而且专门授权了一套适用范围比出口加工区更大的激励措施，以确保新竹科学园的成功发展，包括五年免税期、政府风险投资、低息贷款、降低地租、外资不受限制、先进的研发设施、在职培训计划等（Castells et al., 1994; Chou, 2007）。

**表7–1　中国台湾七大城市统计数据（2006年）**

| 指标 | | 台北市 | 高雄市 | 台中市 | 基隆市 | 新竹市 | 嘉义市 | 台南市 |
|---|---|---|---|---|---|---|---|---|
| 面积（平方公里） | | 272 | 154 | 163 | 133 | 104 | 60 | 176 |
| 人口（百万） | | 2.63 | 1.51 | 1.04 | 0.39 | 0.39 | 0.27 | 0.76 |
| 教育水平 | 2006 | 27.80 | 18.74 | 19.99 | 13.96 | 22.22 | 16.59 | 19.33 |
| 大学以上（%） | 2001 | 18.08 | 11.01 | 12.28 | 7.94 | 13.90 | 10.33 | 10.57 |
| 每户平均可支配收入（欧元*） | | 31 560 | 24 252 | 24 231 | 19 561 | 29 282 | 20 017 | 21 299 |
| 贫富差距** | 2005 | 4.78 | 5.58 | 5.39 | 5.74 | 7.35 | 6.48 | 6.43 |
| （倍数） | 2000 | 4.32 | 6 | 4.49 | 4.71 | 6.91 | 5.75 | 4.93 |

注：*百万欧元（汇率：新台币/欧元=40）；**最富有的20%人口的平均收入/最贫困的20%人口的平均收入。

来源：台北市2007年每周统计报告；2007年城市和区域发展统计，可访问 www.cepd.gov.tw/dn.aspx?uid=4907 获取（2012年5月访问）。

除了财务激励政策，新竹科学园还为租户公司提供一站式服务，包括规划管理与评估、人才培养、研发补贴、投资服务、劳工事务、医疗卫生、土木工程、环保、土地规划、景观管理、信息网络、防火救灾、安全管理等（SPA, 2010）。租户公司通过一站式服务可省去各级政府复杂的行政程序，从而降低运营风险和成本。然而，这意味着通过科学园区管理局，租户公司可以在一站式服务的范围内绕过政府的监管。这进一步突出了新竹科学园的飞地特色，造成了地域治理的分裂（Chou, 2007）。

## 7.4 集体供给政策的案例研究

新竹科学园已经实现了跨越式发展的目标，同时通过吸引各种企业和人员促进了当地经济增长，但是其周边地区却承受着巨大的负面外部性，例如交通拥堵、环境污染、当地设施和住房短缺，种种情况都对当地生活质量造成了影响（Chang et al., 2004; Chou, 2007; Huang, 2013）。根据台湾地区各级政府之间的责任分工，这种巨大的外部性理应由当地政府解决，但是由于新竹科学园的飞地设计，政府无权干预和参与新竹科学园的发展决策。

面对地域不匹配问题，以新竹市政府为代表的各级政府，在城市或城市—区域范围内实施了若干计划。这些计划受到台湾省政府、科学园区管理局、新竹科学园入驻企业、位于新竹市区的三大知识机构（包括工业技术研究院、台湾交通大学及台湾清华大学），以及其他本地机构的财政或其他支援。这些计划不仅对新竹地区的政府干预产生了影响（Chen, 2001; Chou, 2007），也影响了市级、县级政府、台湾省政府和科学园区管理局之间的相互关系。表 7–2 列出了一些重要的举措。

**表 7–2 城市—区域的重大治理与规划举措 [2]**

| 举措 | 尺度 | 说明 | 主要行为体 |
|---|---|---|---|
| 新竹科学区规划（新城中心） | 城市 | 新竹市政府于 1999 年启动了重建计划，以善用闲置的工业用地，提供会议、展览和其他商业服务空间，支持新竹科学园的发展 | 新竹市政府、位于规划区内的相关企业及土地所有人 |
| 台湾知识型旗舰园区开发项目 | 城市 | 新竹县政府与台湾交通大学于 1999 年共同启动了新的土地开发项目，为台湾交通大学提供新的校园用地，为高科技发展提供工业用地，并应对新竹科学园发展带来的巨大住房需求 | 新竹县政府与台湾交通大学 |
| 新竹科学城发展计划 | 城市—区域 | 该计划由新竹市政府、科学园区管理局和新竹地区的三大知识机构于 1986 年提出，旨在通过整合产业和住房日益增长的土地需求，提高商业环境和生活环境的质量，进一步增强新竹科学园的竞争力。后来，台湾省政府和新竹县政府也参与了规划过程 | 台湾省政府、科学园区管理局、知识机构、新竹县政府 |
| 官方论坛 | 城市—区域 | 科学园区管理局于 2002 年创立了该论坛，并邀请新竹市政府、新竹县政府和台湾科学工业园区科学工业同业公会参加该论坛，以缓和园区和市级、县级政府之间日益加剧的冲突 | 科学园区管理局、新竹市政府、县政府和台湾科学工业园区科学工业同业公会 |

来源：Huang, 2013; Chou, 2007; Lin, 2006。

本研究的重点是城市—区域层面的地域政治，因此作者选择新竹科学城发展计划和官方论坛开展案例研究。作者首先简要介绍了这两项重要地域治理措施的背景和结果，这两项措施分别于 20 世纪 90 年代和 21 世纪初推出，目的是探讨新竹市集体供给的问题。然后，作者根据台湾各级政府和各部门之间的职能划分、台湾市级、县级政府向台湾省政府提出要求的机制，以及针对当地需求的政府干预措施，比较这两个案例，审视地域结构变化的影响。

### 7.4.1　20 世纪 90 年代新竹科学城发展计划

新竹科学城发展计划最初是一个自下而上的倡议，旨在通过解决新竹科学园快速发展引发的问题，促进整个新竹市的高新技术发展。这些问题包括用于住房、交通、工业和商业活动，以及有关基础设施的公共服务和土地供给不足。1986 年，新竹市市长邀请科学园区管理局、工业技术研究院和毗邻新竹科学园的两所大学组成新竹科学城规划指导小组，对新竹进行全面的发展规划（Chen, 2001）。该小组后来向台湾地区行政管理机构报告了他们的计划草案，以获得台湾省政府的支持。台湾地区行政管理机构指示：

> 为了促进新竹科学园的发展，增加对高新技术产业的投资，有必要从区域层面研究科学城……与周边地区共同发展。
>
> （SPA et al.,1993: 1）

该指示将科学城的概念扩展到区域层面，并推动新竹县政府参与规划过程。因此，规划项目成为涵盖所有参与方各种利益的保护伞。台湾省政府的主要意愿是进一步加强新竹科学园的发展，并以新竹科学园为增长极（growth pole）刺激周边地区的发展。对科学园区管理局来说，该计划可以使未来高新技术产业发展的土地需求合法化；而对下级政府来说，这是从台湾省政府获得财政支持、改善地方公共设施和发展的好机会。因此，这个代表想象中的经济利益共同体的经济空间，即新竹高科技城市—区域，被通过“空间想象”（spatial imaginary）进行了划分（Jessop, 1997; MacLeod et al., 1999）。

1990 年，台湾地区行政管理机构将该项目纳入台湾地区的发展计划，并指定台湾科学委员会和区域政府负责规划。在规划过程中，台湾科学委员会和科学园区管理局发挥了主导作用，各级政府之间的互动层次分明，综合规划项目因此在本质上是自上而下的。由于该项目最初是由基于城市—区域的主体发起的，这使他们在一开始就有机会参与决策，但是只有当他们的建议符合台湾科学委员会和科学园区管理局的主要目标，即加强新竹科学园的竞争力和促进其发展时，才能被采纳。规划理念清楚地表明了其优先地位，因为规划区被分为两类，一类是新竹科学园发展的核心区域，即科学带，另一类是新竹科学园发展的配套区域，即生活带和保护带（SPA et al., 1993: 6–29）。

然而，在20世纪90年代末，由于区域科学城计划的两个主要执行者——政府和科学园区管理局——退出了该计划，联盟瓦解了。二者退出的原因是政府和财政结构的重组，以及科学园区政策的改变。1998年，区域政府规模缩减：[3] 许多职权被移交给上级政府，也有一些移交给下级政府。规模缩减预示着区域政府将没有任何能力在规划过程中发挥作用。

与此同时，台湾省政府将科学园区政策从单一的高技术园区战略转变为“技术城”项目，以获得政治支持，化解高科技产业的土地需求压力（Hsu, 2010; Huang, 2013）。政策的改变让科学园区管理局忙于新的科学园区的开发，并退出了原计划。对于科学园区管理局来说，该计划的重点是寻找新的土地来容纳高科技产业活动，而不是促进整个城市—区域的发展。当科学园区管理局可以在其他县市获得高新技术开发的新土地时，新竹地区的区域科学城规划就远没有新的科学园开发重要。

### 7.4.2 2002年以来的官方论坛

在第一次城市—区域尺度的综合规划合作失败后，新竹科学园的快速发展对周边地区的负面影响日益严重。新竹科学园发展所产生的税收收入和园区内企业缴纳的行政管理费大部分都由台湾省政府和科学园区管理局的运营基金所得。通过向园区内的企业征收土地税和建筑税，下级政府只能从新竹科学园发展中获得非常有限的利润，而且只能依靠有限的人力和收入来应对负面影响（Chou, 2007）。在这种情况下，下级政府渴望在新竹科学园发展带来的负面影响方面得到补偿。

1999年，台湾省政府的所谓“地方制度法”颁布。一些行政权力和责任被下放到市级、县级政府，包括空间规划和环境保护。在此之前，新竹科学园特区的环境保护与空间规划决策实际上是由科学园区管理局做出的（Chen, 2001）。在重组和权力下放之后，市级、县级政府试图利用新的权力来平衡权力关系（例如联华电子公司事件[4]）。这加剧了市级或县级政府、科学园区管理局和新竹科学园租户公司之间的紧张和冲突。然而，它也提醒了科学园区管理局与市级、县级政府合作的重要性。

2002 年 3 月，科学园区管理局局长邀请新竹市市长、新竹县县长和台湾科学工业园区科学工业同业公会（Allied Association for Science Park Industries，新竹科学园的产业代表机构）主席举办第一届官方论坛。在论坛期间，各方达成了支持合作的共识，并同意争取台湾省政府的预算（Lin, 2007）。2003 年，台湾地区立法机构通过了一项新的行政规定，即所谓“科学园区地方发展补贴分配原则”。这就设立了一个基于科学园区管理局运营基金的年度资助项目，用于资助地方发展项目。虽然补贴分配确实巩固了合作（Jhan, 2008; Lin, 2007），但它并没有解决市级、县级政府与科学园区管理局之间的紧张和冲突。这可以从科学园区管理局和市级、县级政府在提到同一资金时分别使用的术语中看出。科学园区管理局认为其提供给市级、县级政府的资金是“补贴”，[5]但是市级、县级政府认为这笔资金属于“社区款项”。[6]换言之，对于科学园区管理局而言，资金是一种自上而下的帮助地方发展的机制，而市级、县级政府认为资金是一种其应得的补偿。这种态度上的根本分歧，是科学园区管理局和市级、县级政府之间紧张局势扩大的一个征兆。

自 2003 年“行政规定”颁布以来，补贴分配谈判一直是官方论坛的主要议题。根据这些原则，科学园区管理局只能资助与交通基础设施、公共安全、水资源管理、环境保护、教育、文化活动以及新竹科学园边界三公里范围内城市规划相关的地方项目。尽管台湾科学委员会的补贴分配原则将市级、县级政府的参与空间限制在有限的议程和局部地理范围内，但补贴能够缓解紧张局势，并在科学园区管理局和市级、县级政府之间取得暂时的平衡。因此，四个参与方并不迫切要求扩大议程的范围，建立对这个城市—区域的共同愿景，或在发展整个高科技城市—区域方面寻求与其他区域参与者合作的新可能性。

然而，自 21 世纪初以来，这种合作形式一直面临着一个严重问题，即由于技术城计划，科学园区管理局的财务状况不断恶化。这种做法不仅使高新技术产业用地供应超负荷，而且大大增加了科学园运营资金的财政负担。截至2012年底，债务已达到1234亿新台币（约32.5亿欧元）。尽管新竹科学园每年有超过35亿新台币的净收入用于固定资产投资和偿还债务，但其债务要到2040年才能还清（台湾科学委员会，2011）。由于对市级、县级政府的补贴来自运营资金，补贴也越来越少。这再次加剧了科学园区管理局和市级、县级政府之间的紧张关系。[7]

### 7.4.3 地域结构与集体供给政治学

这两项治理措施分别于20世纪90年代和21世纪初推出。与此同时，由于台湾省政府体制的重组和科学园政策的改变，新竹市区的地域结构发生了一些根本性的变化。这两项计划也由此产生了两个主要差异。第一个差异涉及与这两项计划中主要参与者机构职能有关的政府内部组织。20世纪90年代末，随着区域政府规模的缩减，其大部分权力要么移交给上级政府，要么下放到市级、县级政府。在协调区域规划和发展、调解台湾省政府和市级、县级政府的矛盾以及市级、县级政府之间的争端方面，所有机构都以失败告终。政府规模的缩减不仅导致了新竹科学城发展计划的终结，也增加了政府间合作在城市—区域层面进行空间规划与发展的制度性障碍。此外，自从科学园区政策改变以来，由于台湾北部的另外五个地点陆续被指定为新竹科学园的卫星园区，科学园区管理局也就不再需要在新竹市区寻找新的土地来用于新竹科学园不断发展的高科技产业活动（表7–3）。也就是说，科学园区管理局的依赖空间得到扩大，已经失去了在新竹城市—区域推广高新技术导向空间规划的动力。两个主要参与方因此退出了城市—区域治理。第二个差异是下级政府对台湾省政府提出要求的机制。科学园区政策的改变意味着在更大范围内管理发展不平衡（详见Hsu, 2010）。随着两个主要参与方的退出，21世纪初，下级政府在获得台湾省政府的支持，以应对由于城市—区域高科技产业快速增长而产生的集体消费问题方面面临着非常困难的局面。结果，下级政府没有像20世纪八九十年代那样，利用空间想象来构建一个能够明确不同利益，并为城市—区域建立共同愿景的地方经济空间，而是转向利用其新权力，例如与环境保护相关的权力，来影响科学园区管理局及其租户公司的运营。这提醒了科学园区管理局与市级、县级政府合作的必要性。这种策略及其结果表明，虽然科学园区管理局的依赖空间有所扩大，但科学园区管理局对市和县的依赖依然存在，成为市级、县级政府构建参与空间的谈判筹码。

除了这两个主要区别之外，这两个治理计划之间的一个重要相似之处是关于台湾省政府响应的基本逻辑。就二者而言，当下级政府试图构建参与空间来向台湾省政府提出要求时，台湾省政府作为对这些要求的回应，创造了新的治理空间，且这些治理空间的“参与规则”都已确定。参与规则表达了台湾省政府对提供当地集体消费，即新竹科学园发展的劳动力再生产的重大关切。

**表 7–3　两项治理措施总结**

| | 新竹科学城发展计划（1986—1994 年） | 官方论坛（2002 年至今） |
|---|---|---|
| 主要参与者群体 | – 1990 年之前<br>新竹市政府、新竹县政府、科学园区管理局以及其他三个知识机构<br>– 1990 年之后<br>台湾科学委员会、科学园区管理局和区域政府 | 科学园区管理局、新竹市政府、新竹县政府和台湾科学工业园区科学工业同业公会 |
| 机构职能（政府内部组织） | – 台湾省政府：全面生产和集体供给生产基础设施<br>– 科学园区管理局：新竹科学园的发展<br>– 区域政府：协调和调解区域发展与集体供给<br>– 市级、县级政府：当地集体供给 | – 台湾省政府：全面生产和全地区 / 区域集体供给<br>– 科学园区管理局：开发新竹科学园的新竹园、竹南园、铜锣园、生物医学园、龙潭园和宜兰园<br>– 市级、县级政府：当地集体供给 |
| 向政府提出要求的方式（政府投入） | – 组建新竹科学城规划指导小组<br>– 新竹科学城规划项目启动 | – 2000—2002 年：利用新的权力与科学园区管理局及其租户公司合作<br>– 2003 年后：通过官方论坛请求补贴 / 社区款项 |
| 台湾省政府干预（政府产出） | – 将该项目纳入台湾地区发展计划<br>– 在确定新竹科学城发展计划内容方面发挥了主导作用<br>– 集体生产基础设施投资 | – 官方论坛首次举办<br>– 所谓“科学园区地方发展补贴分配原则”颁布 |

就新竹科学城项目而言，台湾省政府指定台湾科学委员会和区域政府负责规划。因此，规划强调加强新竹科学园的竞争力，而不是整个城市—区域的竞争力。新竹科学城发展计划主要将有助于新竹科学园短期发展的项目视为优先事项，包

括高新技术产业发展的土地供给、知识型劳动者的住房供应、生产基础设施的建设或完善，以及商业服务和文化设施的改善（SPA et al., 1993: 10–16）。社会两极分化、环境保护和提供基础教育及其他基本设施的问题要么被忽视，要么被列入长期发展清单。下级政府要想获得台湾省政府和 / 或高科技部门的支持，面临的主要挑战是让他们相信，解决与区域增长有关的问题对他们有利。这与乔纳斯等人（2010）的观点相一致，即过分强调高科技部门的特定偏好可能会忽视或影响"本应纳入当地空间发展环境的'生活质量'等一系列其他政治经济方面"（Jonas et al., 2010: 186）。

就官方论坛而言，台湾省政府颁布了分配原则，以界定补贴的范围和地域规模。具体来说，只有当地方发展项目对科学园区的发展有直接影响时，台湾省政府才会向下级政府提供补贴。与新竹科学城发展计划相比，官方论坛计划和补贴分配原则的颁布对于市级、县级政府解决集体供给问题更加实用。然而，由于补贴范围的限制，论坛的主要参与者很难将注意力集中到与新竹科学园发展和整个城市—区域未来发展的更广泛社会空间影响有关的其他问题上。

没有特定的规则来限定论坛中讨论主题的范围和参与者群体。过分注重补贴的分配成为扩大议程范围和寻求与其他区域参与者新的合作的主要障碍。这意味着城市—区域的主要参与者忽略了其地域之外的空间想象。新竹高新区的范围和命名实际上只存在于学术研究中，而不存在于地域政治中。其原因可能有三：①新竹科学城发展计划的失败经验；②市级、县级政府在处理集体消费问题时过分强调财政措施；③台湾省政府忽视了其主导的科学园区发展与城市—区域以地方为基础、与增长相关的问题之间的联系。

## 7.5 结语

考虑到世界各地其他科技园区的发展，例如英国剑桥和美国波士顿大都会区，中国台湾地区新竹市级、县级政府在处理与高科技增长有关的问题方面的经历绝不是独一无二的（见 Jonas et al., 2010; While et al., 2004）。虽然解决这些问题所采用的机制可能因具体地区的地域结构而异，但从新竹集体供给的地域政策中可以得到两个相互关联的教训，即台湾省政府和市、县利益之间联系的重要性，以及避免夸大高新技术部门的特定偏好。

首先，新竹科学城发展计划的案例展示了空间想象在明确下级政府和台湾省政府利益方面的力量。通过操控高科技经济话语（例如生活质量对吸引知识工作者的重要性）以及空间想象，市级、县级政府成功构建了参与空间，并将集体供给的地域性、增长性问题与对政府具有重要意义的新竹科学园的未来发展联系起来，以获得台湾省政府的支持。通过一系列的空间规划实践，空间想象变得生动，并进一步得到巩固。然而，就官方论坛而言，由台湾省政府界定的新的治理空间提供了一种更有效的补贴渠道，以协助解决集体供给的某些地方性问题。但与此同时，科学园区管理局和市级、县级政府却失去了为城市—区域寻求共同愿景的动力。

这加剧了城市—区域治理的分散，降低了解决高科技发展过程中不同部门之间的矛盾和冲突的体制能力。新竹市城市—区域的经验表明，在解决高科技经济发展与集体供给社会和物质基础设施之间的矛盾和冲突时，只考虑财政措施是有问题的，人为地将与增长有关的集体消费问题与高科技发展分开也是有问题的。

其次，在明确不同利益的过程中，由于参与者群体及其主要关注点的变化，“任务”不断被重新定义。新竹科学城发展计划的案例表明，将地方集体消费的供给与高科技发展的要素联系起来是有可能的，但如果在这一过程中，我们夸大了高科技部门的特定偏好，可能会损害某些地方利益，如环境可持续性、社会包容性和空间公平性。

尽管如此，新竹城市—区域的经验也表明，重新定义“任务”深受地区地域结构以及治理空间中主要参与者群体的影响。这意味着重新定义是一种涉及不同级别和政府部门以及依赖于地方的其他参与者的政治。换言之，让当地的各种社会组织参与重新定义过程可能是提高技术园区发展水平和扩大其社会基础的一种方式，也是避免在发展过程中夸大高科技部门的特定偏好的一种方式。

## 注释

1 根据卡斯特尔的观点（1977），集体消费有时被称为当地的“生活质量”，它与劳动力再生产有关，因为生产不仅依赖于物质资源的存在，还取决于健康的劳动力。然而，在过去二十年中，其他更广泛的社会、文化和环境问题，例如环境可持续性和社会包容性，逐渐被纳入考虑范围，丰富了当地生活质量的概念。如今，集体消费的概念与劳动力再生产有关，但并不局限于此（Cox, 2011）。

2 译者注：新竹县是台湾地区县级行政区，面积1 427.6平方公里，下辖1市、3镇、9乡，县政府所在地为竹北市。新竹市东北与新竹县接壤，1982年脱离新竹县升级为省辖市，面积104.2平方公里，下辖东区、北区、香山区三区。

3 台湾地区的规定赋予各区域“自治权”，但是1998年台湾当局颁布的所谓“附加条款”限制了各区域的自治权，并让区域政府成为台湾地区行政管理机构的指定机构，而不是自治机构。

4 从1996年到2000年，新竹市政府发起了一场筹款运动，旨在改善园区和老城区附近的环境和交通系统。当地政府还要求园区租户公司分担部分城市重建项目的成本，但结果并不成功。2000年，联华电子公司事件发生。位于园区内的高科技公司联华电子公司指控新竹市政府滥用环境影响评估的权力，压迫租户公司为城市重建筹集资金（详情参见 Chou, 2007:1393）。

5 基于2011年10月13日对科学园区管理局局长的深入采访。

6 基于2011年10月对新竹市政府和新竹县政府几名城市规划和发展相关官员的深入访谈。

7 据《今日新闻》（NOWnews）报道，2010年12月28日，在第十一届官方论坛上，新竹县政府要求科学园区管理局修订补贴分配原则，以确保补贴金额，但科学园区管理局局长答复说，科学园区管理局借款用于地方补贴是不合理的，因为运营基金已经负债累累。他表示，台湾省政府正在考虑要求下级政府分担科学园发展的成本，因为科学园的发展对当地经济有积极影响。他进一步指出，市级、县级政府应该改变态度。当市级、县级政府向科学园区管理局提出补贴计划时，也应该考虑到科学园区的发展（www.nownews.com/2010/12/28/11462-2677441.htm2010年12月29日访问）。

## 参考文献

Annerstedt, J. (2006) ‘Science parks and high-tech clustering’, in *International handbook on industrial policy*. Cheltenham: Edward Elgar.

Carter, N. (1989) *Science parks: Development and management*. Abingdon: Taylor & Francis.

Castells, M. (1977) *The urban question: A Marxist approach*. Cambridge, MA: MIT Press.

Castells, M. (1989) *The informational city: Information technology, economic restructuring, and the urban-regional process*. London: Wiley-Blackwell.

Castells, M. and Hall, P.A. (1994) *Technopoles of the world: The making of 21st century industrial complexes*. London: Routledge.

CEPD (1981) *Urban and regional development statistics* 1980. Taipei City.

CEPD (1991) *Urban and regional development statistics* 1990. Taipei City.

CEPD (1996) *Urban and regional development statistics* 1995. Taipei City.

CEPD (2001) *Urban and regional development statistics* 2001. Taipei City.

CEPD (2013) *Urban and regional development statistics* 2013. Taipei City.

Chang, S., Chiu, H. and Tu, W. (2004) 'The silence of silicon lambs: Speaking out health and environmental impacts within Taiwan's Hsinchu Science-based industrial park', in 2004 *IEEE International Symposium on Electronics and the Environment*, 2004. *Conference Record*. Presented at the 2004 IEEE International Symposium on Electronics and the Environment, 2004. Conference Record, pp. 258–63. doi:10. 1109/ISEE.2004.1299726.

Chen, L.C. (2001) 'High-tech fantasies: Hsinchu science-based industrial park and local development' (Master's thesis). Taipei City: National Taiwan Normal University.

Chou, T.-L. (2007) 'The science park and the governance challenge of the movement of the high-tech urban region towards polycentricity: The Hsinchu science-based industrial park'. *Environ. Plann.* A 39,1382–402. doi:10.1068/a38200.

Cox, K. (2003) 'The territorial structure of the state: Some critical reflections', in *Territorial restructurings, comparisons and innovations*. Presented at the French-South African meeting on territorial innovation.

Cox, K.R. (1993) 'The local and the global in the new urban politics: A critical view'. *Environment and Planning D: Society and Space*, 11: 433–48. doi: 10.1068/d 110433.

Cox, K.R. (1998) 'Spaces of dependence, spaces of engagement and the politics of scale, or: Looking for local politics'. *Political Geography*, 17: 1–23. doi: 10.1016/ S0962-6298(97)00048-6.

Cox, K.R. (2011) 'Commentary. From the new urban politics to the "new" metropolitan politics'. *Urban Studies*, 48:2661–71. doi: 10.1177/0042098011413947.

Cox, K.R. and Jonas, A.E.G. (1993) 'Urban development, collective consumption and the politics of metropolitan fragmentation'. *Political Geography*, 12: 8–37. doi: 10.1016/0962-6298(93)90022-Y.

Dicken, P. (2003) *Global shift: Reshaping the global economic map in the 21st century*. London: Sage.

Fujita, M. (2008) *The flowchart approach to industrial cluster policy*. London: Palgrave Macmillan/Ide-Jetro.

Harvey, D. (1982) *The limits to capital*. Chicago, IL: University of Chicago Press.

Hsieh, H.-N., Hu, T.-S., Ko, T.-C. and Hsueh, P.-P. (2005) 'A study of the spatial evolution of production activities around Hsinchu Science-based Industrial Park'. *Environment and Worlds*, 11: 1–30.

Hsu, J. (2010) 'State tansformation and regional development in Taiwan: From developmentalist strategy to populist subsidy'. *International Journal of Urban and Regional Research*, 35: 600–19. doi: 10.1111/j. 1468-2427.2010.00971 .x.

Hu, T.-S., Lin, C.-Y. and Chang, S.-L. (2005a) 'Role of interaction between technological communities and industrial clustering in innovative activity: The case of Hsinchu District, Taiwan'. *Urban Studies*, 42:1139–60. doi: 10.1080/030562405 00121230.

Hu, T.-S., Lin, C.-Y. and Chang, S.-L. (2005b) 'Technology-based regional development strategies and the emergence of technological communities: A case study of HSIP, Taiwan'. *Technovation*, 25: 367–80. doi:10.1016/j.technovation.2003.09.002.

Huang, W.-J. (2013) 'Spatial planning and high-tech development: A comparative study of Eindhoven city-region, the Netherlands and Hsinchu City-region, Taiwan'. PhD thesis series on Architecture and the Built Environment. TU Delft.

Jessop, B. (1997) 'A neo-Gramscian approach to the regulation of urban regimes', in Lauria (ed.) *Reconstructing urban regime theory: Regulating urban politics in a global economy* (pp. 51–76). Thousand Oaks, CA: Sage.

Jhan, L.-W. (2008) 地方公共事务协力化管理之研究——以“科学园区等理局与新竹县、市首长高层会议”为例 [ 'The research for collaborative management of local public affairs: The case study of science park administration, Hsinchu County, and Hsinchu City Heads meeting']. 中国地方自治 [*Zhong Guo Di Fang Zi Zhi*] 61: 27–42.

Jonas, A.E.G., While, A.H. and Gibbs, D.C. (2010) 'Managing infrastructural and service demands in new economic spaces: The new territorial politics of collective provision'. *Regional Studies*, 44: 183–200. doi:10.1080/00343400802662666.

Keeble, D.E. (1989) 'High-technology industry and regional development in Britain: The case of the Cambridge phenomenon'. *Environment and Planning C: Government and Policy*, 7: 153–72. doi: 10.1068/c070153.

Komninos, N. (2002) *Intelligent cities: Innovation, knowledge systems, and digital spaces.*

London and New York: Spon Press.

Kuchiki, A. and Tsuji, M. (eds) (2005) *Industrial clusters in Asia: Analyses of their competition and cooperation*. Basingstoke: Palgrave Macmillan.

Kuchiki, A. and Tsuji, M. (2008) *The flowchart approach to industrial cluster policy*. New York: Palgrave Macmillan.

Lagendijk, A. and Boekema, F. (2008) 'Global circulation and territorial development: South-east brabant from a relational perspective'. *European Planning Studies*, 16: 925-39. doi: 10.1080/09654310802163710.

Lin, C. (2006) 城市空间治理的创新策略：台北、新竹、高雄城市案例评析 [*Innovative strategies for spatial governance: Case studies of three cities in Taiwan*]. Third Nature.

Lin, C.-Y. (2010) 'Planning and development of industrial land in Taiwan', in *Planning in Taiwan: Spatial planning in the twenty-first century* (pp. 164-95). London: Routledge.

Lin, Y.-W., 2007. 竹科回馈金制度探讨——交易成本观点 ['Exploration of the Hsinchu Science Park compensation mechanism: From the transit cost perspective']. Presented at the Local Autonomy and Democratic Development: Reflections on Taiwan experience, Taichung.

MacLeod, G. and Goodwin, M. (1999) 'Reconstructing an urban and regional political economy: On the state, politics, scale, and explanation'. *Political Geography*, 18: 697-730. doi: 10.1016/S0962-6298(99)00014-1.

National Science Council (2011) 101年度科学工业园区管理局作业基金附属单位预算报告 [2012 *Annual Budget Report ofthe Operational Fund of Science Park Adminstration*].

Simmie, J. (1994) 'Technopole planning in Britain, France, Japan and the USA'. *Planning Practice and Research*, 9: 7-20. doi: 10.1080/02697459408722906.

Simmie, J. (2012) 'Learning city regions: Theory and practice in private and public sector spatial planning'. *Planning Practice and Research*, 27:423-39. doi:10.1080/02697459.2012.686223.

SPA (2010) *Hsinchu Science-based Industrial Park: Special issue for thirtieth anniversary*. Science Park Administration, Hsinchu.

SPA (2012) 2011 *Hsinchu Science Park yearly report*. Science Park Administration, Hsinchu.

SPA and TPG (1993) I 新竹科学城发展计划：摘要 [Hsinchu Science City developmentplan: Summary],

Sternberg, R. (1996a) 'Regional growth theories and high_tech regions'. *International Journal of Urban and Regional Research*, 20: 518-38. doi: 10.1111/j. 1468- 2427.1996.tb00331.x.

Sternberg, R. (1996b) 'Reasons for the genesis of high-tech regions: Theoretical explanation and empirical evidence'. *Geoforum*, 27: 205–23. doi: 10.1016/00lb- 7185(96)00007-3.

Taipei City Government (2007) *Municipal statistics weekly report* (No. 410). Taipei City: Taipei City Government.

While, A., Jonas, A.E.G. and Gibbs, D.C. (2004) 'Unblocking the city? Growth pressures, collective provision, and the search for new spaces of governance in Greater Cambridge, England'. *Environment and Planning A*, 36: 279–304. doi: 10.1068/a3615.

# 8 认知—文化资本主义经济中的郊区

## 马德里和里斯本郊区知识和创新策略的局限

马里奥·瓦莱

### 8.1 引言

自从卡斯特和霍尔（1994）有关世界不同地区高技术园区和科学园区的成功（和失败）以及技术创新过程的重要著作面世以来，几乎所有欧洲地区都制定了针对高科技创业和高技能人才就业的创新政策。促进新企业、大学和其他科技公共机构之间协作的能力一直是支撑高技术园区和科学园区政策的理论基础中的一个关键因素。如果将创新视为一个社会过程，同一地理范围空间中众多参与者的互动是有利于保持创新活力的重要因素（Moulaert et al., 2003; Vale, 2011）。然而，高技术园区取得的成果一直受到严格审视，以至于被认为仅仅是“高科技幻想”（Massey et al., 1992）。因此，也就不难理解高技术园区和科学园区为什么仍然属于重要的学术和政策研究课题。

高技术园区通常位于大型、充满活力的城市—区域的外围，由一系列低密度的建筑区组成，具有类似校园的氛围（Castells et al., 1994）。郊区经济的创造性和创新性也在增强，吸引了大量创造性人才，在后福特资本主义经济中发展新的社会和政治身份。尽管在知识经济领域的区域和城市战略、政策和论述中难以察觉，但郊区已不仅是开展普通经济活动的场所，也适用于开展产品和服务中具有显著创意和创新内容的高级经济活动。

知识和创意经济的出现清晰地体现了城市和郊区之间错综复杂的关系。郊区可以合理正当地以吸引创新和创造性经济活动为目标，从而促进大都市的认知—文化经济发展（Scott, 2008）。然而，针对城市核心区和郊区实施的战略往往在城市—区域层面协调不力，影响了对城市和区域经济这些先进部门的公共投资的总体成果。因此，探究城市和郊区经济之间的关系需要一种更加细致入微的方法，因此我们在这一章中，像费尔普斯（2012）一样，主张在复杂的大城市—区域，尤其是在认知—文化资本主义经济的背景下，对城市和郊区经济的简单分类是不准确的。

本章的目的有两个。首先，考察认知—文化资本主义经济在城市—区域的出现和发展（Scott, 2008），回顾了城市和郊区的政策举措和成果。其次，本章试图对目前关于城市—区域环境中后福特资本主义经济下（后）郊区发展问题的争议做出一些解释（欧盟委员会, 2011; Carvalho, 2013）。为了建立认知—文化经济与大城市郊区之间的联系，本章对三种不同类型的文献进行了梳理，分别是关于创新与知识场所的文献、关于文化与创意经济的文献以及关于郊区发展的文献。

在这一章中, 作者首先讨论了认知—文化资本主义经济的产生和发展, 以及它与城市—区域的关系(见第 8.2 节)。然后, 分析了郊区发展方式为什么以及如何从吸引企业的简单策略演变成雄心勃勃地以高科技公司和创意产业为目标(第 8.3 节)。随后, 作者讨论了马德里和里斯本郊区此类政策取得的成果, 特别关注了城市内部更新战略如何影响这些郊区知识经济发展战略, 以及经济危机导致公共投资下降如何对郊区经济发展产生负面影响(第 8.4 节)。初步调查结果显示, 强大的竞争力和创造力与雄心勃勃的欧洲和地区 / 地方政策密切相关, 这可能是一个对郊区有明显限制的政策循环的例子。这使我们得出结论, 无视特定场所条件的模仿策略, 可以说是毫无意义并且会影响郊区发展, 而在大都市层面设计和实施的综合政策最适合于克服郊区知识和创造性发展的局限性(第 8.5 节)。

## 8.2 知识、文化和创意经济与城市

理论探讨部分阐述了三篇不同文献，以分析城市—区域背景下知识经济与文化和创意经济之间的关系。这两篇文献为下文的讨论提供了依据，下一节将结合这些发现和郊区发展文献中的论点，阐明知识、文化和创意经济与大城市—区域郊区发展之间的复杂关系。

尽管商品、人员和信息的运输成本降低了，各种政治协议形成了全球市场，但事实上，人员和活动的空间集中仍然是当代经济地理不可磨灭的特征（Rodriguez-Pose et al., 2008）。此外，技术变革以及知识和创新的重要性在某种程度上自相矛盾地继续强化着城市集聚进程。

在过去三十年里，欧洲地区已经转向采用针对高科技创业和高技能人才就业

的创新政策。建立科技园区和科学园区在众多科技和创新政策举措中脱颖而出：它们在融合企业、大学和其他科技机构之间的隔阂方面发挥了关键作用。卡斯特尔和霍尔（1994: 7）认为，城市——显然包括大都市地区——是强大的新经济参与者，能够在全球化经济中以比国家政府更灵活和更有效的方式采取行动，而国家政府却“……不能按照塑造其经济和社会的作用过程采取行动”。

尽管城市实力无法与国家相匹敌，但它们正在越来越多地制定竞争战略，瞄准针对市场、技术、文化（或三者融合）的特定项目，寻求吸引和获得新的收入、财富和声望来源。科技园区的形成发生在全球化时期，以城市的复兴和信息社会的兴起为标志，以模仿旧金山湾区的范例“硅谷”为意图，在欧洲和北美的城市中非常流行。对创新的关注导致了几次类似于“高技术园区”的尝试，尽管其中大多数都未能实现预期的结果，尤其是外围区域以及一些位于发达地区的仅围绕房地产开发的项目。

经过 30 多年的高技术园区发展，城市和区域正面临着与认知—文化资本主义经济崛起带来的新挑战。当然，认知—文化资本主义经济在许多方面与信息社会相似，其对知识和创造力的关注是城市增长战略的强大驱动力。一些学者提出了用于分析城市在全球经济中的新作用的新概念，如“世界城市”（Friedmann et al., 1982）、“全球城市”（Sassen, 2000; 2001）和“区域发动机”（Scott, 1998）。萨森认为：

> ……经济活动的地理分散化与处于当前经济时代核心的系统集成相结合，促进了大城市战略作用的发挥。城市没有因为信息技术可能造成的分散而被废弃，而是集中了控制功能。
>
> （Sassen, 2000: 22）

城市的协调能力依赖于知识密集型服务的空间集聚、高质量信息和通信网络的可用性、大型国际公司的集中和高技能劳动力的集聚。

另一方面，佛罗里达（2002）认为创意人才与城市经济发展的相关性不断加强，城市经济发展反过来应该为吸引和留住高技能和创意的流动人才提供理想的“氛围”。此外，城市复兴源于价值创造的无形和象征性层面日益增强的重要性，这两个层面都是认知—文化资本主义新阶段的基础（Scott, 2008）。根据霍尔的观点：

> 欧洲各地城市……的人们已经接受了这样一种观点，即文化或创意产业（20年前没有人理解这个词，甚至可能会认为它具有冒犯性）可能为经济复兴奠定基础。
>
> （Hall, 2000: 640）

国际上成功的城市会提供优质、包容和安全的公共空间、多样化的服务和零售，以及充满活力的文化环境。根据佛罗里达（2002）的看法，“工作追随人才”，因为更高级的活动需要熟练的劳动力，而这种劳动力主要集中在大城市。与此相反，格莱泽（Glaeser）、科尔科（Kolko）和沙兹（Saiz）（2001）认为，“人追随宜居环境”，无论如何，这将增强城市作为消费和休闲空间的地位。

城市不仅是可以降低交通成本的空间，它们也是通过技术创新、知识溢出和人力资本外部性加速知识和学习过程的信息实体。城市增加了偶然事件创造新机会的可能性，特别是吸引大量中小企业和初创企业参与其中的创新活动，这给它们带来了规模和范围上的优势（Glaeser, 2000）。此外，雅各布斯（Jacobs, 1969）主张城市化经济是通过不同经济主体之间的互补知识交流来实现的。事实上，知识溢出并不局限于特定的技术（Jaffe et al., 1992），这意味着城市的多样性对于保持创新活力非常重要。

无论如何，城市是资本主义发展新阶段中的特权知识场所。在欧洲，知识经济形成于大型、竞争性和创新型的城市中。知识经济的地理位置以大城市为主（虽然各不相同），在这些城市，受益于高质量的知识机构、运输和通信基础设施（机场、信息通信技术网络）、人力资源、便利设施和生活质量，知识得以生产、加工、交流和销售（Van Winden et al., 2007）。科学园区是专门设计的基础设施，旨在促进城市层面的技术创新，尽管这些知识场所在城市结构中的整合作用直到最近才成为研究对象（Van Winden et al., 2013），并且对于什么样的城市整合（氛围活跃的城市或安静的郊区绿地？）能够产生更好的城市知识和创新成果还没有一个确切的结论（Carvalho, 2013）。

## 8.3 郊区：迈向认知—文化经济？

本节探讨认知—文化经济与大城市郊区之间的关系，试图审视城市—区域的当代发展策略。创意和知识的叙述、战略和政策对城市—区域有很深刻的影响，但对于不同的城市空间——城市核心区、工业遗存、郊区、农村腹地——在这种新经济中是如何表达的，仍然缺乏研究。然而，在探讨这一主要问题之前，首先需要更准确地阐明文献中提出的郊区和其他相关空间范畴的概念和意义。

### 8.3.1　定义城市、郊区和农村的关系

不可否认，对城市—郊区—农村关系的研究还很欠缺，尽管目前有相关研究提出假设，认为此关系可以产生正外部性，并加强区域竞争力（OECD, 2010）。作为福特主义资本积累过程的一个要素（Harvey, 1985），郊区在经济增长、就业、创新和知识领域动态方面一直被忽视，直到最近情况才出现好转（Phelps, 2012）。在传统意义上，郊区的功能以住宅为主，但在重要经济活动的所在地，新的城市结构形式已经出现，创造了新的空间概念，如“科技市郊”（Fishman, 1987）、“边缘城市”（Garreau, 1991）或“城市远郊”（Soja, 2000）。

中心和外围之间的相互依存关系可应用于城市和腹地，城市向农村传播创新和资本流动，而农村地区则向城市核心提供资源和劳动力（Smetkowski et al., 2011）。然而，传统的城乡关系正在发生变化，借助更有效的交通和通信系统，新的空间正在出现。一些研究强调了城市—区域的核心和外围之间存在较弱的等级关系。事实上，强烈的两极分化效应和等级关系正变得越来越不明显，新的城市极点正围绕交通和通信不断增长，从而暴露出现代都市组织理论基础的脆弱性。虽然横向和反向通勤流量的增加至少在一定程度上是由于经济活动的位置格局变得更加复杂，但大都市区典型的每日通勤流量仍然表明工作机会集中在核心地区。与此同时，城市边缘地区的住宅正在发展，导致通勤区扩大，经济活动的集聚可能会增加后郊区的“规模收益回报”。

城市—区域边缘的空间特征得到了新的命名，如远郊（outer-suburbs/exurbs）或后郊区，[1] 反映了后福特经济的新空间形态（Keil, 1994; Phelps et al., 2006; Phelps, 2010）。这些空间形态强化了城市—区域内各场所之间的横向联系，模糊了城市与郊区之间的层级和单向关系，尤其是在通勤流量方面，这是由经济活动向外围转移以及新的商业活动位于大都市交通网络节点上造成的。事实上，小城市在城市—区域城市和郊区关系的再平衡中，在通勤、经济关系、集体服务

提供、文化和环保设施方面可能具有特殊意义（OECD, 2010）。当然，城乡联系的重构是各城市—区域政策关注的一个明确问题（OECD, 2011）。

### 8.3.2 郊区的认知—文化经济

认知—文化经济的兴起对城市发展进程有着深刻的影响，既克服了福特主义城市的工商业和艺术文化之间的鸿沟，也使生产、工作、休闲、艺术和物质环境相结合（Scott, 2014）。这一经济发展阶段需要高水平的认知和文化技能，通常被一些人称为创造能力。随着经济的转型，

> ……城市内部空间也发生了显著的重构。这些变化中最引人注目的是城市中某些地区的振兴，尤其是城市核心区及其周边地区。
>
> （Scott, 2014: 572）

然而，郊区经济也在发生变化，与新兴的认知—文化资本主义经济更加契合，原本的认知—文化资本主义经济在城市层面缺乏创新和创造性政策协调，导致区域治理结构缺乏适当的应对，阻碍了城市—区域的潜在发展。

就业分散化塑造了传统的城市—郊区—农村关系，科技创新政策则强化了这种关系，包括在城市周边新的开发区建立技术基础设施，以寻求在知识密集型活动中促进企业创办和创造就业机会。认知—文化经济的一部分已经被“组织”到特定的校园空间中（如科学园区和科学城），这些空间构成了郊区矩阵形态的一个重要组成部分，甚至被有的人认为形成了一种新的城市（O’Mara, 2005; Forsyth et al., 2010; Mozingo, 2011）。郊区高技术园区的例子体现了高科技行业就业分散化的过程（Castells et al., 1994），尽管这些规划的集聚区在大多数情况下缺乏大学和企业之间的密切联系，甚至在促进区域层次的创新方面也不是很成功（Cooke, 2001）。这些由公共政府部门（州或市）规划的高科技聚集区随着时间的推移而演变，在许多情况下，已不仅仅是新的经济活动或新的城市中心在城市郊区的空间集中。

正是在这种背景下，大都市地区的郊区密集地制定了战略和计划，以探索新兴认知—文化经济中的新机遇，而这个过程往往需要与都市核心区域竞争。事实上，费尔普斯等人（2006: 13）“……认为这些空间在社会和政治上也是动态的”。通常，对于郊区的地方政府来说，问题不在于开展创新活动，例如简单地吸引

更先进领域的企业（即使不是非常创新），从而创造更多的技术工作，并提高居住在当地的劳动人口的保留率。因此，在有利于增长的政治联盟框架内（Phelps, 2010），一些郊区（或后郊区）政府开始制定自己的战略和政策来创造知识和创意场所，这些场所往往与大都市核心区域以及其他郊区竞争，并不总是与区域/国家知识和创新战略政策保持一致。

尽管郊区尝试开发文化和创意领域项目，但对于知识密集型企业和创意文化活动来说，城市核心仍然是有吸引力的，结合了重要的集聚经济效应，为创意和创新提供了合适的氛围（Musterd et al., 2010）。此外，城市核心区也受益于新的认知—文化经济，这可以从城市核心区内及周边特定区域的振兴中看出（Scott, 2014）。因此，郊区经济发展面临两大威胁，要求通过在城市—区域层面来实现增长和福利。

第一个威胁与创意和知识密集型活动在市中心的集聚有关，尤其涉及大规模的城市更新干预和中央商务区再开发（Scott, 2014），探索雅各布斯经济多元化的机会（Swyngedouw et al., 2002）。显然，大都市非核心区域的周边科学园区、高技术园区、创意孵化器和知识基础设施面临着来自这些市中心知识创意场所基础设施的竞争。第二个威胁是结构性的普遍威胁，其根源是金融危机，以及紧缩危机所造成的获取廉价信贷的困难增加，特别是就南欧国家而言。总体而言，消费危机严重影响了文化创意活动（Mendez, 2013; Ferrao, 2013），而这些活动恰恰得到了城市—区域边缘地方政府的支持。

## 8.4　马德里和里斯本的认知—文化经济

马德里和里斯本城市—区域的案例说明了新兴认知—文化资本主义经济中城市核心区和郊区发展战略之间的矛盾关系。在这两个案例中，郊区经济都已从严重依赖城市核心区演变为更加自主的经济发展，并得到了雄心勃勃的地方政策的支持，同时城市核心区也采取了侧重于文化和创意发展的相关城市更新干预措施。通过对这两个案例的分析，我们试图揭示大城市—区域的郊区和市中心之间的复杂关系，从而更好地进行政策协调，以支持大城市—区域认知—文化经济的发展。

### 8.4.1 马德里和里斯本：两座欧洲首都城市的城市化和基础设施发展

马德里和里斯本分别是西班牙和葡萄牙的首都。马德里是伊比利亚半岛最大的城市群，也是欧盟第三大都市区（仅次于伦敦和巴黎）。其人口规模达600万，马德里大都市区54.2%的人口集中在马德里市（表8–1）。里斯本是葡萄牙最大的城市，也是伊比利亚半岛第三大城市（仅次于马德里和巴塞罗那），拥有270万居民。里斯本大都市区总人口的20%左右集中在里斯本市。

马德里和里斯本都受益于国家资本效应，分别是西班牙和葡萄牙基于知识的经济活动和创意活动的主要聚集地。马德里大都市区的创意经济部门的规模较大，但里斯本大都市区在国家层面的创意经济就业中所占比例相对较高（表8–2）。这说明了国家城市体系之间的差异：在西班牙，马德里在创意经济方面的领导地位受到巴塞罗那挑战，而在葡萄牙，尽管波尔图最近在国家和欧洲结构基金的支持下做出了努力，但里斯本的领导地位仍然没有动摇。有趣的是，马德里市在整个大都市区的创意部门就业中占有很大比例（71.5%），相比之下，里斯本市仅占47%。对于这两座城市，这些活动的本地化都显示出很强的在城市综合中心区聚集的趋势（Mendez et al., 2012; Andre et al., 2012）。

**表8–1　马德里和里斯本大都市区**

| 城市区域 | 城市数量 | 人口（千） | 核心市区的人口百分比（%） |
|---|---|---|---|
| 马德里 | 52 | 6028 | 54.2 |
| 里斯本 | 18 | 2718 | 20.1 |

来源：改编自Lopez Trigal（2013），第47页。

**表8–2　马德里和里斯本大都市区创意经济的就业情况（2009年）**

| 城市区域 | 就业（千） | 占全国文化创意就业的百分比（%） | 占核心城市文化创意就业的百分比（%） |
|---|---|---|---|
| 马德里 | 207.1 | 29.3 | 71.5 |
| 里斯本 | 54.6 | 56.6 | 47.0 |

来源：改编自Mendez等（2012）；安德烈（Andre）和瓦莱（2012）。

自加入欧盟以来，伊比利亚国家的两座首都城市获得了大量的外来投资，集中了重要的移民流入，并建立了支持城市增长和促进区域经济国际化进程的大型基础设施。马德里成为一座与南美洲有着非常重要联系的全球性城市，并在伊比利亚城市体系中发挥着举足轻重的作用，这在一定程度上是扩建巴拉哈斯机场

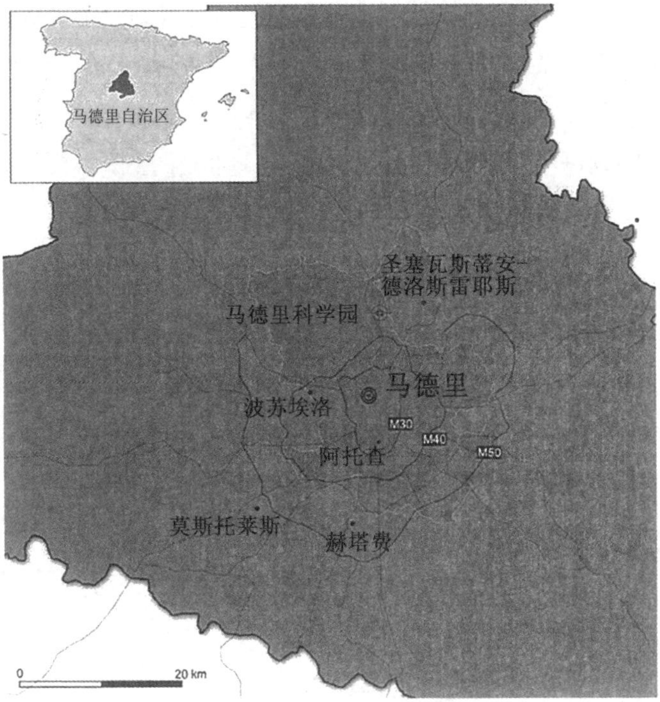


图 8-1 马德里大都市区

和发展连通西班牙大城市地区的高速铁路系统的战略决策所带来的结果[2]（Lopez Trigal, 2013）。马德里是伊比利亚知识密集型商业服务、金融服务、企业总部和高质量文化设施集中的主要城市—区域（Mendez et al., 2012）。马德里经历了人口的快速增长以及城市—区域边缘的集约城市化进程。公路和铁路基础设施的发展（包括阿托查铁路终点站、地下运输系统、曼萨纳雷斯 M30 隧道、M40/M50 高速公路的建设）使得建成区持续扩张，并促进了城市边缘的几个旗舰项目的实施（图 8-1）。

里斯本作为一座典型的首都城市，集中了很多大公司总部、行政职能、金融系统和知识密集型商业服务。与马德里类似，国家和地方政府大力投资公路和铁路基础设施，以支持国际化进程和城市—区域的扩张（包括里斯本外环公路（CREL）和内环公路（CRIL）、南北隧道、里斯本 - 卡斯凯什 A5 高速公路、里斯本 - 辛特拉 IC19 高速公路加宽工程、标志性的瓦斯科 • 达伽马大桥以及 4 月 25 日大桥铁路的引入）（图 8-2）。尽管采取了大规模的城市干预措施，如在里斯本滨水区举办的 1998 年世界博览会，但基础设施发展计划还是导致里斯本市人口减少，郊区和外围大城市人口则迅速增加（Andre et al., 2012）。缺乏行政权力仍然是里斯本城市—区域的一个主要问题（Barata-Salgueiro, 2006），政治分裂使这一问题进一步加剧（里斯本大都市地区的 18 座城市），阻碍了协调发展战略的设计和实施。

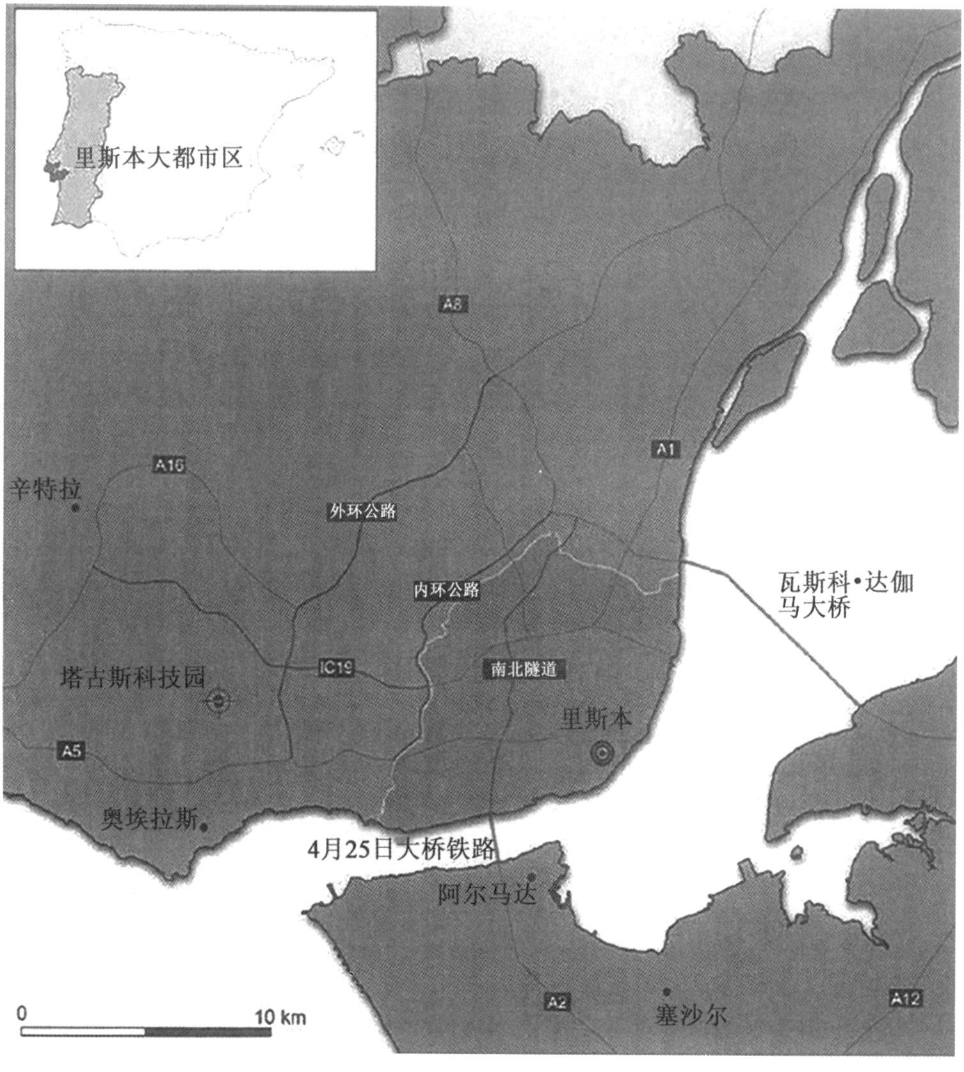


图 8-2　里斯本大都市区

### 8.4.2　马德里和里斯本市中心和郊区的认知—文化经济

马德里市对大都市区的知识和创意经济产生了强烈的两极分化效应。除了市中心和郊区的划分之外，还有北 / 西与南 / 东市区的划分，前者的低密度郊区行业相比后者的低标准住房和工业历史具有更高的社会和环境地位（Michelini et al., 2013）。这种地理上的不平衡最终导致在马德里市区北部地区形成了具有技术基础设施支持的高附加值集群，包括几个商业园区和马德里科学园。大量来自更为知识密集型的部门的企业在那里落户，以利用马德里北部和西部基础设施密度和质量较高的优势（Mendez et al., 2012）。马德里南部和东部地区在工业福特主义时期发展起来，在去工业化时期艰难挣扎，却发现难以进入新的经济活动领域，特别是那些知识和创造性更强的领域（Michelini et al., 2013）。

一些郊区城市试图制定新的战略和行动，以成为吸引知识密集型企业和文化及创意活动的重要场所。马德里电视台（Telemadrid）和 LasExo（广播和电视）网络以及西班牙国家电视台（RTVE）的所在地（Antena3 频道网络位于圣塞瓦斯蒂安 - 德洛斯雷耶斯）——波苏埃洛 - 德阿拉尔孔，试图通过一项名为“幻想城”的宏伟计划，在创意和文化经济中脱颖而出。该计划是一个由地方政府支持的旗舰项目，旨在吸引视听行业的新企业（Michelini et al., 2013）。

在创意和文化经济领域，值得借鉴的郊区计划案例还有位于莫斯托莱斯的 CA2M 艺术中心和位于阿尔科文达斯的 CAA 艺术中心，二者得到了地方政府的支持，为当地居民提供传统文化功能（如展览和节庆）。同样，在位于马德里南部的阿尔科孔，地方政府推出了一项雄心勃勃的文化举措——阿尔科孔艺术创作中心（CREAA），旨在将艺术创作、展览和文化培训活动结合起来。位于马德里市南部边缘的马德里屠宰场艺术中心，与大规模城市项目“马德里河岸公园”相融合。马德里屠宰场艺术中心是一个新的宏伟的艺术创作中心，其每一个工业设施都专注于戏剧、电影、音乐或设计等领域（Sanchez et al., 2012），在欧洲和当地投资以及私人基金的支持下，于占地 8 万平方米的城市屠宰场原址上建立而成（图 8–3）。

与马德里一样，首都城市里斯本的就业也高度集中于基于知识的经济和创意部门。里斯本大都市区北部的大里斯本，尤其是里斯本 - 卡斯凯什轴心沿线，具有较高的社会经济地位。南部地区——塞图巴尔半岛——随着工人阶级和第三产

图 8-3　马德里屠宰场艺术中心

业非熟练和半熟练劳动力的郊区化，发展成为最具相关性的福特主义大都市工业基地，专门从事化学、制药、冶金、建筑和造船、电子修理和电信行业（Gaspar et al., 1998; Barata-Salgueiro, 2006）。爆发式城市增长以及企业从城市产业带向交通和通信网络服务良好的偏远地区的去中心化转移，塑造了里斯本大都市地区的空间组织模式，这往往受到城市规划影响和地域政策的激励。

关于帕尔梅拉市的开发区吸引了大量外来汽车产业投资（即大众欧洲汽车公司）的案例说明了这种分散化趋势（Vale, 2004）。五年前，地区政府曾尝试制定一份大都市空间规划，在此期间，对都市发展战略的反对意见十分明显，当时里斯本市政府提倡更密集、由城市中心驱动的城市增长，而郊区市政府则主张采取有助于就业分散化和延续住宅发展模式的行动，尽管这些主张有时并不那么明确（Andre et al., 2012）。

和马德里市区一样，里斯本大都市区的一些郊区集聚区也规划了新的知识和文化创意场所。其中最引人注目、最成功的可能是由“欧盟结构基金”资助的塔古斯科技园（Science and Technology Tagus Park），该园区位于奥埃拉斯，一直延伸到卡斯凯什和辛特拉。目前，该园区拥有大约 90 家高科技公司，包括初创企业和 7 家研发单位，并已发展成为一个重要的郊区中心，为办公园区开发项目奠定了基础（Feio et al., 2001）。在里斯本大都市区南部的阿尔马达也相继成立了其他科技园区，即马丹科技园（Madan Park）和穆特拉科技园（Mutela Technology Park）。

继马德里周边采取类似战略之后，尽管预算缩减，郊区政府也还是采取了针对知识和创意企业的新战略，例如“DNA Cascasis”（一个旨在促进创新和创意领域创业的基础设施）以及“Fabrica da Polvora”（一个位于奥埃拉斯的原火药工厂改造成的文化设施）。在该地区，吸引新机构的竞争日益激烈，吸引研发单位的新一轮竞争正在展开，卡斯凯什市内的新里斯本大学商业经济学院（Nova School of Business and Economics）从里斯本迁至卡尔卡韦卢什就是证明。位于里斯本市边缘的葡萄牙未知技术研究中心（Champalimaud Centre for the Unknown）是生物医学研究领域的一个新的研发机构，体现了知识经济活动所青睐的周边城市开发的明显趋势。

位于里斯本和塔霍河谷地区（位于正式的大都市区边界之外）的奥比都斯或许是一个更好的例子，展示了郊区文化和创意经济的发展战略。市政府启动了一个致力于发展创意产业的科技园项目，并正在实施一项引人注目的文化发展战略，其中包括一项密集而多样化的活动议程。最后，该市计划将里斯本大都市区南部总面积达 912 公顷的生产制造基地（包括阿尔马达的前玛格丽拉造船厂、塞沙尔的钢铁工业基地和巴雷罗的前化工基地）重新城市化，目的是吸引高附加值活动，包括基于知识和创意的活动。

### 8.4.3 马德里和里斯本城市—区域认知—文化发展中郊区和城市中心的矛盾

本节旨在强调和讨论郊区与城市中心的发展矛盾，比较马德里和里斯本的认知—文化发展战略和举措。马德里和里斯本的郊区基于知识和创意的项目，除了少数例外，基本上都没有达到预期的结果。这些雄心勃勃的地方发展计划依赖于大型设施和基础设施，而这些设施和基础设施又依赖于低成本的信贷和公共资金。在2008年全球金融危机之后，两个国家都需要来自外部的帮助：作为国际货币基金组织、欧盟和欧洲央行“三驾马车”纾困计划的一部分，葡萄牙和西班牙同意实施一项特别调整计划（Vale, 2014）。总体而言，两国当前的经济和金融危机导致了严格的紧缩措施和公共预算削减，阻碍了基础设施和大型社会设施等大型公共工程的建设。因此，金融影响和经济危机严重打击了这些最近的大规模知识创意郊区发展计划，使得其中一些计划未能完成或被推迟甚至放弃（例如CREAA艺术创作中心、CAA艺术中心、Arco Ribeirinho）。

马德里和里斯本也不例外，二者都在制定各种各样的重要计划，以巩固其在国家和国际层面的地位，但在某种程度上阻碍了郊区知识场所的发展。其结果是在大都市地区形成新一代的技术空间的过程中，促进了中心地区的发展。最典型的案例可能是马德里市中心从事数字文化研究、生产和传播的普拉多媒体实验室（MediaLab Prado）（Sanchez et al., 2013），但两座城市都还有其他基于知识、创意和文化的举措。

例如，马德里以艺术大道上的普拉多博物馆、索菲亚王后艺术中心和提森–博内米萨博物馆的声誉为根基，有效地巩固其作为国际文化城市的地位。艺术大道是位于哥伦布广场和恩巴加多尔斯广场之间的一条两英里长的轴线，一直延伸到马德里河岸公园（Sanchez et al., 2013）。类似地，在西贝莱斯广场，政府计划通过马德里中心（Madrid Centro Centro）为城市生活营造一个文化空间（Michelini et al., 2013）。同样，里斯本也把投资集中在河畔旅游和文化上，包括新建的国家马车博物馆（撰写本文时尚未开幕）、新的邮轮码头，以及1998年世博会原国际会展中心（万国公园）附近的知识产业和创意产业。

不过，马德里和里斯本的文化和创意战略还包括旨在促进文化和创意活动的小规模社区干预措施。其中，值得一提的是分布在马德里和里斯本中心街区的旧车间和工厂为创意工作者提供的几种空间，如联合工作区、集体创作和展览中心、孵化器和创业设施。其他值得借鉴的例子包括：

- 马德里枢纽（Hub Madrid），一个以社会创新为目标的创意空间网络；
- 马德里国际实验室，一个位于历史核心区的机构，以人才培养为目标，并在市区范围内管理孵化器网络（Michelini et al., 2013），位于马德里中区；
- LX工厂（LX Factory），位于里斯本阿尔坎塔拉的创意产业和专业人员聚集地（图 8–4），在时尚、设计和建筑、交流、艺术、音乐等领域推出各种活动（Leandro et al., 2013）；

● 创业里斯本（Startup Lisboa），里斯本预算程序批准的位于市中心一座历史建筑中的创意企业孵化器。

更具有社会意义的是位于马德里拉瓦皮耶斯街区的塔巴克莱拉（Tabacalera）项目，它是体现艺术家和创意人士集体管理的典型案例；同样的，莫拉里亚正成为新的文化街区，与上城区争夺里斯本文化区的称号。更依赖私人投资的创意和文化活动也是王储花园街区（Principe Real）和圣安娜山区（Colina de Santana）的城市再生项目的核心，两地均位于里斯本市中心，更新项目增加了中产阶级化，但也造成了来自活跃的城市社会组织的社会抗议和市议会的政治争端。

从里斯本和马德里最近的发展可以看出，不能简单地把城市经济和郊区经济区分开。尽管由于当地郊区的模仿策略，郊区经济面临着一些与雄心勃勃的房地产开发和大型文化设施相关的缺陷，但郊区经济一直在向着更具创造性和创新性的活动方向发展。与此同时，城市仍然是维持认知—文化经济的重要组成部分，

图 8–4　里斯本 LX 工厂

也得到了市长的大力支持，尽管郊区也有自己的抱负和战略。事实是，核心城市和郊区以一种互补的方式为城市—区域的创造力和创新作出了贡献。政策需要进行更好地协调，以避免为了吸引企业或在马德里和里斯本发展大型设施而采取的毫无成效的竞争战略。

马德里和里斯本的认知—文化发展表明，郊区在社会层面变得活跃，并在政治上参与当地和大都市的经济发展。这两个案例也凸显出郊区和城市中心之间缺乏合作以及城市—区域层面缺乏协调机制。对二者而言，郊区政府都制定了雄心勃勃的计划，以发展更强大的基于知识的、创造性的地方经济，这得益于容易获得信贷，同时采取强有力的行动重建城市中心，这些行动往往显示出具有重叠性的目标。总体而言，城市协调的缺失和城市间合作不佳阻碍了城市—区域层面认知—文化的均衡发展。

## 8.5 结论

在经历了福特主义时代城市功能的去本地化进程和郊区新中心区的发展后，城市中心汇集了发展知识经济和创意文化经济的良好条件。然而，尽管雄心勃勃的房地产项目和大型文化设施存在一些缺陷，郊区经济仍然一直在向更具创造性和创新性的活动方向发展，因此不能再简单地区分城市和郊区经济。

郊区城市经历了过去基于新基础设施和大型设施发展的城市和经济增长，使得大型办公园区、技术园区、物流园区和休闲园区得以建成。高技术园区集合了相关条件，吸引了高新技术领域的新企业，有利于郊区经济的发展。在许多方面，这些关键的技术基础设施为更雄心勃勃的郊区增长战略铺平了道路，包括创意文化活动的最近发展。

在强有力的“创意城市”战略的推动下，吸引高技能人才和开发高质量的城市设施成为郊区地方政府寻求吸引和开发基于知识和创意文化经济的新项目的主要目标。作为主要的政治实体，郊区地方政府拥有越来越大的自治权，并理所当然地渴望发展知识和创意文化场所（Carvalho, 2013）。马德里和里斯本的案例表明，郊区城市出现了若干举措，这些举措得益于市中心的权力下放，并得到了公共资金和郊区地方政客的政治野心的支持。经济危机和随后的财政紧缩措施阻碍了许多雄心勃勃的项目的开发，但郊区本身也有助于城市—区域的创造力发展。

郊区知识和认知—文化的发展局限源于城市中心对福特主义反城市化进程的反应。无论涉及的机构或项目的规模如何，马德里和里斯本一直非常积极地推进新的认知—文化计划。从集体和社会项目到私人项目，从城市复兴和社会融合到城市更新和中产阶级化，城市中心的发展动力限制了认知—文化资本主义经济下郊区的发展。

从这一章可以得出进一步研究和政策的主要启示。为了使城市具有社会凝聚力，郊区的发展必须与核心城市的再开发相协调，为此，需要在大都市层面进行政策协调，而马德里目前尚不存在这种协调，里斯本则效率低下。新的治理形式和机构对于克服这一问题以及通过城市—区域层面的一体化政策设计来平衡城市中心和郊区的经济和社会发展至关重要。

重要的启示是，政策行动需要脱离从其他地方引进大型项目，而专注于基于地方的行动。因此，要更好地与地方经济结构接轨，适应郊区的发展和地方制度，否则就会威胁到郊区的经济发展。然而，郊区已经发展了新的经济功能，在这个过程中，它们已经不仅仅是简单的功能空间，而是建立了自己的社会和政治结构，在这个结构中，地方政府的作用是促进郊区发展的关键因素。

**致谢**

2012 年在代尔夫特举行的国际区域研究协会会议上提交了本章的初稿。围绕本研究进行的田野调查是葡萄牙—西班牙一体化行动“*Tendencias Economicas e Transformagoes Territoriais das Regioes Metropolitanas Ibericas na Sociedade do Conheci-mento*”的一部分（Ref[a] E-43/10），由葡萄牙大学基金会资助。作者在很大程度上受益于参与上述行动的西班牙同事里卡多 • 门德斯（Ricardo Mendez）、西蒙 • 桑切斯（Simon Sanchez）、约瑟 • 普拉达（Jose Prada）和胡安 • 米歇尔尼（Juan Michelini），以及来自葡萄牙的支持团队成员索拉亚 • 席尔瓦（Soraia Silva）和莱安德罗 • 加布里埃尔（Leandro Gabriel）的提供见解，后者还提供了本章的绘图。

作者感谢研究项目 RUCS（*Utopias Reais em Espagos Socialmente Criativos*，

PTDC/CS-GEO/115603/ 2009）的支持，该项目由FCT科学与技术基金会资助，由伊莎贝尔（Isabel）安德烈协调。

## 注释

1 在本章中，后郊区是指相对于城市—区域的主导核心而言位于外围的聚落，与传统郊区相比具有越来越多的社区特征，并体现在具有自主发展政策目标的地方政府结构中，虽然也与城市—区域的发展机遇和战略相关。

2 葡萄牙政府推迟了该国高铁系统及其与西班牙高铁系统的连通。

## 参考文献

André , I. and Vale, M. (2012) 'Lisboa: Tensiones entre la ciudad y la metró poli' , in M. Balbo (ed.) *Europa: La Ciudad Central en el Sistema Urbano*. Quito: OLACCHI. Barata-Salgueiro, T. (2006) *Lisbonne: Périphérie et centralités*. Paris: Harmattan. Carvalho, L. (2013) *Knowledge locations in cities: Emergence and development dynamics*. Rotterdam: Erasmus Research Institute of Management (ERIM). Castells, M. and Hall, P. (1994) *Technopoles of the world: The making of 21st century industrial complexes*. London: Routledge.

Cooke, P. (2001) 'From technopoles to regional innovation systems: The evolution of localised technology development policy' . *Canadian Journal of Regional Science*, 24: 21-40.

European Commission (2011) *Cities of tomorrow – Challenges, visions, ways forward*. Directorate General for Regional Policy, Luxembourg: Publications Office of the European Union (p. 112).

Feio, P.A. and Ferrào, J.(2001) 'Taguspark: Gestào de expectativas num parque de criapào recente' , in C. Antonelli and Ferrào, J. (ed.) *Comunicagao, conhecimento colectivo e inovagào. As vantagens da aglomeragào geogràfica*. Lisboa: Imprensa de Ciencias Sociais.

Ferrào, J. (2013) 'Territòrio', in J.L. Cardoso and P. Maglhàes (eds) *Portugal social de A a Z*.Papo de Arcos: Impresa Publishing, Expresso.

Fishman, R. (1987) *Bourgeois utopias: The rise andf all of suburbia*. New York: Basic Books.

Florida, R. (2002) *The rise of the creative class: And how it's transforming work, leisure, community and everyday life*. New York: Basic Books.

Forsyth, A. and Crewe, K. (2010) 'Suburban technopoles as places: The international campus-garden-suburb style' . *Urban Design International*, 15(3): 165-82.

Friedmann, J. and Wolff, G. (1982) 'World city formation. An agenda for research and action'. *International Journal of Urban and Regional Research*, 6(2): 309–44.

Garreau, J. (1991) *Edge city: Life on the new frontier*. New York: Doubleday.

Gaspar, J., Henriques, E. and Vale, M. (1998) 'Economic restructuring, social recomposition and recent urban changes in Portugal'. *GeoJournal*, 46: 63–76.

Glaeser, E.L. (2000) 'The new economics of urban and regional growth', in G. Clark, M. Feldman and M. Gertler (eds) *The Oxford handbook of economic geography*. Oxford: Oxford University Press.

Glaeser, E.L., Kolko, J. and Saiz, A. (2001) 'Consumer city'. *Journal of Economic Geography*, 1: 27–50.

Hall, P. (2000) 'Creative cities and economic development'. *Urban Studies*, 37: 639–49.

Harvey, D. (1985) *The urbanization of capital*. Oxford: Blackwell.

Jacobs, J. (1969) *The economy of cities*. New York: Random House.

Jaffe, A.B., Trajtenberg, M. and Henderson, R. (1992) *Geographic localization of knowledge spillovers as evidenced by patent citations* (no. w3993). National Bureau of Economic Research.

Keil, R. ( 1994) 'Global sprawl: Urban form after Fordism'. *Environment and Planning D*, 12: 131–6.

Leandro, G., Vale, M., Silva, S. and Azevedo, F. (2013) 'Formacao de espacps criativos: o caso da LX Factory em Lisboa. IX Congresso da Geografia Portuguesa'. *Geografia: Espago, Natureza, Sociedade e Ciencia*, Universidade de Evora. Associalo Portuguesa de Geógrafos: 290–6.

López Trigal, L. (2013) 'Estrategias de recualificación e innovación en las metrópolis ibéricas: Una revisión en tiempo de crisis'. *Ciudad y Territorio: Estudios Territoriales*, 175: 45–64.

Massey, D., Quintas, P. and Wield, D. (1992) *High-tech fantasies. Science parks in society, science and space*. London: Routledge.

Méndez, R. (2013) 'Crisis económica, vulnerabilidad urbana y desempleo en España'. *Ciudad y Territorio: Estudios Territoriales, XLV*: 649–67.

Méndez, R., Michelini, J.J., Prada, J. and T é bar, J. (2012) 'Economía creativa y desarrollo urbano en España: una aproximación a sus lógicas espaciales'. *EURE* (*Santiago*), 38: 5–32.

Michelini, J.J. and Méndez, R. (2013) 'Creative industries, spatial contrasts and urban governance in Madrid'. *Revista de Geografía e Ordenamento do Territorio*, 1: 143–70.

Moulaert, F. and Sekia, F. (2003) 'Territorial innovation models: A critical survey'. *Regional Studies*, 37: 289–302.

Mozingo, L.A. (2011) *Pastoral capitalism: A history of suburban corporate landscapes*. Cambridge, MA: MIT Press.

Musterd, S. and Mûrie, A. (eds) (2010) *Making competitive cities*. Chichester: Wiley- Blackwell.

O' Mara, M.P. (2005) *Cities of knowledge: Cold War science and the search for the next Silicon Valley*. Princeton, NJ: Princeton University Press.

OECD (2010) *Urban-rural linkages: Issues, measurement and policies in OECD countries*. Paris: OECD.

OECD (2011) *Assessing and monitoring rural-urban linkages in functional regions: A methodological framework*. Paris: OECD.

Phelps, N.A. (2010) 'Suburbs for nations? Some interdisciplinary connections on the suburban economy'. *Cities*, 27: 68–76.

Phelps, N.A. (2012) 'The sub–creative economy of the suburbs in question'. *International Journal of Cultural Studies*, 15(3): 259–71.

Phelps, N.A., Parsons, N., Balias, D. and Dowling, N. (2006) *Post-suburban Europe: Planning and politics at the margins of Europe's capital cities*. Basingstoke: Palgrave Macmillan.

Rodríguez–Pose, A. and Crescenzi, R. (2008) 'Mountains in a flat world: Why proximity still matters for the location of economic activity'. *Cambridge Journal of Regions, Economy and Society*, 1: 371–88.

Sánchez, S. and Méndez, R. (2012) 'La ciudad de Madrid en la economía del conocimiento'. *Barómetro de Economía de la Ciudad de Madrid*, 31: 129–60.

Sánchez, S. and Méndez, R. (2013) 'La economía creativa en la ciudad de Madrid'. *Barómetro de Economía de la Ciudad de Madrid*, 37: 121–50.

Sassen, S. (2000) *Cities in a world economy* (2nd edn). Thousand Oaks, CA: Pine Forge Press.

Sassen, S. (2001) *The global city: New York, London, Tokyo*. Princeton, NJ: Princeton University Press.

Scott, A.J. (1998) *Regions and the world economy. The coming shape of global production*. Oxford, Oxford University Press.

Scott, A.J. (2008) *Social economy of the metropolis: Cognitive-cultural capitalism and the global resurgence of cities*. Oxford: Oxford University Press.

Scott, A.J. (2014) 'Beyond the creative city: Cognitive–cultural capitalism and the new urbanism' . *Regional Studies*, 48: 565–78.

Smetkowski, M., Gorzelak, G., Kozak, M., Olechnicka, A., Ploszaj, A. and Wojnar, K. (2011) *The European metropolises and their regions: From economic landscapes to metropolitan networks*. Warsaw: WN Scholar.

Soja, E. (2000) *Postmetropolis: Critical studies of cities and regions*. Oxford: Blackwell.

Swyngedouw, E., Moulaert, F. and Rodriguez, A. (2002) 'Neoliberal urbanization in Europe: Large–scale urban development projects and the New Urban Policy' . *Antipode*, 34: 542–77.

Vale, M. (1998) 'Industrial restructuring in Lisbon Metropolitan Area: Towards a new map of production?' , in T. Unwin (ed.) *A European geography*. London: Longman.

Vale, M. (2004) 'Innovation and knowledge driven by a focal corporation – The case of the Autoeuropa supply chain' . *European Urban and Regional Studies*, 11: 124–40.

Vale, M. (2011) 'Innovation networks and local and regional development policy' , in A. Pike, A. Rodr í guez–Pose and J. Tomaney (eds) *Handbook of local and regional development*. Abingdon: Routledge.

Vale, M. (2014) 'Economic crisis and the regions: Towards alternative territorial development policies' , in J. Salom and J. Farin é s (eds) *Identity and territorial character. Re-interpreting local-spatial development*. Valencia: Publicaciones de la Universität de Val è ncia.

Van Winden, W., Carvalho, L., Van Tuijl, E., Van Haaren, J. and Van Den Berg, L. (2013) *Creating knowledge locations in cities: Innovation and integration challenges*. Abingdon: Routledge.

Van Winden, W., Van Den Berg, L. and Pol, P. (2007) 'European cities in the knowledge economy: Towards a typology' . *Urban Studies*, 44: 525–49.

# 9 西班牙的城市创新是城市再开发吗？

## 巴塞罗那科技园区的双重性特征

安东尼娅·卡塞拉斯

### 9.1 引言

全球化知识经济的新范式强调国家和区域经济在生产、转移和应用知识的竞争性经济环境中谋求生存和取得繁荣的重要性。无论是分散化的组织形式和合作交流的企业之间（Saxenian, 1994），还是公共部门、企业和大学之间通过三螺旋模型的合作（Etzkowitz et al., 1994），合作都是地域能力的核心。在此背景下，建设科学园区已成为一项广泛应用的经济发展策略，有利于提升全球知识经济中的地域竞争力（Massey et al., 1992）。

一种新兴的科学园区驱动发展模式已成为现实，并强调了一些关键层面。第一，公共部门在投资、领导和协调创新领域方面发挥着重要作用（Zerbinati et al., 2005）。第二，随着新企业的出现和创新，与大学的联系至关重要，事实上，大学成了重要的增长温床（Castells et al., 1994；Audretsch, 2006）。第三，需要发展公私参与者之间的互惠联系，特别是支持创新型中小企业发展（Etzkowitz et al., 1994; Audretsch et al., 1996）。第四，人们越来越重视构建对科学精英有吸引力的新型乌托邦式郊区 / 城市空间（Wakeman, 2003; Kaiser, 2004; Forsyth et al., 2010）。最后，在决策权力下放到区域一级的情况下，必须将区域创新政策的重点集中于建立创新网络上（Koschatzky et al., 2007）。

这种启发的独特之处在于它汇集了一系列不同学科背景的文献，包括管理研究、创新政策、区域研究、规划和经济地理。但是，在产业和经济发展（就刺激新的增长形式而言）与城市和区域发展（就创造新的宜居场所类型而言）的必要条件之间，有些东西被忽略了。本章基于这一点提出了一个综合性的问题，即在像巴塞罗那这样一座有着连贯的城市形态和特征的城市，以及在一个传统上房地产开发在经济增长中起着关键作用的国家，这些必要因素在现有环境下的高科技空间创造中如何相互作用。在巴塞罗那，科学园区具有明显的嵌入性。通过研究促进科学园区发展的动因、实施的政策和取得的成果，可以探索经济创新与城市再开发之间的动态关系。

本章呼吁需要关注西班牙科学园区与城市化的密切关系，认为在西班牙的案例中，如何定义园区的概念存在问题，这也反映了园区土地开发在西班牙经济结构中存在的问题。实地调研包括对公共和私营的利益相关者以及独立观察员的半结构化访谈，以及对园区开发者和顾问提供的二手数据的分析，强调了科学园区在许多方面依赖于公共部门，并与土地城市化密切相关，力求实现两个目标——经济复兴和房地产再开发。本章的结论是，这种依赖性可能会在相关的经济创新战略中产生问题。相反，西班牙生产力系统结构以小微企业为主，因此在创新和私人投资方面会受到限制，这也增强了园区的广泛性和模糊性特征，在不同现实情境的市场推广工具中出现不同的版本。

## 9.2　西班牙园区的起源及其模糊的概念

与欧洲其他国家和地区相比，科技园区在西班牙的出现时间相对较晚。第一个项目是 1985 年成立的毕尔巴鄂科技园，位于西班牙少数几个老工业区之一的巴斯克地区。1985 年至 1992 年间，西班牙创建了 8 个科技园区，与欧洲其他地方相比，这个比例相对较低：法国有 30 个技术创新项目基地（Wakeman, 2003），而英国有 40 个科学园区（Gower et al., 1994）。与英国和比利时等国家形成对比的是，这些国家的科学园区借鉴了美国的做法，将大学和企业聚集在一起，围绕商业化展开合作（Massey et al., 1992; Debackaere et al., 2002），而西班牙的科学园区最初建设并不是植根于这些科学园、大学和相关研究中心之间的合作。

同样要注意的是，西班牙的科学园区政策是在政治上巩固民主制度，经济政策决策权从中央政府转移到各区域的时期出现的。在这一初期阶段，区域政府主动制定经济政策，但由于大学和私营公司都没有兴趣参与，因此只能单方面推进园区建设（Ondategui, 2001; 2003）。事实上，直到十多年后，也就是 20 世纪 90 年代末，随着 1999 年巴塞罗那科学园的创建，学术机构和科学园区之间才开始形成有效的互动。

另一个转折点发生在2000年，当时西班牙正处于经济快速增长时期。西班牙科学和创新部开始向寻求促进研发活动的科技园区提供直接资助。这些资助每年的数额各不相同，从最初的1.895亿欧元（2000年）到最低的1080万欧元（2004年），在十年时间（2000—2010年）里总额达到23亿欧元（APTE, 2010）。这一战略使该国的园区数量显著增加（见本书第10章）。到2013年，西班牙科技园协会（Association of Science and Technology Parks of Spain）已拥有47个正式成员和25个附属成员（参见下一节讨论的成员标准）。

自2000年以来，随着园区数量的显著增长，西班牙科学园开始呈现出其独特之处，即用来定义和识别科学园区的模糊概念。国际上的园区通常被称为"科学园区"，但在西班牙，园区被冠以各种不同的名称，其中以"科技园"最为突出。区分园区概念的努力突显出学术界、咨询机构和决策者对正确澄清这一概念的广泛需求。由于缺乏公认的和被广泛接受的概念，过去的定义以失败告终，同时也留下了根据不同园区的实际情况重构话语的可能性。以下三个例子分别来自一项咨询研究、一份学术报告和西班牙科学园区代表机构，说明了概念使用的可塑性。

首先，INFYDE（2011）的咨询研究，旨在评估西班牙园区对里斯本议程的贡献（即通过研发投资提升在欧洲的竞争力和凝聚力），其采用的是一种区分研究园区、科学园区和技术园区的分类法。在这份报告中，"研究园区"的概念与基础研究有关，而不是与技术开发有关，它们与大学紧密相连，而且往往与大学位于同一地点。"科学园区"可能由大学推动，但其核心目标是商业化，将很大一部分空间用于由大学研究团体和企业研发机构进行的研究。"技术园区"注重将知识密集型生产技术应用于服务和产品的生产（INFYDE, 2011）。

其次，在一项由当地政府委托的研究中，学者们试图寻找一些潜在的概念，将一个以前的军事设施重新开发为新的园区，其中普丁（Pie）、泰斯塔尔（Testar）和马约拉尔（Majoral）（2012）确定了四种类型的园区，分别是科学园区、技术园区、科学技术园和企业园区。他们认为，"科学园区"非常依赖公共部门的财政支持，40%~60%的活动侧重于基础研究，其余的活动分为孵化器活动和科技支持基础设施。"技术园区"（60%以上的活动）面向以公司为基础的创新，包括大量的私营初创公司和衍生公司。"科学技术园"是一个混合体，研发和创新都不到总活动的50%。而“企业园区”是一个包含没有研发功能的企业的园区，实际上相当于技术企业集群。

最后，西班牙科学技术园协会（Association of Science and Technology Parks of Spain，于1989年由6个园区的管理者创建）于2013年制定的定义与国际科技园协会（International Association of Science Parks）于2002年制定的定义相似。国际科技园协会将“科学园区”定义为通过鼓励大学、研发机构、公司和市场之间的知识和技术流动，同时促进技术创业，从而刺激创新和竞争力（的园区）（IASP, 2011）。同样，西班牙科学技术园协会将“科技园区”定义为具有以下特征的物理空间：

（1）与大学、研究中心和高等教育机构有正式的业务往来；

（2）旨在鼓励具有高附加值的知识型公司及其他服务机构的创办和发展；

（3）一个稳定的管理机构，旨在促进技术转移，促进园区公司和组织之间的创新（APTE, 2013）。

除了上述园区定义的模糊性外，还需要突出西班牙科学技术园区不同的空间特征，而这一点进一步凸显了其特征问题。科学技术园区的概念涵盖了一系列非常广泛的基于知识的活动空间集群，从单一的设施或不同企业的集群，到具有不同经济活动、住房和设施的混合土地再开发。西班牙不同地区有自己特定的地域组织和分类：在拥有最多园区的加泰罗尼亚，当地的科学技术园区协会XPCAT（Xarxa de Parcs Cientifics i Tecnologics de Catalunya）将网络内的园区定义为“用于知识生产、转移、传播和应用的大型空间”（XPCAT, 2013），到2013年已涵盖13个正式成员和9个附属成员。对与这些组织有关的西班牙和加泰罗尼亚成员的分析显示，这些分类之间存在更多的差异。本研究采访的独立经济发展观察员和学者解释了这种反复出现的模糊性和与园区分类的差异，他们认为西班牙的经济发展和房地产再开发之间在历史上存在相互关系，这种关系往往将土地开发置于创新政策之上。从这个角度来看，缺乏专门指向性是一种优势，因为它允许同时接受各种不同的科学技术园区。以下各节将通过对巴塞罗那案例的分析，探讨这些多样性的问题，以反映土地开发利益的主导地位。

## 9.3 多层次的公共部门合作

作为西班牙为数不多的工业化地区之一，加泰罗尼亚与马德里（西班牙首都）同为西班牙最具生产力的地区，其2007年的生产总附加值（GVA）占西班牙全国的18.7%。在加泰罗尼亚，巴塞罗那是该区域人口和经济活动的主要集中地，占加泰罗尼亚生产总附加值的74.1%（Burdett et al.,2010）。巴塞罗那位于地中海海岸和科尔赛罗拉山脉之间，由于城市发展的历史原因（Casellas, 2009），城市空间较为紧凑，人口密度高（占地102平方公里，2011年人口为160万，人口密度为713人/平方公里）。由于历史和政治原因，该地区城市空间无法整合，使得城市的功能空间远远超出了城市行政管理的范围，随着持续的建设，已成为欧洲第六大人口城市区域。

作为西班牙首批科学技术园区之一的巴列斯科技园（Parc Tecnologic de Valles，PTV）位于巴塞罗那大都市区内，其起源显示了不同行政层面的公共合作的复杂性，并为在西班牙内部建立共识和调动公共资源提供了参考。巴列斯科技园的理念最初由一家公共土地开发机构于1983年提出，该机构探索了在巴塞罗那城市—区域建立园区的可行性。在接下来的几年里，通过与邻近的萨尔达尼奥拉市（科技园将建在该市）的合作，公共参与者批准通过了新的分区法规。这个过程并不容易，花了两年时间才完成。在1985年确保土地供应后，在其后两年中，加泰罗尼亚土地开发机构将项目执行工作移交给一个专门从事经济发展的联盟——巴塞罗那自由贸易区联盟（*Consorci de la Zona Franca*）。同年，该联盟与加泰罗尼亚政府的商业开发机构达成合作协议，成立了一个新的特设机构：巴列斯科技园公司（PTV, Inc.），其中50%的股份为大都会经济发展联盟所有，另外50%为加泰罗尼亚政府自己的经济发展机构所有。

这种城市、大都市和区域政府机构之间多层次协作的复杂性，对于促进分歧的解决和避免不良的公共协调是必要的（Burdett et al.,2010）；此外，它突出了公共部门对开发园区的有限私人利益作出回应的战略。正如卡斯特尔和霍尔（1994）所言，区域和城市的权力小于国家政府权力，但有更强大的反应能力来拟定有针对性的开发项目。巴列斯科技园成立14年后，已涉足电信、生物技术、化学、新材料、机器人和激光技术等专业领域，截至2009年，该园区已有150家企业以及2910名员工，总投资额达2.54亿欧元。截至2009年，园区内45%

的企业来自周边地区的迁入，25% 是新成立的初创企业，14% 是从西班牙扩张或搬迁而来的，16% 来自海外（巴列斯科技园，2011）。

1985 年至 1992 年间，通过巴列斯科技园累积了丰富经验之后，加泰罗尼亚地区政府又支持在加泰罗尼亚建立了 8 个科学技术园区。虽然科学园区的基本模式强调将科学研究和商业化联系起来以促进经济增长（Massey et al., 1992），但科学技术园区也得到了多层次公共行政合作的推动和支持。起初，这些园区主要由高科技发展能力有限的微型和小型企业主导，但到了 90 年代末，公立大学开始参与其中，借助巴塞罗那科学园，第一个与巴塞罗那大学关联的科技园于 1999 年成立。

巴塞罗那的大都市科技园区对这座城市具有强大吸引力，它是一个理想的场所，反映了园区起源于城市的重要性，以及决策者寻求利用现有机构和发展举措的策略。到 2011 年，巴塞罗那市的九个园区中，有七个围绕大学和研究中心而建，另外两个则是源自以前的公共经济发展机构。在这七个与大学有关的园区中，巴塞罗那科学园是其他园区的模范。截至 2011 年，该园区已汇集了 50 个研究小组、3 家研究机构、1 家生物技术企业孵化器、30 家拥有 1400 名专业人才的公司等公私机构。在两个由经济发展机构推动的园区中，巴塞罗那北方技术园（Barcelona North Technology Park）是一个典型的独立设施，建立在一个于 1986 年设立的完善的市政经济发展机构（Barcelona Activa，巴塞罗那创新中心）原址上，旨在鼓励内生增长。该园区占地 1 万平方米，为其入驻者提供住宿和支持服务，并与大学和研究中心保持正式的业务关系，以促进园区内企业向国际市场扩张。

通过分析不同园区的演变，我们可以认为它们既不是国家政策也不是私人倡议的结果，而是与加泰罗尼亚政府合作的公共市政和 / 或大都市倡议的直接结果，而且往往产生诸如巴列斯科技园公司这样的特别机构。这一进程遵循多层次公共合作的模式，即私营部门参与是在公共合作伙伴完成倡议的构思、规划和最初资助之后出现。这种类型的政府合作被认为是巴塞罗那城市和经济发展战略的一个关键特征，并从 1992 年奥运会起被冠以“巴塞罗那模式”的名称（Blanco, 2009; Boija, 2010; Casellas, 2006）。[1]

1986 年，市议会创办了第一个开发奥运村的市政机构，并将行政管理能力与私人资源结合起来。该机构完全基于公共资金开展业务，并作为一家有限公司，独立承担市政资产负债表以外的债务（Nel.lo, 1997）。该机构后来向私人资本开放，建立了有助于安排融资的公私伙伴关系。后来，城市重建方面的公私合作使得当地决策者声明，虽然大部分投资由私人提供，但其设计和管理仍基本上保持公共性质（Clusa, 1996）。尽管允许公共部门保持对规划和监管的控制，并在最终努力吸引私人资本的同时提供初始资本资金，该模式仍然因缺乏有效的社区参与和透明度而受到批评（Borja, 2010; Capel, 2007; Casellas, 2006; Delgado, 2007）。

除了公共部门的主导作用和多层次合作外，西班牙科学技术园区的第二个关键特征，即它们与土地开发的密切关系，22@ 巴塞罗那项目是这种共生关系最好的例子之一，本文探讨的正是这个案例。

## 9.4　创新与城市化的共生关系

不同于其他国家的科学技术园区主要存在于郊区，西班牙和巴塞罗那科学技术园区的独特之处在于它们与城市棕地再开发有着密切的联系，例如 22@ 巴塞罗那涉及地方开发和经济发展之间的密切关系。22@ 巴塞罗那项目的前任经理皮克（Pique）强调了这一点，他声称："22@ 巴塞罗那项目是深度城市更新和雄心勃勃的经济促进战略的结合，旨在提高巴塞罗那的竞争力"（Pareja–Eastaway et al., 2011: 2）。

22@巴塞罗那项目位于波布雷诺区的一块不连续的地段，占地 198 公顷。在 19 世纪，开阔的土地和城墙外的水源使波布雷诺成为巴塞罗那的制造业中心。在 20 世纪，虽然波布雷诺被划作工业用地，但其城市组织却有机地成长为工厂、仓库和住宅的集聚地。到 20 世纪 90 年代，在工业生产转移到大都市区的其他地方后，这里变成了工薪阶层聚居区、生产工业零部件的家族企业和仓库（Dot et al., 2010）。虽然毗邻市中心，但是因为与城市结构联系不足，建筑陈旧，工业基础设施落后，地区发展受到了阻碍。

22@巴塞罗那项目的创意来自市议会为维持奥运后城市结构调整和城市推广所做的努力。通过将民间社会主体（学者、经济协会等）引入"知识城市"概念中，领导层采取了以促进波布雷诺的高新技术产业发展为目标的新经济战略（Clua et al., 2008）。第一步是委托进行一项关于科学园区和高科技集群的国际最佳实践研究，分析欧洲、美国、亚洲和中东的 21 个案例（MPGM, 2000）。该研究认为在设计巴塞罗那战略时需要考虑两种不同的空间发展动态。一方面，基于老工业园区或国家直接干预，一些高科技产业开始在城市以外的地区建立起来。另一方面，传媒产业寻求具有城市特征的场所，要求具有足够的基础设施、孵化器、灵活的空间和可以吸引潜在居民的高品质生活。

第二步是修改区划法规，以促进这两种新的经济活动以及调整成所期望的城市结构。这就要求根据 2000 年批准的巴塞罗那大都市总体规划修订（MPGM）对 1976 年版的巴塞罗那大都市总体规划进行修改。区划法规的改变将工业分区类别（22a）转变为高科技园区（22@），该项目名称便由此而来。新区划实现了混合土地开发，提供了新的经济活动以及住房、服务和娱乐空间。巴塞罗那大都市总体规划修订允许对 4614 套已有住房进行法律认可，并批准了 4000 套新的国家补贴住房，最低租金仅 25%。巴塞罗那大都市总体规划修订法规建立了一系列目标区域内允许的经济发展活动（MPGM, 2000），虽然在界定知识生产方面相当宽泛，但也迫使一系列企业搬迁到大都市区其他地方，或者停止其经济活动（Dot et al., 2010）。

为了创造吸引私人投资者初始发展的群聚效应，巴塞罗那大都市总体规划修订确定了由公共部门主导的六个再开发地区。这些地区面积占更新目标总面积的 47%。剩余空间的再开发是由私人或公共机构在不同规划工具的指导下进行的。最初的规划试图在每个地区专业化于一个经济部门，作为城市更新的引擎，同时形成区位具有统一性的身份特征。这一初步战略未能培养出私人投资者的群聚效应，也未能成功实施，只有媒体行业发展成为一个定义明确的集群（Casellas et al., 2009）。

在遵循奥运会治理模式的背景下，该市于 2000 年成立了一家名为 22@ 巴塞罗那的公共公司来管理这个项目。最初，政府持有 100% 的股本，集行政能力和企业能力于一体，包括：

- 起草、处理和批准规划的能力；
- 通过项目、财务、执行和管理落实基础设施；

- 招标购买和授予土地；
- 与城市规划管理机构合作办理许可执照；
- 对该地区的推广。

公共机构后来与私营机构合作签订了特别协定。由于位于中心城区，且鉴于原有的城市结构和混合用途的土地再开发，该项目被作为一种新型紧凑城市模式进行推广（22@巴塞罗那，2011）。到2012年，该项目在城市更新规模上取得了一定的成效，70%的更新（按面积计算）已完成，其中三分之二由私营机构承担。公共部门的基础设施供给以及将标准城市街区的许可密度提高到6000平方米，鼓励了私营机构的参与。为全面取得这些建筑权，开发商最少须将建筑面积的20%用于开展与知识有关的活动。

在该项目中，专门化的产业从最初设想的7个经济活动引擎发展而来，包括：视听、信息和通信技术、生物科学、新知识空间（大学和研发中心）、创业精神、技术和社会凝聚力。对这些专业分类的详细分析显示，它们主要侧重于利用大学、科研机构和企业的搬迁协定，而较少关注现有城市和社会结构存在的社会问题。随着时间的推移，专门化地区的概念已被放弃，而随着新的制约因素和新机会的出现，专业分类也重新进行了拟定（Casellas et al., 2009）。到2005年，引入集群的概念，并确定了四个关键的经济部门：媒体、信息技术和通信（TIC）、医疗技术和能源。2011年，经过重新设计，又引入了新的设计集群。

2006年，22@巴塞罗那加入了加泰罗尼亚科技园网络（XPCAT）协会，成为一个新的科学技术园区。针对商业数据的详细分析有一定难度，这是因为与其他国家不同，西班牙和加泰罗尼亚均没有扎实的统计基础，公司、协会和组织往往不愿为学术目的分享它们的数据库，因此不得不依赖于非常有限的二手文献。2009年，22@巴塞罗那园区的知识密集型企业大约有1114家，员工总数为32 300人（Pareja-Eastaway et al., 2011）。这意味着加泰罗尼亚科学技术园区的员工大概有50%集中在22@巴塞罗那：这在加泰罗尼亚科技园网络的分组中远超平均水平。在22@巴塞罗那，知识密集型企业的数量无疑有了大幅增长。开发者提供的数据显示，2012年这一比例跃升至32.3%，即在7329家常驻企业和机构中有2367家专注于知识经济活动（巴塞罗那创新中心，2014）。然而，必须指出的是，由于数据收集方法缺乏透明度，以及定义和统计方式的改变，加上对提供数字的汇总，导致数据模糊不清，难以对园区进行客观的评估。

无论数据的准确性如何，西班牙的园区战略显然试图强调经济和土地开发之间的联系。2010 年，也就是房地产泡沫破灭后，建筑业仍占西班牙国内生产总值的 10.2%（联合国欧洲经济委员会，2013）。这些数据以及独立观察员所提供的信息表明，西班牙的科技园区战略主要是面向土地开发计划，这些计划可以吸引私人资本，但与此同时，由于过于依赖城市化利益，它们对经济可行性的重视程度较低，未能嵌入基于可靠经济评估的创新政策。这一结果可以理解为决策者针对西班牙私营机构的有限资本投资，以及微型企业在该国经济基础中的主导作用的适应性调整。

## 9.5　微型企业的主导地位和有限的私人资本投资

尽管之前提到过加泰罗尼亚数据的限制，但来自园区开发者的文献和统计数据表明，在十多年的时间里，位于加泰罗尼亚园区的企业和机构数量有了显著增长。在国家层面，加入园区的企业和机构由 500 家增至 5115 家（1997—2009），就业人数由 13 000 人增至 136 200 人。然而需要注意的是，并非所有就业岗位都完全是从事研发工作：2009 年，只有 23 138 个就业岗位（占全部就业岗位的 17%）被列为研发岗位（APTE, 2011）。而加泰罗尼亚协会在 2009 年宣称，有 2165 家“知识经济”公司入驻该园区，雇佣员工 64 200 名，尽管这些公司显然并非都从事研发工作。

加泰罗尼亚园区的第二个特点是公司规模以微型和小型企业为主（表 9–1）。2009 年，科学技术园区中微型和小型企业占比达 81%，2011 年中小型企业达 92%。然而，与西班牙全国总体上 93% 的企业是微型企业、6% 是小型企业、0.8% 是中型企业和 0.1% 是大型企业相比，这一比例已经相对偏向于大型企业。从这个意义上来说，尽管小企业的比例过高，但与西班牙整体相比，加泰罗尼亚科学技术园区的企业仍显示出中型企业（分别为 11% 和 0.9%）和大型企业（分别为 8% 和 0.1%）比例相对较高的特征。尽管如此，小微企业的主导结构影响着企业在创新和投资方面的能力，这一作用一直以来是有限的。

**表9-1 加泰罗尼亚科学技术园区公司的规模和所有权归属地**

| 规模（员工数） | | 所有权 | |
|---|---|---|---|
| >10 | 47% | 加泰罗尼亚 | 80.0% |
| 11-50 | 34% | 西班牙其他地区 | 15.4% |
| 51-250 | 11% | 国际 | 4.6% |
| >250 | 8% | | |

来源：加泰罗尼亚科技园网络（XPCAT），2010年。

由于资本投资能力有限，小企业占主导地位，加上2007年之前房地产开发在国家经济增长中的主导作用，可以证明为什么会出现投资于土地而非创新和经济生产能力的趋势。在新的危机形势下，地中海国家实施严格的紧缩措施、限制公共部门投资和私人资本，使得科学技术园区面临着不确定性，因为它们所基于的规划预期收益已经无法实现。在这种制约条件和创新政策转变的情况下，地方决策者利用“高科技产品作为新经济的产品和象征”的理念（Castells et al., 1994），将现有的科学技术园区重新包装成城市再开发项目，创造新的科学技术园区身份进行推广。这些新的科学技术园区营销实体隶属于三个品牌：阿尔巴园区（Park Alba）、德尔塔园区（Delta Park）和22@巴塞罗那（22@ Barcelona）[2]，其营销推广范围比城市更大，已扩展到大都会地区，并以塑造园区形象为目标。

## 9.6 大都市尺度和园区的形象塑造

近几十年来，巴塞罗那实现了剧烈的城市转型，非首都城市无法与之匹敌。从20世纪80年代初到90年代末，这个城市通过自我更新，从加泰罗尼亚的首府、欧洲边缘的老工业城镇，转变为一座时尚的大都市，可谓是城市更新和营销的典范（Gonzalez, 2010）。2007年全球金融危机重创巴塞罗那之时，其决策者正在重新定义其城市和经济政策，通过政治、经济和社会机构来振兴和加强大都市区层面的长期努力，将重点从自治市一级转移到大都市区一级（Boija, 2010）。

长期以来，巴塞罗那大都市区在战略协调、服务和基础设施管理方面面临着历史性的挑战和不足。1974 年至 1987 年，在城市规划、公共交通、供水和废弃物处理领域最具权力的行政机构是巴塞罗那大都市公司（MCB），管理着 27 个自治市的事务。然而，由于党派政治的斗争，加泰罗尼亚议会于 1987 年废除了巴塞罗那大都市公司，这也导致了体制上的分裂，以及缺乏充分协调的大都市之间自愿合作工具的激增（Tomas, 2010）。2003 年，巴塞罗那的第一个大都市区战略规划（于 2010 年更新为 2020 愿景）获得批准，这为协调城市行政、管理和政府职能、推动经济发展注入了活力。该规划借鉴了以前的三个战略城市计划（分别是 1990 年、1994 年和 1999 年）的教训和经验以及巴塞罗那市政府自 1990 年以来制定的诸多部门战略计划，包括旅游、文化和体育等方面，并加以延伸和拓展。

对于巴塞罗那而言，战略规划的重点从优先考虑社会经济和城市均衡发展转变为更具创业精神的发展模式（Casellas, 2006）。尽管如此，城市战略规划作为在政治和经济主体之间建立广泛共识的工具一直是成功的（Santacana, 1999; Raventos, 1998; 2000）。650 名不同领域的专家经过一年多的合作，起草了后来的规划，为大都市区的未来确定了发展愿景。

在这一政策框架下，创新和技术成为城市升级的根本动力。"愿景 2020"的重点是通过城市尺度重构，以促进知识经济活动的开展，同时进行国际推广和吸引投资资本、创业者以及发展旅游业。其他主要目标包括促进业务发展和扩大出口、基础设施投资和连通性。为了协调不同机构，2010 年，加泰罗尼亚议会（依据 8 月 3 日 31/2010 号法律）批准创建巴塞罗那大都市区（BMA），这是一个新的大都市治理框架，覆盖 636 平方公里的广阔地域，囊括 36 个城市的 320 万人口（Idescat, 2010）。巴塞罗那大都市区拥有经济发展、战略规划、行政和地域、环境、交通运输五个领域的权力（PEMB, 2010）。

在这种背景下，科学技术园区成为巴塞罗那重新制定经济营销政策的新标志之一。2010 年，以"巴塞罗那经济三角"的名义，巴塞罗那和加泰罗尼亚政府发起了大都市区的国际推广活动。这一工作的核心是确定三个技术区，这些技术区将处于不同发展阶段的现有科学园区、城市再开发项目和设施整合在一起。新的技术营销区域以"正在进行中的新项目的综合经济空间"的形式呈现。其中两个新的营销 / 品牌推广科学技术园区位于历史上巴塞罗那城市界线的河流附近，即东北的贝索斯河和西南的略夫雷加特河流域；而阿尔巴园区则位于克赛罗拉山脉对面，位于巴塞罗那大都市区的西北部，20 世纪 80 年代巴列斯科技园正是在此创建。

阿尔巴园区是不同园区和项目组成的混合体，是加泰罗尼亚 2011 年最大的土地开发项目，目标开发面积是 340 公顷。该园区最具代表性的基础设施是新一代阿尔巴同步加速器（ALBA Synchrotron），这是一个战略性的加泰罗尼亚开发项目，于 2010 年启动，初始资本投资达 2 亿欧元，计划总投资 15 亿欧元（其中 3 亿欧元用于基础设施改善）。该园区的实施涉及不同政府机构之间的合作，萨尔达尼奥拉市和加泰罗尼亚政府的土地开发机构都是重要参与者。周边的大学设施，包括巴塞罗那自治大学的 4 万名学生，以及包括巴列斯科技园在内的现有园区，都为这一合作增添助力。主导阿尔巴园区开发的机构是由萨尔达尼奥拉市和加泰罗尼亚政府（各占 50%）共同建立的公共机构联合体。该联合体类似于 22@ 巴塞罗那，拥有项目执行的全部能力，包括规划、融资、实施、管理和国家或国际推广，同时与其他公共机构协同开展工作。

该园区规划开发的土地几乎 90% 属于公有土地。与 22@ 巴塞罗那一样，该区域被规划为一个具有混合用途的土地开发项目，包括住房和其他相关服务。公共土地所有权允许 40% 的住房单元为社会性住房，其中 50% 是租赁型住房，同时开发了一个占地 150 公顷的开放式绿地网络。2008 年，西班牙的房地产泡沫破裂以及随后的经济危机重创了该项目，鉴于紧缩政策和经济的不确定性，该项目需要进行重大调整。到 2013 年，高科技园区项目被一个大型购物中心项目（占地 217 250 平方米）所取代，该项目如果实现，将成为加泰罗尼亚最大的商业中心（Espinosa, 2013）。然而由于民众和小型企业反对该项目，而且 43 公顷受污染的土地需要提前整治，增加了项目的不确定性。

“巴塞罗那三角洲”（DeltaBCN）位于略夫雷加特三角洲，靠近港口和机场两大物流基础设施。该地区见证了加泰罗尼亚工业的历史发展，尤其是与纸张和纺织品相关的产业。在 20 世纪，港口和机场以及河岸沿线的工业活动推动了地区的发展。虽然最初三角洲占地只有 100 平方公里，但到 20 世纪 90 年代末，除去道路、机场、港口码头、工业园区和住房，原有的湿地只剩下 5%。1994 年，由当地、加泰罗尼亚和西班牙政府共同批准了一项计划，将该地区重新开发为南欧的主要物流中心。

三角洲规划意味着将港口面积扩大一倍——达到 1300 公顷，新建一座机场航站楼——每年增加 7000 万乘客，改善公路和铁路——新建一条高速铁路和一座火车站。该规划的实施意味着将河流向南改道 4.8 公里。尽管受到污染，三角洲仍然是一个生态价值很高的地区，拥有多种鸟类、爬行动物和两栖动物，因此环境团体和民间社会团体对该项目表示强烈反对。该规划的目标是利用交通枢纽的扩张和老工业园区的重建，为该地区打造强大的国际形象，而不仅仅是促进园区的具体营销，有关方面也正计划将国际社会的注意力吸引到港口及机场扩建及相关的商机上。

最后，一些不确定因素也影响了 22@ 巴塞罗那项目的新扩建区域。新的理念包括之前提出的 22@ 巴塞罗那项目，以及对角线 – 贝索斯校区（Diagonal–Besos Campus）和萨格雷拉高铁站（这两个项目都是 2013 年开始建设的）。对角线 – 贝索斯校区与高等教育中心建立了直接联系，聚焦能源、水和交通三个不同的经济活动集群。该校区占地总面积 77 332 平方米，包括建筑面积 174 112 平方米的学术、研究和商业设施，计划容纳 6000 名学生和教师、1000 名研究人员和 5000 名企业员工。该园区的倡议由加泰罗尼亚的两所大学、加泰罗尼亚政府和巴塞罗那商业部的联合会发起，四者联合成立了“b_TEC”基金会。校区的两个主要利益相关方都是公立大学，但自 2012 年以来，这两所大学都遭受了大幅度的预算削减。

第二个更新项目是开发一个新的高铁站和相关的经济发展区。萨格雷拉火车站经法国将巴塞罗那与欧洲高速铁路网络连接起来。该更新项目位于工人阶级聚居区，涉及长约 3.7 公里的地面铁路轨道，将拆除一个分割这一地区的关键障碍。规划开发面积达 164 公顷，预计总占地面积为 1.7 平方英里，包括 81.2 万平方米住宅，5.5 万平方米酒店（约 800 间客房），以及 38 万平方米办公室或零售空间，涉及 3 万个工作岗位。再城市化涉及在面积达 48 公顷的城市园区网络的公共空间内营造紧凑的高层建筑环境。该规划目前正在制定中，能否取得成功取决于能否在以下几个方面产生协同效应：整合 22@ 巴塞罗那剩余的城市再开发区域、大学知识转移和创业能力、完成通往法国的高铁线路和机场道路。

## 9.7 结语：双重性战略的挑战

西班牙在将科技园区作为促进经济发展空间和体制组织工具方面起步相对较晚。与其他地方不同，这些园区通常与更广泛的城市再开发活动联系在一起。本章以巴塞罗那大都市区为例，探讨科学园区与城市更新及城市推广的关系，并关注了治理和营销的尺度重构问题。

因此，西班牙令人困惑的“科学技术园区”概念具有园区的属性，但通常与城市化相关联，可以理解为公共部门寻求在经济增长和房地产开发之间创造积极的协同效应，以吸引私人资本所形成的混合体。本纳沃思等人（2011）认为，科学项目是公共和私人不同利益的交汇点，最终必须满足所有合作伙伴的长期需求。就西班牙而言，创新对土地再开发的依赖程度较低，导致西班牙科学技术园区过度依赖城市发展方案，从长远来看，这可能会危及部分园区的生存能力。

依靠城市土地开发联盟及其交织的利益来获得园区的成功，使得主要以经济评估和资产为基础的创新政策难以推行。因此，在创新集群实施过程中不同主体与利益之间的战略耦合（Yeung, 2009）就成了创新与土地开发的双重耦合。这种双重耦合无意中产生了一种迂回的策略，它不仅使创新投资依赖于通过城市再开发实现资本收益的能力，而且还可能强化从创新投资向土地开发投资的转变。在最近的经济危机背景下，这一点变得尤为尖锐，并且似乎——只要我们可以相信我们所拥有的零散数据源——与企业内部的撤资过程有关，导致企业资本不足、创新投资失败，并最终威胁到它们推动未来经济生产力增长的能力。

然而，同样需要强调的是，公共部门在促进西班牙园区建设方面的领导作用，是西班牙独特商业结构的必然结果。在整个欧洲，大约92%的企业是中小企业，相比之下，西班牙的这一比例超过99%。与欧洲其他国家相比，西班牙中小企业投资研发并从中获益的能力极其有限。这些特征明显地对私营机构推动创新和作为发展动力的能力产生了消极影响。因此，从改善西班牙整体创新绩效、促进生产力增长和提高长期经济增长水平的努力来看，强有力的公共干预是合理的。

巴塞罗那大都市区的园区是西班牙园区发展较为先进的地区之一，其案例研究显示了与科学技术园区发展相关的、涉及不同层次公共机构的复杂治理结构。该战略的特点是，公共部门与同一级别政府的不同部门或组织以及不同级别的政府进行合作，包括地方、大都市和区域政府，以促进协调。这一切都是基于一种意愿，即利用创新工具和联合体来规划和塑造园区的发展。

从长远来看，巴塞罗那的科学技术园区不仅是该市经济发展战略的核心，也是更广泛的大都市区经济发展战略的核心。但即便是这样，也必须透过这些园区的双重逻辑来理解这一点——关注大都市区尺度是为了吸引国际投资从而带动区域经济发展，同时也为房地产投资和城市再开发提供了一种手段。这种策略可以作为一种形象塑造策略，将巴塞罗那市的声誉延伸到其大都市区，但增强了园区概念的模糊性（至少在一定程度上是有问题的），这种模糊性在现实中包含了许多不同的特征。

## 致谢

作者感谢苗田、保罗•本纳沃思、尼古拉斯•费尔普斯邀请作者参与编写本书。此外还要感谢保罗•本纳沃思对本章前几版草案所作的深入讨论和有益评论。

## 注释

1　尽管学者和决策者对是否存在一种独特的模式存在分歧，但双方一致认为，1992 年奥运会促成了巴塞罗那城市决策的一种新方法。奥运会投资总额中只有 9% 用于体育设施建设（Bmnet, 1993），奥运会为全面的城市结构调整提供了理由。为了确保奥运会和城市结构调整所需的行政、技术和物质资源，市议会招募了公共和私营部门的代理人，从而启动了第一次公私合作（Maragall, 1999; Nel.lo, 1997; Santacana, 1999）。

2　利用了之前研究过的著名项目，但除此之外，目前还包括新的城市再开发项目，例如与附近城市的新建高铁站和大学研究中心有关的项目。

## 参考文献

Association of Science and Technology Parks of Spain (APTE) (2010) *Science and technology park evolution*. Available at: http://ec.europa.eu/digital-agenda/events/cf/ fi-ppp-1013/document.cfm?doc_id=25196 (accessed on 10 December 2013). Association of Science and Technology Parks of Spain (APTE) (2011) *Association of Science and Technology Parks history*. Available at: www.apte.org/en/history.cfin (accessed on 7 September 2011).

Association of Science and Technology Parks of Spain (APTE) (2013) *Association of Science and Technology Parks directory* 2013. Available at: www.apte.org/es/ documents/DIRECTORIO_

APTE_2013.pdf (accessed on 2 February 2014). Audretsch, D. (2006) *The entrepreneurial society*. Oxford, UK: Oxford University Press.

Audretsch, D. and Feldman, M. (1996) 'Research &development spillovers and the geography of innovation and production'. *American Economic Review*, 86: 630–40.

Barcelona Activa (2014) Power point presentation on 22@Barcelona District. 25 February 2014.

Benneworth, P., Hospers, G.–J., Jongbloed, B., Leiyste, L. and Zomer, A. (2011) 'The 'science city' as a system coupler in fragmented strategic urban environments?'. *Built Environment*, 37(3): 317–35.

Blanco, I. (2009) 'Does a 'Barcelona Model' really exist? Periods, territories and actors in the process of urban transformation'. *Local Government Studies*, 35(3): 355–69.

Boija, J. (2010) *Llums i ombres de Vurbanisme a Barcelona*. Barcelona: Biblioteca Universal Emp ú ries.

Brunet, F. (1993) *Economy of the 1992 Barcelona Olympic Games*. Lausanne: International Olympic Committee.

Burdett, R., Colantonio, A. and Myfanwy, T. (2010) *Barcelona. Global repositioning of an emerging metro*. London: LSE Cities London of School of Economics and Political Science.

Capel, H. (2007) 'El debate sobre la construcci ó n de la ciudad y el llamado "Modelo Barcelona'". *Scripta Nova. Revista Electrónica de Geografía y Ciencias Sociales*, XI(233) www.ub.es/geocrit/sn/sn–233.htm (accessed on 5 January 2014).

Casellas, A. (2006) 'Las limitaciones del "modelo Barcelona". Una lectura desde Urban Regime Analysis'. *Documents d Anàlisi Geografica*, 48: 61–81.

Casellas, A. (2009) 'Barcelona's urban landscape: The making of a tourist product'. *Journal of Urban History*, 35(6): 815–32.

Casellas, A. and Pallares–Barbera, M. (2009) 'Public–sector intervention in embodying the new economy in inner urban areas: The Barcelona experience'. *Urban Studies*, May, 46(58l6):1137–55.

Castells, M. and Hall, P. (1994) *Technopoles of the world: The making of 21 st century industrial complexes*. London: Routledge.

Clua, A. and Albet, A. (2008) '22@bcn plan: Bringing Barcelona forward in the information era', in T. Yigitcanlar, K. Velibeyoglu and S. Baum (eds) *Knowledge-based urban development: Planning and applications in the information era*. Hershey: Information Science Reference (IGI Global), pp. 132–47.

Clusa, J. (1996) 'Barcelona: Economic development 1970–1995', in N. Harris and I. Fabricius, *Cities and structural adjustments*. London: University College of London Press, pp. 203–37.

Debackere, K. and De Bondt, R. (eds) (2002) Leuven Research and Development: 30 years of breakthoughs and innovations towards an entrepreneurial university. Leuven: KUL Press.

Delgado, M. (2007) *La ciudad mentirosa. Fraude y miseria del 'modelo Barcelona'*. Madrid: Los libros de la Catarata.

Dot, E., Casellas, A. and Pallares, M. (2010) 'L' ambigüitat de la producció intensiva en coneixement: el nou espai economic del Poblenou'. *Documents dAnàlisi Geografica*, 56(3): 389–408.

Espinosa, M. (2013). 'Se inician los trámites para alzar un centro comercial de más de 200.000 metros cuadrados en Cerdanyola'. *La Vanguardia*, 25 November 2013.

Etzkowitz, H. and Mello, J.M.C.D. (1994) 'The rise of triple helix cluster: Innovation in Brazilian economic and social development'. *International Journal of Technology and Management & Sustainable Development*, 2(3): 159–71.

Eurostat (2011) *Key figures on European business — with a special feature on SMEs*. http://epp.eurostat.ec.europa.eu/cache/ITY_OFFPUB/KS-ET-08-001/EN/KS-ET- 08-001-EN.PDF (accessed on 2 September 2011).

Forsyth, A. and Crewe, K. (2010) 'Suburban technopoles as places: The international campus-garden-suburb style'. *Urban Design International*, 15(3): 165–82.

Gonzalez, S. (2010) 'Bilbao and Barcelona in motion. How urban regeneration models travel and mutate in the global flows of policy tourism'. *Urban Studies*, published online 10 September 2010. doi: 10.1177/0042098010374510.

Gower, S.M. and Harris, F.C. (1994) 'The funding of, and investment in, British Science Parks'. *Journal of Property Finance*, 5(3): 7–18.

Idescat i Observatori del Treball (2010) *Generalität de Catalunya*. Available at: www.idescat.cat (accessed on 8 June 2013).

INFYDE (2011) 'Estudio sobre la contribuci ó n de los Parques Cient í ficos y Tecnol ó gicos (PCT) y Centros Tecnol ó gicos (CCTT) a los objetivos de la Estrategia de Lisboa en España'. Available at: www.madridnetwork.org/Info/Documentos/Pdf/Informe_Final_completo_Parques_13sept20116345695995061316 1 l.pdf (accessed on 12 April 2013).

International Association of Science Parks (IASP) (2011) Available at: www.iasp.ws/ publico/index.jsp?enl=2 (accessed on 7 September 2013).

Kaiser, D. (2004) 'The postwar suburbanization of American physics'. *American Quarterly*, 56(4): 851–88.

Koschatzky, K. and Kroll, H. (2007) 'Which side of the coin? The regional governance of science and innovation'. *Regional Studies*, 47(8): 1115–27.

Maragall, P. (1999) 'El evento como estrategia del desarrollo urbano: Los Juegos Olímpicos del '92'. In P. Maragall (ed.) *Europa próxima. Europa, regiones y ciudades*. Barcelona: Edicions Universität de Barcelona, pp. 249–54.

Martorell, J., Bohigas, O., Mackay, D. and Puigdomenech, A. (1992) *La Villa Olímpica: Arquitectura, parques, Puerto Deportivo*. Barcelona: Editorial Gustavo Gili.

Massey, D., Quintas, P. and Wield, D. (1992). *High-tech fantasies: Science parks in society, science and space*. London: Routledge.

Modificado del Pla General Metropolitá (MPGM) (2000) Available at: www.22 barcelona.com/component/option,com_remository/Itemid,750/func,select/id,6/ orderby,l/lang,en/ (accessed on 23 March 2013).

NeMo, O. (1997): 'The Olympic Games as a tool for urban renewal: the experience of Barcelona '92 Olympic Village', in M. de Moragas, M. Llinés and B. Kidd (eds) *Olympic Villages: A hundred years of urban planning and shared experiences: International symposium on Olympic villages, Lausanna* 1996.Lausanne: International Olympic Committee, pp. 91–6.

Ondategui Rubio, J.C. (2001) *Los parques científicos y tecnológicos en España: Retos y oportunidades*. Available at: www.madrimasd.org/informacionidi/biblioteca/publicacion/doc/ParquesCientificosTecnologicos.pdf (accessed on 7 September 2011.

Ondategui Rubio, J.C. (2003) 'Tecnología, industria e innovación: Los parques tecnológicos en España'. PhD Thesis. Universidad Complutense de Madrid.

Pare de l'Alba (2011) Available at: www.cerdanyola.cat/webapps/web/continguts_portal/menu_principal/nova_cerdanyola/inici/Parc_de_lalba/Parc_de_l_alba.html (accessed on 18 April 2013).

Parc Tecnologie del Vallès (2011) Available at: www.ptv.es/ (accessed on 5 September2011).

Pareja–Eastaway, M. and Piqué, J.M. (2011) 'Urban regeneration and the creative knowledge economy: The case of 22@Barcelina'. *Journal of Urban Regeneration and Renewal*, 4(4): 319–27.

Pié, R., Testar, X. and Majorai, A. (2012) Evolució i tendèneies en el disseny urbanístic dels pares científics i tecnològics espanyols. *Revista Econòmica de Catalunya*, November (66):

28–43.

Pla Estrat è gic Metropolit à de Barcelona (PEMB) (2010). *Barcelona Visisó* 2020. Available at: www.pemb.cat/wp–content/uploads/201 1/04/PEMB–2020–cat–WEB. pdf (accessed on 12 January 2014).

Raventos, F. (1998) *Mes d'una década deplanificació estratégica de ciutats. 10 Anys de Planificació Estratégica a Barcelona* (1988–1998). Barcelona: Associació Pía Estratègic Barcelona, pp. 17–28.

Raventos, F. (2000) *La Col.laborado Publicoprivada*. Aula Barcelona Barcelona.

Santacana, F. (1999) 'La planificació estratégica urbana: 1 experiéncia de Barcelona', in P. Maragall (ed.) *Europa próxima. Europa, regiones y ciudades*. Barcelona: Edicions Universitãt de Barcelona, pp. 261–6.

Saxenian, A.L. (1994) *Regional advantage: Culture and competition in Silicon Valley and Route* 128. Cambridge, MA: Harvard University Press.

Strategic Metropolitan Plan for Barcelona (2000) *Vision* 2020.Available at: www.pemb.cat/en/2020–vision/ (accessed on 7 September 2011).

Tom á s, M. (2010) 'Gobemabilidad metropolitana, democracia y eficiencia. Una comparaci ó n Barcelona–Montreal'. *Revista Española de Ciencia Política*, 23: 16–24.

UNECE (2013) Share of construction in GDP, %, year 2010. Available at: http://w3. unece.org/pxweb/quickstatistics/readtable.asp?qs_id=8. (accessed on 10 November 2013).

Wakeman, R. (2003) 'Dreaming the new Atlantis: Science and the planning of technopolis, 1955–1985'. *Osiris*, second series, Voi. 18, Science and the City, pp. 255–70.

Xarxa de Parcs Cientifcs de Catalunya (XPCAT) (2010) *Memòria*.Available at: www.biopol.cat/docs/Memoria/Memoria%20Biopol' H%202009.pdf (accessed on 5 July 2011).

Xarxa de Parcs Cientifcs de Catalunya (XPCAT) (2011) Available at: www.xpcat.net/ index.php?idm=3&pagina=0&subpagina=0&parc=&a=&m= (accessed on 7 September 2011).

Xarxa de Parcs Cientifcs de Catalunya (XPCAT) (2013) Available at: www.xpcat.net (accessed on 25 May 2013).

Yeung, H.W. (2009) 'Situating regional development in the competitive dynamics of global production networks: an East Asian perspective', in H.W. Yeung (ed.) *Globalizing regional development in East Asia: Production networks, clusters, and entrepreneurship*. London: Routledge.

Zerbinati, S. and Souitaris, V. (2005). 'Entrepreneurship in the public sector: A framework of analysis in European local governments’ . *Entrepreneurship & Regional Development*, 77(1): 43–64.

22@Barcelona (2011) *A new model of City*. Available at: www.22barcelona.com/ content/ blogcategory/37/123/lang,en/ (accessed on 19 August 2012).

# 第4部分

# 异质性和高技术园区评估

# 10 科技园区：放之四海而皆准？

## 园区与企业异质性的重要性

阿尔韦托·阿尔巴哈里

## 10.1 引言

科技园区（STP）是一项特殊的政策干预措施，旨在促进集聚效应（Huang et al., 2012），其目的是鼓励当地技术和知识型企业的形成和增长，这些企业具备积极参与实现园区目标的管理功能。由于科技园区在世界范围内的广泛传播，以及大量资金被投入到它们的创造和增长中，学者和决策者越发关注其对企业创新的影响。对现有的状况进行普查并不容易，然而科技园区是一种全球现象，据不完全统计全球约有 1500 个科技园区（Wainova, 2009）。其中以 60 多年前的起源地斯坦福大学所在的美国和欧洲最为集中。

尽管科技园区如今四处生根，但对其作为创新政策工具的有效性仍存在激烈的争论，尤其是在学术领域。一些学者认为科技园区并不能帮助企业实现更好的业绩，因此对科技园区模式提出了质疑（例如 Macdonald, 1987; Massey et al., 1992; Hansson et al., 2005; Quintas et al., 1992）；而另一种观点认为：科技园区通过促进技术转移、企业增长和建立战略联盟与网络，为技术和知识型企业创造了附加价值（Siegel et al., 2003; Hommen et al., 2006; Del Castillo Hermosa et al., 1998）。

这两种观点都有经验证据支持。一些研究发现，在创新过程的投入（Westhead, 1997; Colombo et al., 2002）、创新活动的成果（Lofsten et al., 2002; Colombo et al., 2002）以及研发能力（Westhead, 1997）方面，园区内企业和园区外企业之间没有显著差异。然而另一些学者认为，入驻园区可以对创新过程的投入（Fukugawa, 2006; Leyden et al., 2008; Yang et al., 2009）、研发能力（Siegel et al., 2003b; Yang et al., 2009）、申请专利的可能性（Squicciarini, 2008; 2009）和新产品的销售产生积极影响（Vasquez-Urriago et al., 2014a）。

尽管关于科技园区的文献不少，但对于园区在支持技术和知识型企业方面的作用还没有定论。两种相反的经验证据同时存在的原因可能是，目前对科技园区的研究主要是为了评估入驻园区获得的同质效应。研究通常侧重于评估园区内企业是否优于园区外企业，其隐含假设是所有企业从入驻园区中获得的收益是相同的，并且所有园区对其租户企业的影响是相同的。

我们建议从科技园区在什么时候、什么条件下对企业绩效有积极的影响这个角度来研究科技园区。这种视角的基本思想是，园区是异质性的——有些园区运作良好，为租户创造了附加价值，有些则不然，而且并非所有企业都能从入驻园区获益。因此，需要对园区和租户的异质性进行分析，以确定园区是否为企业提供了有效的支持以及哪些企业在园区中受益最大。

异质性是包括生物学在内许多科学学科的核心，也是尼尔森（Nelson）和温特（Winter）（1982）《经济变迁的演化理论》一书的灵感来源，在该书中，作者认为异质性是经济主体的一个基本特征（Castellacci, 2011），科技园区也不例外。尽管园区异质性并不是一个新概念，早在二十多年前，英国科学园区协会就指出“没有两个科学园区是相似的”（Grayson, 1993: 119），但由于缺乏合适的数据，目前还没有人对园区和租户异质性的影响进行过实证分析。本章介绍了我们的研究小组[1]基于对同质性假设的质疑，以及对科技园区开展研究的成果。本章剩余部分提纲如下：第 10.2 节给出了理论论据，说明为何在评估园区对租户创新绩效的影响时应考虑园区和租户的异质性；第 10.3 节介绍了西班牙科技园区体系发展水平的一些统计数据；第 10.4 节概述了研究中使用的数据和方法；第 10.5 节介绍了我们关于园区和租户异质性重要性的研究结果；第 10.6 节提出了一些结论，第 10.7 节给出了进一步研究的方向。

## 10.2　理论框架

科技园区不是同质的组织。例如，有一些园区已经运营多年，而另一些则非常新；有一些可能有大量的租户，另一些只有少数几家企业。有的园区向企业提供商业服务，也有的不提供商业服务；有的园区位于经济技术发达地区，也有的位于经济技术落后地区；有的园区由大学所有和管理，也有的园区与大学没有任何关系。因此，我们可以说科技园区是异质的。对于租户企业也可以有类似的考虑，例如，它们的成立年限和规模不同，可能属于不同的行业，内部研发能力也不同。

但据我们所知，目前还没有实证分析不同特征的科技园区是否对租户创新绩效有不同的影响，以及哪些园区特征能够帮助租户取得更好的效果。同样，关于租户异质性对入驻园区收益的影响的实证证据也非常有限。

在这一节中，我们提出了一些理论论据，说明为什么在科技园区的实证研究中需要考虑园区和企业的异质性。

### 10.2.1 科技园区都一样吗？园区异质性的重要性

从理论的角度来看，关于园区特征对租户创新绩效的积极和消极影响，两方面都有论据支撑。我们首先考虑的特征是园区的成立年限。一方面，园区年限可能对租户有积极影响，因为园区管理者更有可能随着时间的推移积累知识（Decarolis et al., 1999），并加深对租户需求的理解（Gower et al., 1996），从而提供更有效的业务支持。建立和培养园区管理层与租户之间的相互信任也需要时间（Mayer et al., 1995）。此外，园区年限可能会对租户之间的联系产生积极影响，并且这种影响可能会随着租期的延长而加深（Izushi, 2003; Barge-Gil et al., 2011）。另一方面，较老的园区可能会受到惯例僵化、非学习过程、盲目和保守主义（Durand et al., 2001）的影响，从而对企业产生负面影响。

另一个影响租户绩效的园区特征是租户所在科技园区的规模。可以预计，由于可用知识存量的增加等原因，随着租户数量的增加，园区内企业共处一地所产生的正外部性将会增加（Arthur, 1990）。相比之下，大型园区的企业可能会因为投入和产出市场（Prevezer, 1997）、可用空间（Chen et al., 2004）、专业劳动力（Zucker et al., 1998）和公用设施（Folta et al., 2006）的竞争加剧而受到聚集不经济的影响。

园区的区位是影响园区内企业收益的另一个特征。我们已经知道，科技园区不是自发形成的集聚地，其地理位置通常是一项政策决定。决策者的意图通常是把欠发达地区的园区作为创新飞地（Felsenstein, 1994），以弥补这些地区对创新过程投入的不足；而在较发达地区，科技园区可能成为卓越的标杆（Chorda, 1996）。鉴于科技园区提高了较发达地区和落后地区的增长潜力，我们想要分析它们作为创新飞地或卓越标杆，是否能更好地发挥作用，并对企业产生不同的影响。

我们将第一组园区特征（成立年限、规模和区位）称为科技园区的结构特征。

还有一些特征与园区的管理更相关，我们称之为管理特征，这些特征可能在决定向租户提供业务支持的有效性方面发挥重要作用。事实上，科技园区与其他类型的集群的主要区别之一就是管理团队的存在：科技园区具有积极鼓励当地技术和知识型企业的形成和增长的管理功能（IASP, 2015）。

管理团队的存在被认为向企业发展提供了更可靠的基础（Westhead et al., 1999），并帮助年轻企业克服它们经常遇到的问题（Storey et al., 1998a; Lofsten et al., 2002），主要方法是提供与资金和营销支持相关的业务咨询和服务（Westhead et al., 1998; Storey et al., 1998b; Heydebreck et al., 2000）。然而，一些研究指出，许多企业选择入驻园区是基于场所的声誉（Monck et al., 1988; Westhead et al., 1998），而不是预期的业务支持。在这种情况下，园区的管理功能对企业的创新能力影响不大。在我们的研究中，我们研究了管理团队的规模和服务的提供如何影响租户的创新成果。

园区管理特征异质性的另一个重要来源是地方高校参与园区管理。大学作为企业外部知识来源的重要性已经在研究文献中得到了广泛承认（Etzkowitz et al., 1997; Bozeman, 2000; Chesbrough, 2003），同时还存在与知识、技术和技能从学术领域到产业领域有效流动的问题。有关方面实施了促进学术领域和产业领域关系的政策（包括科技园区），进而推动并管理大学、研发机构及企业之间知识和技术的流动。因此，许多园区的商业模式都涉及大学参与或大学方面的投入。然而，现实情况是，不同的发展模式以及科技园区投资人和创始人的多样性（Phan et al., 2005），会导致组织结构非常多样化（Westhead, 1997），其中很重要的一个差异是园区内大学的参与程度。在研究中，我们想分析这种异质性来源如何影响租户的创新成果。

### 10.2.2　所有租户都一样吗？企业异质性的重要性

在上一节中，我们提供了思考科技园区供给侧异质性的理论论据。然而，鉴于它们主要是业务支持机构，需求侧的异质性即租户的不同特征，也有可能影响入驻园区的收益。

对于大多数关于产业区和经济地理的论文中假设企业相对同质性的观点，有的人持批评态度（Lazerson et al., 1999; Maskell, 2001）。关于企业的特征对企业在创新环境中所获优势的影响，即与其他企业和研发机构的邻近性，是有理论论据和经验证据的（Caniels et al., 2003; Giuliani, 2007; Hervas-Oliver et al., 2009; Hervas-Oliver, 2011）。内部研发能力的提高或降低是否能让企业从创新环境中获益更多，这一点仍有待商榷。具有较高内部研发能力的企业具有较高的吸收能力（Cohen et al., 1990），有助于它们认识到新知识的价值，并吸收和使用新知识。另一方面，内部研发能力水平较低的企业为了创新（Rammer et al., 2009）会更有动力获取外部知识（Shaver et al., 2000; Barge-Gil, 2010）。考虑到知识溢出通常局限于一定的地理范围（Feldman et al., 2010），这些企业应能从其所处的创新环境中获益。

尽管有证据表明，企业位于科技园区等创新环境中的区位对决定收益具有重要作用，但在相关研究中，企业的异质性大多被忽略。就我们所知，唯一相关的例外是黄、余（Yu）和塞托（Seetoo）（2012）的研究。他们以中国台湾165家制造业企业为研究对象，运用回归分析与线性交互项，探讨入驻园区与企业特征之间的关系。他们发现，从基于专利申请的创新绩效来看，小型企业比大型企业从入驻园区中获益更多。他们解释说，这一结果是因为小型企业更能证明其信贷可靠性，从而筹集资金开展创新活动，吸引专业技术人员，并从其他园区企业获得技术。此外，大型企业不太可能从园区内的第三方获得外部知识和技术，这解释了与较小企业相比，它们从入驻园区中获益较少的原因（Huang et al., 2012）。我们通过评估入驻园区对内部科研能力较强还是较弱的企业更有利来探讨这一问题。

## 10.3 西班牙的经验

西班牙第一批由地方政府推动的园区出现在20世纪80年代末。从那时起，园区的数量一直在增加，到2012年年底，西班牙15个地区已有48家科技园区，园区内企业约6200家，就业人数14.6万[2]（APTE, 2013）。毫无疑问，这些园区迅速扩张的原因之一是中央政府的坚定承诺。中央政府执行了一系列专门为支持科技园区发展而制定的政策（Albahari et al., 2013），相关投资估计超过16亿欧元（COTEC, 2011）。从投资规模来看，科技园区是西班牙中央政府实施的主要创新政策之一。

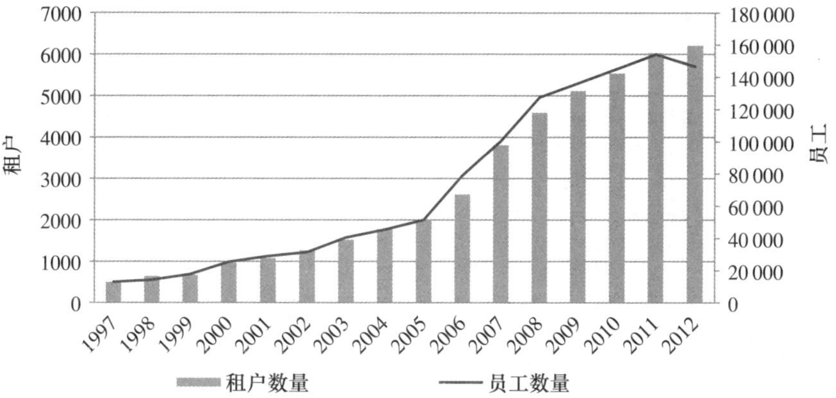


图 10-1　西班牙科技园区协会（APTE）园区租户和员工数量的变化

来源：改编自 APTE，2013 年。

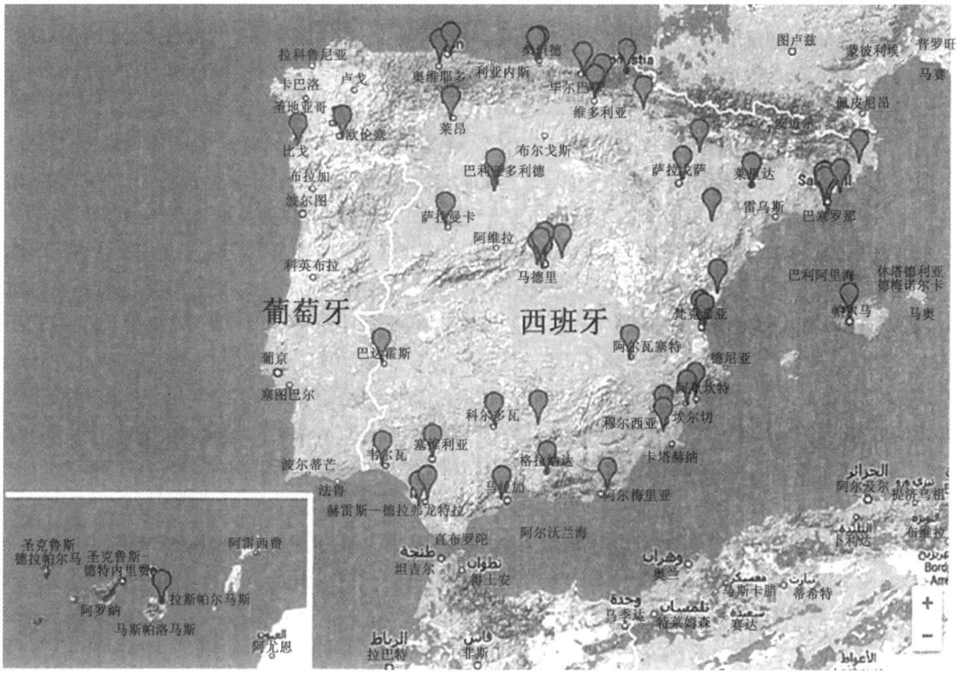


图 10-2　西班牙科技园区的位置

来源：谷歌，2014。Map data GeoBasis-DE/BKG（2009）。谷歌，基于 BCNIGN Espana。

图 10-1 给出了西班牙科技园区的总体发展情况，显示了租户和员工数量的演变；图 10-2 显示了西班牙科技园区的区位以及在西班牙境内的地理分布。科

技园区的数量之多、其异质性以及可靠数据的可用性使得西班牙成为这项研究的理想案例。

## 10.4 数据与方法

缺乏系统的数据收集是科技园区研究中普遍存在的问题（Phan et al., 2005）。在本研究中，我们依赖于西班牙的欧盟创新调查（CIS）。西班牙欧盟创新调查是由西班牙国家统计局（INE）开展的一项强制性调查[3]，收集关于企业创新行为的详细资料。自 2007 年起，调查内容纳入了是否入驻园区和园区名称这个问题。通过这个问题的回答，我们可以研究租户的创新成果如何受到园区特征的影响，以及企业特征如何影响入驻园区的收益。

园区特征信息来自 2009 年“科技园区特征与成果调查”。这是一项年度调查，由西班牙政府经济和竞争力部[4]于 2008 年推出，由西班牙科技园区管理机构进行管理。接受政府财政援助的园区必须对调查做出回应（Albahari et al., 2013）。

这些数据来源构成了我们研究的一个优势。由于完整的微观数据集不对外公开，这些信息是通过与西班牙国家统计局以及西班牙科学和创新部签订研究合同而获得的。以前的许多定量研究都只涉及非常少的园区，我们通过欧盟创新调查数据，能够使用一组广泛的协变量并在园区之间实现比以往定量研究更高的异质性（例如 Yang et al., 2009; Malairaja et al., 2008; Chan et al., 2011; Bakouros et al., 2002; Felsenstein, 1994）。与其他研究相比（例如 Squicciarini, 2008; 2009;Fukugawa, 2006; Colombo et al., 2002; Westhead, 1997; Westhead et al., 1995; Siegel et al., 2003b; Lofsten et al., 2002），我们研究的企业数量要多得多。例如，2009 年的欧盟创新调查涉及 37 201 家企业，其中有 849 家企业分布在本研究涵盖的 25 个科技园区中。

我们采用不同的方法进行研究。为了获得关于科技园区结构和管理特征如何影响租户创新绩效的实证证据，我们采用了包含控制因素的多元线性（OLS）和非线性（Tobit）回归分析。我们用来衡量创新绩效的因变量是新上市产品的销售量[5]，这个变量经常用于创新研究（参见 Vasquez-Urriago et al., 2014a）。在分析大学参与的影响时，我们也使用专利数量[6]作为因变量。控制因素包括规模、成立年限、出口、产业部门、创新工作和对创新的感知障碍。我们使用因变量和一些自变量的不同定义来测试结果的稳健性。[7]

为评估入驻园区是否对特定的某些类型企业更有益，我们估计了平均处理效应，其通常被用于分析方案或政策的因果影响（所谓的“处理效应”），在我们的研究中，位于科技园区内的企业就是“处理组”。[8]

## 10.5　研究结果

本节将介绍我们的研究结果。首先，我们关注园区的结构特征（即园区成立年限、规模和地点）和管理特征（即管理企业全职员工人数、园区管理部门提供的服务、园区内高校参与）对创新的影响。随后考察租户的异质性，探讨入驻园区是否对某些类型的企业比对其他类型的企业更有利。

### 10.5.1　结构特征的影响

我们发现，园区成立年限对创新产品的销售具有非线性影响：位于较新和较旧园区的企业表现优于中等年限园区的企业。我们认为这是入驻园区所产生的双重影响的结果。知名度和声誉提高等营销方面对企业产生了初步的短期积极影响，而知识和信任的积累、组织学习、互动经验以及对租户需求的更好理解可能会对企业产生长期的积极影响。这种解释调和了文献中两种对立的观点：短期效应证实了科技园区是创新企业树立声誉之选的观点，长期积极效应支持科技园区是一种创新政策工具的观点。这一结果强化了卡斯特尔和霍尔的观点，他们认为科技园区需要相当长的一段时间（20 年到 30 年之间）才能充分显现其对租户的影响（Castells et al., 1994: 236）。

在园区规模方面，我们发现规模对租户创新绩效有积极影响。这一发现象征着集聚经济，这可能是由于大型园区的知识储备更大，从而促进了知识溢出。我们没有发现拥挤效应的证据，然而我们不能忽略样本中规模不够大而无法体现这种效应的园区。

根据对区域技术发展水平的不同测量[9]，我们发现，在技术发展水平较低的地区，科技园区对租户绩效的影响更大。这一发现证实了科技园区在欠发达地区作为创新政策工具的作用。在欠发达地区，园区是创新飞地，可以弥补与较发达地区为其企业提供的宝贵投入的差距。

### 10.5.2 科技园区管理特征的影响

就管理特征而言，我们首先分析了管理团队的规模和提供的服务对租户创新成果的影响；然后我们研究了不同程度的大学参与如何影响园区租户的绩效。

就园区管理团队规模而言，我们发现其对创新绩效有积极影响：团队规模越大，对租户越有利。一个可能的解释是，更大的管理团队可以帮助企业取得更好的成果。例如，通过加强创业者的关系网络，提高企业的声誉，帮助创造一个有利于创新的环境。然而，这种积极影响不能归因于园区管理部门提供的服务：促进国际化的服务在统计上没有显著影响，而一般咨询服务对创新绩效的影响是负面的。后一种结果的原因可能是，管理部门提供的服务比市场上提供的服务质量更低。

为了分析大学在科技园区计划中不同程度的正式参与如何影响租户企业的创新绩效，我们根据大学的正式参与程度划分了四类园区：①大学拥有并管理的园区；②大学为小股东的园区；③大学不是股东，但在园区内有一些正式科研设施或人员的园区；④与大学没有正式联系的园区。我们研究了在不同类型的园区中，企业的地理位置是否以及如何影响租户的创新绩效及其与大学的联系。我们发现，大学的参与度越高，对新产品进入市场的周转率负面影响越大：在这一指标上，与大学没有关系的园区企业表现优于由大学管理的园区企业。相比之下，大学参与程度越高，企业申请专利的倾向越强。这种结果可能是热衷于将研究商业化的西班牙大学所经历的困难造成的（Testar Ymbert, 2012），这似乎也适用于大学所管理的园区。我们还发现，大学参与科技园区似乎不会影响租户与大学合作的倾向，也不会影响从大学购买的研发成果数量。表10–1总结了主要结果。

### 10.5.3 所有租户都一样吗？企业异质性的重要性

我们分析了科技园区的异质性对企业创新成果的影响，具体从租户规模和创新工作两个层面进行了分析。

我们发现，入驻园区对企业创新的影响随着企业规模的增大而减小，即规模

**表 10-1　园区特征对租户创新绩效的影响**

| 特征 | 对租户创新绩效的影响 |
| --- | --- |
| 结构特征 | |
| 成立年限 | 非线性影响。新园区和老园区中的企业优于中等年限园区中的企业 |
| 规模 | 正面影响。没有拥挤效应的证据 |
| 地点 | 入驻园区在欠发达地区影响更大 |
| 管理特征 | |
| 管理团队规模 | 正面影响 |
| 服务 | 一般咨询服务有负面影响。促进国际化的服务在统计上没有显著影响 |
| 大学参与 | 对创新销售有负面影响。对专利活动有正面影响 |

较小的企业从入驻园区中获得的收益大于规模较大的企业。对于这一发现，一种可能的解释是，小型企业能够迅速和灵活地识别环境中的机会并从中获益（Rogers, 2004; Rammer et al., 2009）。

在创新工作方面，对于创新投入水平较低的企业，入驻园区对租户创新能力的影响似乎高于研发密集型企业。然而，值得注意的是，不进行创新活动的租户很难从入驻园区获益。最后一项发现表明，要从入驻园区中获益，需要具备一定的吸收能力。

这些发现表明，内部研发能力较低的小型企业从入驻科技园区中获益更多，证实了黄、余和塞托（2012）的研究结果（参见第 10.2.2 节）。

## 10.6　结论

在马德里卡洛斯三世大学经济研究所技术变化分析与评估实验室，我们创建了一个成员来自西班牙多所大学的多学科团队，该团队从 2007 年起一直在研究科技园区。在这一章中，我们展示了最新的研究成果，包括科技园区的作用原理及其在什么条件下对企业有更积极的影响。

科技园区现象引起了决策者、实践者和学者的关注，其在世界上许多国家的技术和创新方案中越来越重要，这也证明了这种关注是合理的。许多研究集中在评估入驻园区对租户绩效的影响上，通常采用的方法是将园区内和园区外企业进行比较。然而，这些研究忽略了一个事实，即科技园区并不完全一样，在某些方面出色的园区为企业提供了更大的优势。同样，入驻园区可能对某些类型的企业比对其他类型的企业更有利。换句话说，我们想分别研究供给侧和需求侧的异质性影响。因此，异质性是我们研究科技园区的核心。

我们的研究在理论、管理和政策层面都有意义。从理论的角度来看，我们发现在评估入驻园区对企业创新的附加值时，应考虑园区和租户的异质性。因此，未来的科技园区定量研究应将供需侧特征作为控制变量。对管理者的影响也适用于租户和潜在租户企业、园区管理者和大学决策者。在决定入驻科技园区时，企业管理者应意识到入驻园区在各种企业和园区特征下所带来的不同的比较优势。企业尤其应该考虑园区成立年限、规模、管理公司的特点、所在地区的技术发展水平以及园区内大学的参与程度。我们的研究表明，园区内企业的管理层应该从优质服务供应商那里获得服务，而不一定是园区的管理部门。与此同时，他们应该意识到，入驻园区给不同企业带来的优势是不同的，规模较小、研发密集程度较低的企业从入驻园区中获益最大。对于园区管理者，我们的建议是提供与外部供应商相当的服务。更广泛地说，我们的研究提出了园区管理部门可以提高租户附加值的方法。尤其是园区公司越多、管理团队越大似乎对租户越有利。

对于大学管理者而言，我们的研究表明了大学入股园区或参与管理可以让企业从大学创造的知识中获益，这一点可以从高水平专利活动中看出，但需要更多付出将这些知识转化为商业产出。到目前为止，西班牙的科技园区还没有在大学院系和企业之间建立起紧密的合作关系。

在政策层面，园区对企业创新绩效存在长期影响，入驻园区对欠发达地区企业更有利，这为科技园区可作为技术创新政策工具的观点提供了支持。研究发现的异质性效应表明，决策者应避免对科技园区给予不加区别的财政支持，因为我们发现一些科技园区的运营相比其他园区更为顺利。考虑到科技园区的异质性能够有助于决策者制定更有效的支持方案。

## 10.7 进一步研究的方向

最后，我们提出了进一步研究的方向。我们的工作以西班牙欧盟创新调查数据为基础，因此西班牙是我们重点关注的对象。把这种模式推广到其他国家，尤其是那些具有不同创业文化特征的国家，会很有意义。我们分析了大学正式参与科技园区对企业的影响。增加对大学和大学院系质量的测量标准也许是一个有意思的方向。

总的来说，我们相信更多关于园区异质性的研究会逐渐丰富这一领域的知识。例如，科技园区生态学和人口统计学可能是一个有潜力的发展方向。此外，对企业和园区异质性的联合分析虽然需要大量数据，但可能由此获得更有针对性的战略来通过科技园区促进创新。

## 致谢

作者感谢西班牙国家统计局提供相关数据，并感谢西班牙科学和创新部在“西班牙科学与技术影响评价”项目下提供的资助。

## 注释

1　这项研究是在马德里卡洛斯三世大学经济研究所技术变化分析与评估实验室进行的，由西班牙科学和创新部通过“西班牙科技园区调查数据分析”项目提供资助。

2　这些数字仅代表西班牙科技园区协会成员。据我们所知，唯一一个不属于西班牙科技园协会的大型园区（就员工和租户数量而言）是纳瓦拉创新园。

3　违规行为将被处以 60 欧元至 3 万欧元的罚款。

4　原科学和创新部。

5　从操作上来说，因变量是每位员工新上市产品 / 服务的对数（参见 Albahari et al., 2013a, 2013b; Vasquez–Urriago et al., 2014b）。

6　从操作上来说，因变量是每位员工专利申请数量的对数（见 Albahari et al., 2013b）。

7　关于所遵循的方法的更多细节可以参见 Albahari 等人的研究报告（2013a, 2013b）。

8　关于所遵循的方法的更多细节可以参见瓦斯克茨–乌尔里亚戈（Vasquez–Urriago）、巴奇·吉尔（Barge–Gil）和莫德雷戈（Modrego）的研究报告（2014a）。

9　即该省每百万居民的专利数量、人均国内省级生产总值、该地区的专利申请数量以及区域研发工作。

## 参考文献

Albahari, A., Catalano, G. and Landoni, P. (2013) 'Evaluation of national science park systems: A theoretical framework and its application to the Italian and Spanish systems'. *Technology Analysis and Strategic Management*, 25(5): 599–614.

Albahari, A., Barge–Gil, A., Pérez–Canto, S. and Modrego–Rico, A. (2013a) 'The influence of science and technology park characteristics on firms' innovation results'. *MPRA Paper* 48829, University Library of Munich, Germany.

Albahari, A., Pérez–Canto, S., Barge–Gil, A. and Modrego–Rico, A. (2013b) 'Technology parks versus science parks: Does the university make the difference?'. *MPRA Paper* 49227, University Library of Munich, Germany.

APTE (2013) *Memoria APTE* 2012. Malaga: APTE, Association of Science and Technology Parks of Spain.

Arthur, W.B. (1990) ' "Silicon Valley" locational clusters: When do increasing returns imply monopoly?'. *Mathematical Social Sciences*, 19(3): 235–51.

Bakouros, Y.L., Mardas, D.C. and Varsakelis, N.C. (2002) 'Science park, a high tech fantasy? An analysis of the science parks of Greece'. *Technovation*, 22(2): 123–8.

Barge–Gil, A. (2010) 'Open, semi–open and closed innovators. Towards an explanation of degree of openness'. *Industry and Innovation*, 17(6): 577–607.

Barge–Gil, A. and Modrego, A. (2011) 'The impact of research and technology organizations on firm competitiveness. Measurement and determinants'. *Journal of Technology Transfer*, 36(1): 61–83.

Beaudry, C. and Breschi, S. (2003) 'Are firms in clusters really more innovative?'. *Economics of Innovation and New Technology*, 12(4): 325–42.

Bozeman, B. (2000) 'Technology transfer and public policy: A review of research and theory'. *Research Policy*, 29(4): 627–55.

Caniëls, M.C.J. and Romijn, H.A. (2003) 'Firm–level knowledge accumulation and regional dynamics'. *Industrial and Corporate Change*, 12(6): 1253–78.

Castellacci, F. (2011) 'Theoretical models of heterogeneity, growth and competitiveness: Insights from the mainstream and evolutionary economics paradigms', in M. Jovanovic (ed.), *International handbook of economic integration, volume II* (pp. 90–118). Cheltenman, UK: Edward Elgar.

Castells, M. and Hall, P. (1994) *Technopoles of the world: The making of 21st century industrial complexes*. London, UK: Routledge.

Chan, K.Y.A., Oerlemans, L.A. and Pretorius, M.W. (2011) 'Innovation outcomes of South African new technology–based firms: A contribution to the debate on the performance of science park firms'. *South African Journal of Economic and Management Sciences*, 14(4): 361–78.

Chen, C.J. and Huang, C.C. (2004) 'A multiple criteria evaluation of high–tech industries for the science–based industrial park in Taiwan'. Information & Management, 41(1): 839–51.

Chesbrough, H.W. (2003) *Open innovation. The new imperative for creating and profiting from technology*. Boston, MA: Harvard Business School Press.

Chorda, I.M. (1996) 'Towards the maturity stage: An insight into the performance of French technopoles'. *Technovation*, 16(3): 143–52.

Cohen, W.M. and Levinthal, D.A. (1990) 'Absorptive capacity: A new perspective on learning and innovation'. *Administrative Science Quarterly*, 55(1): 128–52.

Colombo, M.G. and Delmastro, M. (2002) 'How effective are technology incubators? Evidence from Italy'. *Research Policy*, 57(7): 1103–22.

COTEC (2011) *Análisis de la evolución de los parques científicos españoles*. Madrid: Fundación Cotec para la Innovación Tecnológica.

Decarolis, D.M. and Deeds, D.L. (1999) 'The impact of stocks and flows of organizational knowledge on firm performance: An empirical investigation of the biotechnology industry'. *Strategic Management Journal*, 20(10): 953–68.

Del Castillo Hermosa, J. and Barroeta, B. (1998) 'The technology park at Beocillo: An instrument for regional development in Castilla–Leon'. *Progress in Planning*, 49(3–A): 241–54.

Durand, R. and Coeurderoy, R. (2001) 'Age, order of entry, strategic orientation, and organizational performance'. *Journal of Business Venturing*, 16(5): 471–94.

Etzkowitz, H. and Leydesdorff, L. (1997) *Universities and the global knowledge economy: A triple helix of university-industry-government relations*. London: Pinter.

Feldman, M. and Kogler, D. (2010) 'Stylized facts in the geography of innovation', in B.H. Hall and N. Rosenberg (eds), *The handbook of the economics of innovation, volume 1* (pp. 381–410). Amsterdam: Elsevier.

Felsenstein, D. (1994) 'University–related science parks – Seedbeds or enclaves of innovation'. *Technovation*, 14(2): 93–110.

Folta, T.B., Cooper, A.C. and Baik, Y.S. (2006) 'Geographic cluster size and firm performance'. *Journal of Business Venturing*, 21(2): 217–42.

Fukugawa, N. (2006) 'Science parks in Japan and their value-added contributions to new technology-based firms'. *International Journal of Industrial Organization*, 24(2): 381–400.

Giuliani, E. (2007) 'The selective nature of knowledge networks in clusters: Evidence from the wine industry'. *Journal of Economic Geography*, 7(2): 139–68.

Google (2014) *Map data GeoBasis-DE/BKG* (2009). Google, based on BCNIGN España. Available at: https://mapsengine.google.com/map/edit?mid=znXntMfue8Y c.kuwOZeaYiYew (accessed on 16 May 2014).

Gower, S.M., Harris, F.C. and Cooper, P.A. (1996) 'Assessing the management of science parks in the UK'. *Property Management*, 74(1): 30–8.

Grayson, L. (1993) *Science parks: An experiment in high technology transfer*. London: The British Library Board.

Hansson, F., Husted, K. and Vestergaard, J. (2005) 'Second generation science parks: From structural holes jockeys to social capital catalysts of the knowledge society'. *Technovation*, 25(9): 1039–49.

Hervas-Oliver, J.L. (2011) 'When and why companies benefit from collocation in clusters?'. Paper presented at the *DRUID* 2011: *Innovation, strategy, and structure - organizations, institutions, systems and regions*. Copenhagen Business School, Denmark, 15–17 June.

Hervas-Oliver, J.L. and Albors-Garrigos, J. (2009) 'The role of the firm's internal and relational capabilities in clusters: When distance and embeddedness are not enough to explain innovation'. *Journal of Economic Geography*, 9(2): 263–83.

Heydebreck, P., Klofsten, M. and Maier, J. (2000) 'Innovation support for new technology-based firms: The Swedish Teknopol approach'. *R&D Management*, 50(1): 89–100.

Hommen, L., Doloreux, D. and Larsson, E. (2006) 'Emergence and growth of Mjardevi Science Park in Linköping, Sweden'. *European Planning Studies*, 74(10): 1331–61.

Huang, K.F., Yu, C.M.J. and Seetoo, D.H. (2012) 'Firm innovation in policy-driven parks and spontaneous clusters: The smaller firm the better?'. *The Journal of Technology Transfer*, 37(5): 715–31.

IASP (2015) Available at www.iasp.ws/the-role-of-stps-and-innovation-areas (accessed on 4 February 2015).

Izushi, H. (2003) 'Impact of the length of relationships upon the use of research institutes by SMEs'. *Research Policy*, 32: 771–88.

Lazerson, M.H. and Lorenzoni, G. (1999) 'The firms that feed industrial districts: A return to the

Italian source'. *Industrial and Corporate Change*, 8(2): 235–66.

Leyden, D., Link, A.N. and Siegel, D.S. (2008) 'A theoretical and empirical analysis of the decision to locate on a university research park'. *IEEE Transactions on Engineering Management*, 55(1): 23–8.

Lofsten, H. and Lindelof, P. (2002) 'Science parks and the growth of new technology- based firms – academic–industry links, innovation and markets'. *Research Policy*, 31(6): 859–76.

MacDonald, S. (1987) 'British science parks: Reflections on the politics of high technology'. *R&D Management*, 77(1): 25–37.

Malairaja, C. and Zawdie, G. (2008) 'Science parks and university–industry collaboration in Malaysia'. *Technology Analysis & Strategic Management*, 20(6): 727–39.

Maskell, P. (2001) 'The firm in economic geography'. *Economic Geography*, 77(4): 329^44.

Massey, D., Quintas, P. and Wield, D. (1992) *High tech fantasies: Science parks in society, science and space*. London: Routledge.

Mayer, R.C., Davis, J.H. and Schoorman, F.D. (1995) 'An integrative model of organizational trust'. *Academy of Management Review*, 20(3): 709–34.

Monck, C.S.P., Porter, R.B., Quintas, P., Storey, D. and Wynarczyk, P. (1988) *Science parks and the growth of high-technology firms*. London: Croom Helm.

Nelson, R. and Winter, S. (1982) *An evolutionary theory of economic change*. Cambridge: The Belknap Press of Harvard University Press.

Phan, P.H., Siegel, D.S. and Wright, M. (2005) 'Science parks and incubators: Observations, synthesis and future research'. *Journal of Business Venturing*, 20(2): 165–82.

Prevezer, M. (1997) 'The dynamics of industrial clustering in biotechnology'. *Small Business Economics*, 9(3): 255–71.

Quintas, P., Wield, D. and Massey, D. (1992) 'Academic–industry links and innovation – Questioning the science park model'. *Technovation*, 12(3): 161–75.

Rammer, C., Czamitzki, D. and Spielkamp, A. (2009) 'Innovation success of non- R&D-performers: Substituting technology by management in SMEs'. *Small Business Economics*, 33(1): 35–58.

Rogers, M. (2004) 'Networks, firm size and innovation'. *Small Business Economics*, 22(2): 141–53.

Shaver, J. and Flyer, F. (2000) 'Agglomeration economics, firm heterogeneity, and foreign direct investment in the United States'. *Strategic Management Journal*, 27(12): 1175–993.

Siegel, D.S., Westhead, P. and Wright, M. (2003a) ‘Science parks and the performance of new technology-based firms: A review of recent UK evidence and an agenda for future research’. *Small Business Economics*, 20(2): 177–84.

Siegel, D.S., Westhead, P. and Wright, M. (2003b) ‘Assessing the impact of university science parks on research productivity: Exploratory firm-level evidence from the United Kingdom’. *International Journal of Industrial Organization*, 21(9): 1357–69.

Squicciarini, M. (2008) ‘Science parks’ tenants versus out-of-park firms: Who innovates more? A duration model’. *Journal of Technology' Transfer*, 33(1): 45–71.

Suicciarini, M. (2009) ‘Science parks: seedbeds of innovation? A duration analysis of firms’ patenting activity’. *Small Business Economics*, 32(2): 169–90.

Storey, D.J. and Tether, B.S. (1998a) ‘New technology-based firms in the European Union: An introduction’. *Research Policy*, 26(9): 933–46.

Storey, D.J. and Tether, B.S. (1998b) ‘Public policy measures to support new technology-based firms in the European Union’. *Research Policy*, 26(9): 1037–57.

Testar Ymbert, X. (2012) Informe CYD 2011. *Monografía. La transferencia de tecnología y conocimiento universidad-empresa en España: estado actual, retos y oportunidades*. Barcelona: Fundaci ó n Conocimiento y Desarrollo.

Vásquez-Urriago, A.R., Barge-Gil, A. and Modrego, A. (2014a) ‘Which firms benefit more from being located in a Science and Technology Park? Empirical evidence for Spain’. *MPRA Paper* 55130, University Library of Munich, Germany.

Vásquez-Urriago, A.R., Barge-Gil, A., Modrego, A. and Paraskevopoulou, E. (2014a) ‘The impact of science and technology parks on firms’ product innovation: Empirical evidence from Spain’. *Journal of Evolutionary Economics*, 24(A): 835–73.

Wainova (2009) *Wainova atlas of innovation: Science/technology/research parks and business incubators in the world*. Cheshire: Ten Alps Publishing.

Westhead, P. (1997) ‘R&D “inputs” and “outputs” of technology-based firms located on and off science parks’. *R&D Management*, 27(1): 45–62.

Westhead, P. and Batstone, S. (1998) ‘Independent technology-based firms: The perceived benefits of a science park location’. *Urban Studies*, 35(12): 2197–219.

Westhead, P. and Batstone, S. (1999) ‘Perceived benefits of a managed science park location’. *Entrepreneurship & Regional Development: An International Journal*, 11(2): 129–54.

Westhead, P. and Storey, D.J. (1995) ‘Links between higher-education institutions and high-technology firms’. *Omega-International Journal of Management Science*, 23(4): 345–60.

Yang, C.H., Motohashi, K. and Chen, J.R. (2009): ‘Are new technology–based firms located on science parks really more innovative? Evidence from Taiwan’. *Research Policy*, 35(1): 77–85.

Zucker, L., Darby, M. and Brewer, M. (1998) ‘Intellectual human capital and the birth of US biotechnology enterprises’. *American Economic Review*, 55(1): 290–306.

# 11 科学园区背后的故事

## 武汉光谷的资源和关系网络

苗田

### 11.1 引言

在谷歌学术搜索引擎上搜索“科学园区”一词，八成以上的结果都是关于发达经济体的研究，并且以北美为首。世界上第一个大学科学园区——斯坦福研究园区成立于60多年前，目前美国已有170多个大学研究和科学园区。这片高产的土地举世瞩目，并为其他地方提供了启发和经验教训。越来越多的发展中国家也采用这种模式，并根据本国国情和发展目标进行调整。以中国为例，截至2011年，全国共有88个科技产业园，几乎是20年前的四倍。2011年，这些科技产业园共入驻企业5.7万家，工业增加值27 152亿元人民币（合4.35亿美元）（MOST, 2012）。

随着高技术园区的概念在发展中国家日益普及，我们有必要重新审视卡斯特尔和霍尔提出的分类方法，特别是他们提出的第二和第三种高技术园区（科学城和技术园区）。卡斯特尔和霍尔将科学城描述为“严格意义上的科研综合体，与制造业没有直接的地域联系”（1994: 10），而技术园区指的是那些主要面向以下目标的空间：

> 通过吸引高科技制造企业进入一个特殊的空间，在就业和生产方面引导新的产业增长。创新功能并没有被排除在这类项目之外，但主要是从经济发展的角度进行界定。
>
> （同上：10–11）

就其潜在的附加价值而言，卡斯特尔和霍尔警告说，对于科学城来说，“如果没有一个有利于协同效应的规划，研究活动的空间集中对科学创新几乎没有影响”，如果没有这样的规划，“旧的科学恶习”（即学术领域和产业领域之间缺乏互动），“将在新的科学城中重现”（1994: 81）。为了技术园区的成功，他们强调，公共研究中心与大学、大型企业和中小型企业之间的互动非常重要。但是，如果从严格定义上的提供丰富创新环境方面来判断，他们考察的技术园区很少取得成功。

他们对这些“自上而下”主导型的创新综合体的谨慎态度在其他研究中也有反映（参见 Massey et al., 1992; Phillimore et al., 2003; Westhead et al., 1994）。尽管卡斯特尔和霍尔（1994）采用了一种历史性的多维分析框架，然而最近的科学园区文献倾向于采用一种隐含的模型，即知识从研究机构向企业、再向市场进行单向转移（参见 Chen et al., 2007; Hong, 2008）。就中国而言，由于知识机构与私营机构之间缺乏信任和互动，许多学者要么只关注研究机构，要么只关注企业，仿佛它们是在真空中运行。此外，中国的案例研究主要集中在沿海地区的科学园区，尤其是北京和上海及其周边地区。现实情况是，现在中国几乎每个省份都至少有一个国家级的科技园区（Torch Center, 2009），但这种模式在促进中国内地经济增长方面有多大效果尚不十分明了。

为了填补上述研究空白，作者主张超越线性知识转移模式，更多地关注科学园区的系统动力学。虽然卡斯特尔和霍尔（1994）已经指出了各个园区组成部分之间的互动对于培育创新环境的重要性，但他们没有就不同园区参与者的特征是否会影响互动过程提出意见。因此，在这一章中，作者将重点研究以下问题：

（1）中国内地的科学园区有何贡献？

（2）园区内企业的不同特征对其贡献有何影响？

本文将以中国内地的一个案例区域为例，在该区域科学园区发挥着越来越重要的作用，并且将探讨多种创新要素的相互作用，以及创造新的产业综合体结构的不同方式。具体来说，作者以湖北省武汉市的中国光谷（OVC）为例进行详细的案例分析，进而认为企业所有制可能会影响其国际资源、对外关系，并最终影响其经济绩效。

## 11.2　科学园区和创新系统

长期以来，对科学园区的研究主要倾向于实证描述，而不是理论解释。当第一代科学园区在 20 世纪 50 年代和 60 年代出现时，学者们往往称其为房地产开发项目（Carter, 1989; Gower et al., 1994; Massey et al., 1992），后期又称之为郊区扩张（Forsyth et al., 2010）。在地理分布上，科学园区主要集中在西方国家，因为这些国家拥有开拓性的经验，比如美国和英国。20世纪90年代，随着科学园区实践范围的扩大（AURP et al., 2007），研究人员也相应地加大了对科学园区内外各种互动的关注（Phillimore, 1999）。例如，林德洛夫（Lindelof）和洛夫斯滕（Lofsten）（2002;2003; 2005）比较了瑞典园区内外的企业。他们的定量分析不仅发现了这两类企业之间的绩效差异，而且发现企业的特征如动机、管理能力和学术背景，都与创新和营销活动高度相关。

我们可以从这些早期研究中发现一些不足。首先，最具创新性的研究往往主要集中于企业（McAdam et al., 2008; Watkins-Mathys et al., 2006），忽略了这些参与者和科学园区所处的更广泛的制度环境。制度因素可能对此类产业综合体的运营、功能和发展前景起着至关重要的作用（Huang, 参见本书第7章）。

其次，科学园区的大量文献都是基于较为发达经济体的经验。在塑造这些产业综合体的发展道路和表现方面，“自下而上”的发展并不少见，最明显的例子可能是硅谷（见本书第1章）。相比之下，发展中国家和亚洲地区的科学园区往往是中央政府“自上而下”的举措，创造出不同的动力基础和创新生态系统。卡斯特尔和霍尔（1994）对“科学城”和“技术园区”的初始说明描述亟待更新，以符合其在这些新兴经济地区的适用性。

最后与之相关的一点是，目前对科学园区的研究往往是对其绩效的特定分析，而没有参考系统性、可比性的框架。为分析当前科学园区的特征，特别是发展中国家新兴的科学园区形式，迫切需要一个更合理的、兼顾科学园区系统性和制度环境的理论框架。

为解决这一问题，本章采用了创新系统理论（OECD, 1997）。例如，伦德瓦尔（1992）认为创新系统的“核心”是私营企业。其“配套基础设施”包括直接参与知识生产、传播和使用的机构，如大学和财政部门；以及更广泛的社会经济系统。企业和机构参与者内部以及彼此之间的互动反过来又决定了知识和创新的创造、转移、利用和增长效率。图11-1展示了一个简单的创新系统，突出了最重要的制度基础设施因素。

创新系统（IS）方法自出现以来，在政策和学术上迅速得到普及。经济合作与发展组织发表了许多关于欧洲国家创新系统的案例研究（OECD, 1999）。自

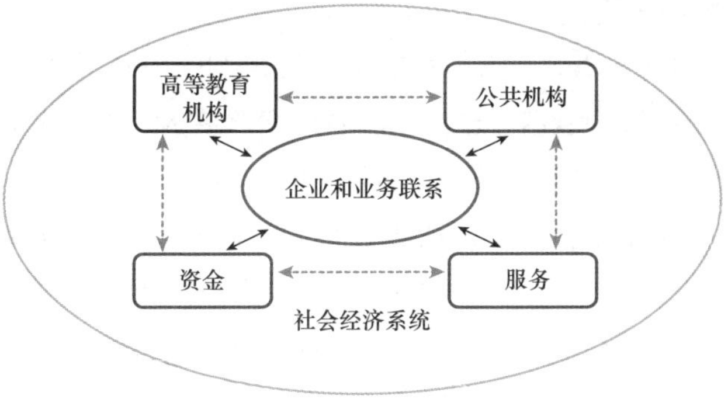


图 11-1　创新系统的简单结构
来源：作者。

21 世纪以来，关于区域创新系统（RIS）的研究也取得了进展（例如 Cooke et al., 2003）。虽然莫特（Mothe）和帕凯（Paquet）（1998）认为，创新系统框架是关于创新过程及其动态特征最全面的解释之一，但此框架仍然倾向于忽视微观特征以提供长期的宏观解释。更具体地说，创新系统理论过度强调企业之间以及企业与机构之间的联系（Capello et al., 2005），削弱了对企业与机构内部情况的深入研究。这种忽视反映了当前创新研究讲述"幸福的家庭故事"的趋势，过分关注更广泛联盟的合作方式，以求在企业和机构之间建立联系，而不考虑驱动各决策机构（包括企业）的潜在障碍（Lagendijk et al., 2005）。

未充分理解这些企业的决策过程和动机从根本上妨碍了对整个系统动态和发展的讨论。为了解决这个问题，笔者将企业的资源基础观（RBV）纳入本章的框架，提供了一种"创新资源基础观"，特别结合了企业国际资源和外部互动之间的资源基础观区别。这个混合式的框架有四个基本论点。首先，组织是独特资源和能力的集合（Conner et al., 1996; Penrose, 1959）。如果内部资源稀缺、有价值、难以模仿且没有同等的替代品，则可能产生持续的竞争优势（Barney, 1991: 99）。其次，随着市场分工的不断强化和资源规范的不断完善，企业从内部获取所有必需的资源和能力既不可能也不可行，企业必须建立外部关系，采购互补性的资源。再次，积极的区域环境有助于企业主动利用自身能力（如提供培训项目和获取原始资本），通过营销措施、获取流动资本、改善实体和虚拟基础设施，更容易地获得外部资源。最后，这三个因素显然是相互关联的：企业内部资源影响其获取和吸收外部资源的能力。

从企业内部资源来看，最常讨论的是企业的规模、成立年限、员工技能和研发资源。中国最显著的制度特征之一是国有/集体控股企业与私营企业共存。以往的研究表明，企业所有制与其经济绩效（Jefferson et al., 2003; Pyke et al., 2002; Xu et al., 1997）以及获取其他资源的能力（Li et al., 2005）之间有着密切的关系。由于关于中国科技产业园的论文很少涉及企业所有制所扮演的角色，本章旨在填补这一空白，具体研究企业所有制是否会影响其在给定系统内调动内部和外部资源的能力，进而影响其经济和创新绩效。

## 11.3 中国的科技产业园和中国光谷

在中国，与科学园区有相同意义的产业综合体，被国家称为科技产业园。与卡斯特尔和霍尔（1994）所定义的"科学城"和"技术园区"原型相比，中国的科技产业园可以被视为兼具两者的功能，中国火炬高技术产业开发中心（以下简称"火炬中心"）给出的广泛定义暗示了这一双重角色。[1] 其功能包括：

（1）高新技术产业发展基地；

（2）将高新技术和产品推广到传统行业的节点；

（3）体制改革创新试验区；

（4）科学、技术和产业融合的示范中心；

（5）体现社会主义现代化的新社区；

（6）培养高新技术企业和创业者的学校；

（7）向其他国家展示的窗口。

科学园区模式在20世纪80年代得到政府的认可，与发达国家相比相对较晚。第一个国家级科技产业园是北京中关村，1988年经国务院批准；1991年，26个省级科学园区得到升级，1992年又升级了25个。然而，在接下来的20年里，政府只启动了两个全国性的科技产业园，并暂停了一段时间，以观察这种特殊增长模式的效果。[2] 随后，在2010年底和2011年初，59个地方级科技产业园被提升到国家一级，这反映出政府相信科技产业园是一种有效提高生产力的方式。科技部的一位管理者称，"中国将科学园区视为其创新能力建设的核心"（SciDev.

Net, 2006）。但是由于中国的数据限制（Watkins-Mathys et al., 2006），特别是缺乏科技产业园的个体数据（Zhang et al., 2011），意味着只有少数研究可以用来探索这些知识设施的贡献：本节将依赖于二手数据来解决第一个研究问题。

到 2006 年，41 个科技产业园对经济的贡献已经很大（表 11-1）。例如，园区内企业总数为 45800 家，占中国工业企业总数的 15%；园区内员工达到 574 万人，占中国工业就业总量的 3%。2006 年，中国科技产业园的企业和员工数量有限，贡献了 13.8% 的工业收入、14% 的出口和 34.8% 的工业总产值。此外，21 个科技产业园的工业增加值占所在城市的 30% 以上，包括陕西燕岭（94.2%）和西安（62.2%）以及湖北武汉（30.5%）。就国内生产总值（GDP）贡献而言，2006 年，11 个科技产业园创造了所在城市 20% 以上的 GDP，包括山东淄博（48.9%）和北京中关村（27.9%）。

尽管中国科技产业园在整体上具有经济带动作用和广泛的地理覆盖面，[3] 但它们对所在地区的贡献却有很大的差异。以沿海地区为例，2006 年，位于长三角和珠三角的六个科技产业园的高新技术产业总产值分别为 1384 亿美元和 824 亿美元，处于绝对的领先地位（表 11-1）。相比之下，中部地区的 9 个科技产业园仅产生了 707 亿美元的工业产出，平均工业产出约为珠三角地区的一半，不到长三角地区的三分之一（火炬中心，2007）。

鉴于地区的多样性，本研究集中于中国中部的一个科技产业园，即位于湖北武汉的中国光谷，原因有三。首先，尽管中国各科技产业园之间存在区域差异，但现有的研究绝大多数集中在最发达的沿海地区。因此，非常有必要把目光转移到中国的内陆地区，尤其是中部地区，由于在经济和政治上地位不高，因此其经济发展相对落后（中国经济，2009）。其次，在中国中部现有的科技产业园中，中国光谷作为一个专门从事光电相关产品的创新中心脱颖而出。这一事实在 2010 年底中央政府授予中国光谷“国家自主创新示范区”时得到了承认。光谷成为继中关村之后第二个获此殊荣的科技产业园。最后，中国光谷是政府于 1991 年认可的第一家科技产业园集团，但其实体建设和运营实际上始于 1988 年。鉴于任何科学园区通常需要 20 年的时间才能成形（Castells et al., 1994），相比其他科技产业园，中国光谷的长期运营确保了能够进行有意义的绩效评估。

**表11–1 中国不同地区科技产业园的经济绩效（2006年）** 单位：亿美元

| | 数量 | 总收入 | 工业产出 | 工业增加值 | 净利润 | 上缴税款 | 出口 |
|---|---|---|---|---|---|---|---|
| 1) 长江三角洲 | 6 | 1 586.89 | 1 383.75 | 280.47 | 75.33 | 49.34 | 628.4 |
| 平均值 | | 264.48 | 230.63 | 46.75 | 12.56 | 8.22 | 104.73 |
| 2) 珠江三角洲 | 6 | 880.31 | 824.11 | 166.45 | 33.80 | 24.68 | 305.2 |
| 平均值 | | 146.72 | 137.35 | 27.74 | 5.63 | 4.11 | 50.87 |
| 3) 东北 | 7 | 796.30 | 703.09 | 188.54 | 33.72 | 50.59 | 39.7 |
| 平均值 | | 113.76 | 100.44 | 26.93 | 4.82 | 7.23 | 5.67 |
| 4) 中部 | 9 | 784.16 | 706.61 | 210.63 | 41.46 | 56.62 | 30.2 |
| 平均值 | | 87.13 | 78.51 | 23.40 | 4.61 | 6.29 | 3.36 |
| 5) 西部 | 13 | 863.63 | 705.79 | 203.65 | 46.68 | 45.88 | 61.6 |
| 平均值 | | 66.43 | 54.29 | 15.67 | 3.59 | 3.53 | 4.74 |
| 科技产业园总计 | 41 | 6 942.07 | 5 752.84 | 1 365.49 | 341.09 | 316.83 | 1 360.9 |
| 平均值 | | 169.32 | 140.31 | 33.30 | 8.32 | 7.73 | 33.19 |
| 国家工业总额 | | 50 253.62 | 16 531.85 | 14 632.70 | 3 125.61 | 6 211.34 | 9689 |
| 科技产业园占国家比例 | | 13.81% | 34.80% | 9.33% | 10.91% | 5.10% | 14.05% |

来源：火炬中心（2007）。

本研究集中在中国光谷内部最大的一个产业部门，即光电产业。企业名称及联系方式分别来自光电企业名录（2010）、武汉东湖新技术产业开发区（OVC, 2009）、广州光学光电子行业协会（GZOEMA, 2010）、武汉中国光谷激光行业协会（WLA, 2008）。通过对这些不同名录的交叉匹配，确定了在湖北省注册的203家光电相关企业。经过两轮电话和网站筛查，企业数减少到184家，其中147家在中国光谷注册。对147家园区内企业进行面对面采访，获得了138份可用问卷，回复率为93%。采访问题主要围绕三个主题展开：内部资源、外部关系网络和绩效表现。问卷经过三轮测试，以达到最清晰、最简单的设计，并使用统计分析软件（SPSS）对结果进行记录和分析。

## 11.4 从系统的角度看中国光谷

中国光谷的正式名称是“东湖高新技术产业开发区”，其经济绩效在中国相对领先。表 11–2 根据现有指标呈现了其经济状况。2009 年，在中国 56 个科技产业园中，除出口外，中国光谷在所有指标中均位列前十，鉴于湖北省相对落后的经济地位，这一成绩令人印象深刻（Miao et al., 2013）。与沿海地区相比，中国光谷出口水平相对较低，这是可以理解的，因为光谷的企业并不主要面向出口。在光谷涉足的各个领域中，光电产业最具竞争力。根据光谷 2009 年年报（2011），其当年总收入为 2261 亿元人民币（合 363.2 亿美元），在 56 个国家级科技产业园中排名第十。其中 37.2% 的收入来自光电和通信行业（835.6 亿元人民币，合 135.6 亿美元），领先其第二大收入来源——现代装备制造业 485.6 亿元人民币（78 亿美元）。

光谷的建设体现了地方政府为该地区培育“增长极”的愿望。光谷的整体经济运行显示出向好迹象，该省的产业结构正从重工业向轻工业、高技术产业转变。然而，目前尚不清楚园区内的企业是否也作出了类似的贡献、是否具有创新性，尤其是在中国的背景下，所有制的混合可能会影响公司利用内部资源、评估和获取外部资源以及与其他系统合作伙伴建立网络的能力。所有这些能力，反过来又极大地影响着系统的协同效应和动态，本节下面将讨论这个问题。

**表 11–2　中国光谷的经济效益**　　单位：亿美元

| | 中国光谷 2009 年 | 与 2008 年相比 | 2009 年全国排名 | 2008 年全国排名 | 2009 年地区总计 | 2009 年中国光谷占地区比例 |
|---|---|---|---|---|---|---|
| 总收入 | 363.25 | 28.55% | 10 | 10 | 2 435.87 | 14.91% |
| 工业产品 | 317.32 | 25.64% | 8 | 9 | 969.9 | 32.72% |
| 增加值 | 107.19 | 25.86% | 2 | 3 | 832.65 | 12.87% |
| 净利润 | 21.27 | 27.27% | 8 | 8 | 175.48 | 12.12% |
| 上缴税款 | 19.51 | 36.40% | 7 | 9 | 168.5 | 11.58% |
| 出口 | 25.18 | 128.08% | 21 | 29 | 99.79 | 25.23% |

来源：OVC（2011）和国家统计局（2011）。

### 11.4.1　企业所有制模式

在接受调查的企业中，22 家为国有企业、10 家为集体企业（二者占样本的 23.2%），99 家为私营企业，其余 7 家为外资企业。将这种所有制分布与其他数据来源进行比较，就光谷的企业整体概况（国有企业占 9.76%）和全国平均水平（国有企业占 4.97%）而言，国有企业在光电领域的比例是高的。这是可以预料的，因为光电部门具有战略重要性，从而决定了国家资本的主导地位。此外，与全国平均水平相比，光谷缺乏外资反映出华中地区在外商投资竞争中仍然处于劣势地位（Broadman et al., 1997）。

对企业所有制和其他特征的进一步研究揭示了更有趣的关系：首先，不同所有制的光电企业之间存在显著的年限差异——所有 25 年以上的老牌企业都是国有的，而所有 7 家外资企业都是在 10 年内成立的。其次，国有企业和外资企业往往规模更大（员工超过 50 人），而四分之三的私营企业都属于员工少于 50 人的中小企业。

### 11.4.2　新兴模式

本节将探讨企业所有权对企业内部研发资源、企业外部联系和企业创新表现的影响。第一，企业研发资源。企业研发资源大致等于企业研发支出占企业年营业收入之比。第二，企业外部联系。调查要求所有受访企业将有助于其创新表现的外部力量按重要性排序；排序结果可以反映企业与不同合作伙伴之间所形成的外部关系网，和它们对这些关系网的评价。第三，企业创新绩效。调查以企业收入与工业产值为依据判断企业整体经济绩效；以高科技产品销量和新产品销量为指标了解企业创新竞争力。

**企业所有权和研发资源**

图 11–2 展示了企业所有权和研发资源之间的关系。其中最引人注目的一点是，研发投入高于私营企业和外资企业的国有企业比例大幅上升。这与人们通常认为国有企业技术落后、设备过时、对研发普遍不重视的情况恰恰相反。而外资企业在这方面差别明显。三分之一的企业完全没有研发支出；三分之一的企业研发支出占总收入的 21% ~ 40%；六分之一的企业将超过 80% 的收入投入到研发领域，远高于平均水平。私营企业的研发投入热情最低，完全没有研发预算的企业占比高达 60.6%。由于研发活动通常被看作是企业发展创新能力、吸收外部知识的前提条件，因此这一调查结果预示着所有权不同的企业很可能会形成不同的创新能力和关系网络。然而应该注意的是，参与调查的国有企业和外资企业的规

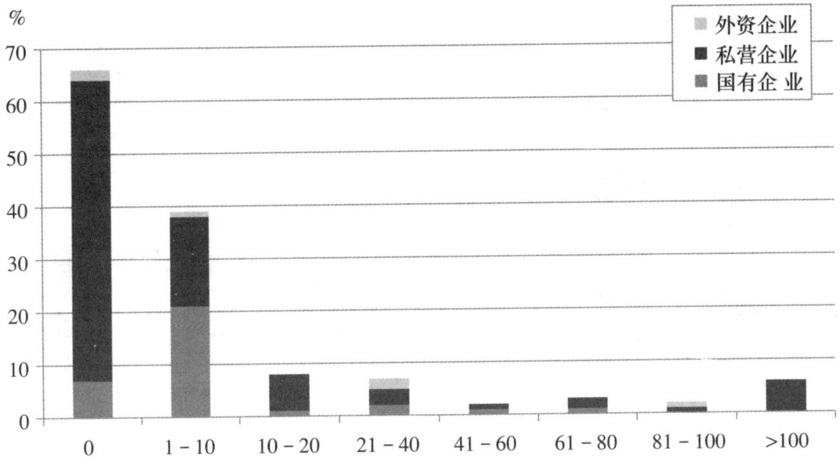


图 11–2　不同所有权企业的研发支出占收入的比例

来源：作者提供。

中文版编者注：图 11–2 横坐标为研发支出占收入的比例，纵坐标为具有相应特征（如研发支出占收入比例为零，即“没有研发支出”）的企业数量占该类型（如“外资企业”）企业总数的百分比。柱状图中的每个柱子显示三类企业分别计出的百分比堆叠后的总数，与正文对数据的描述角度不同，特此说明。

模往往超过私营企业，所以调查结果并不能清晰表明企业所有权与研发资源之间的关系。

**企业所有权及其外部关系网**

调查要求所有受访企业将促进企业创新能力发展的外部力量按重要性排序，从而了解企业所有权与企业外部关系网之间的关系。评分采用五分制李克特量表：“0”代表“最不重要”，“5”代表“最重要”（图 11–3）；问卷问题涵盖与企业创新相关的各种活动，以此代表企业的“创新能力”。

首先，大多数企业认为“消费者”是其创新活动唯一的、最重要的合作伙伴，与“边做边学”模式在武汉光谷的流行相契合。其次，国有企业对所有六种合作伙伴的重要性排序均高于私营企业，这或许反映出国有企业比私营企业拥有更好的外部关系网。其中尤为特别的是，国有企业认为“公共机构”最为重要，这也验证了此前的结论，即政府倾向于为国有企业打造更为有利的发展条件。

相比之下，外资企业对其与客户和高等教育机构（FIEI）的关系评价较高，而且是唯一一类认为高等教育机构重要的企业，这也许是因为海外企业比国内企

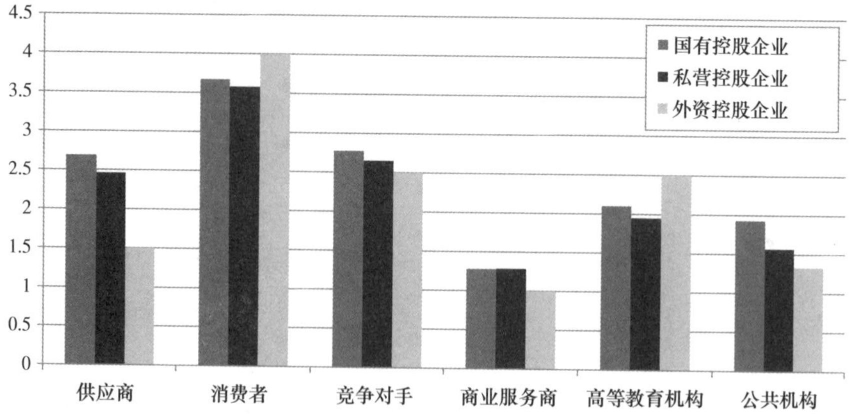


图 11-3 不同所有权企业的外部关系网

来源：作者提供。

业更习惯于与研究机构合作。改革之前，中国的企业、教育机构和研究机构都是垂直管理和组织的，这降低了它们的合作能力（OECD, 2008）。另一个同样合理的解释是，外资企业吸收能力较强，恩（Eun）、李（Lee）和吴（Wu）（2006）观察到，中国产业研究合作面临的最大障碍之一是国内企业的吸收能力低。最后，私营企业倾向于认为本文列出的大部分参与者对其创新能力不太重要（得分低于 4 分），这可能再次证实了它们的研发活动相对较少，但也可能反映出其在建立外部联系方面的内部不足。这一观察结果与本章前面提出的理论模型一致，即企业内部资源与外部网络能力相互交织，共同影响企业创新能力以及整个系统的协同作用。

**企业所有制和经济绩效**

从综合经济指标和创新能力来看，企业所有制和经济绩效之间的关系汇总见表 11-3。与人们的普遍看法相反，在所有四个经济指标中，国有企业的平均表现都优于其他所有制企业。鉴于之前提到国有企业研发投入相对较高，网络构建能力更好，这种模式是可以理解的。私营企业虽然不太致力于研发，但在平均绩效方面排名第二。尽管如此，较低的中位数意味着私营企业的经济绩效存在显著差异。在这三种企业中，外资企业的平均表现最差。令人困惑的是，在我们印象中，有三分之一以上的外资企业积极开展研发活动。然而，正如中间值所显示的，一半的外资企业既没有研发活动，也没有新产品销售，这些企业可能只是作为总部的附属，研发主要面向适合中国特定本地市场的产品。此外，这些企业效率低下，不愿转让其知识，可能因此限制了其外部网络关系和经济绩效。这些推测将通过以下重点案例研究进行交叉验证。

**表 11–3　不同所有制企业绩效汇总**

| 所有制 | 收入 | | 经济绩效（百万元人民币） | | | | | |
|---|---|---|---|---|---|---|---|---|
| | | | 工业产出 | | 高技术产品销售 | | 新产品销售 | |
| | 中间值 | 平均值 | 中间值 | 平均值 | 中间值 | 平均值 | 中间值 | 平均值 |
| 1. 国有 / 集体 | 78.39 | 779.17 | 97.47 | 770.14 | 24.50 | 644.83 | 0.32 | 181.48 |
| 2. 私营 | 3.87 | 40.15 | 2.81 | 44.07 | 0.0 | 17.34 | 0.0 | 6.90 |
| 3. 外企 | 14.50 | 22.98 | 14.50 | 22.39 | 0.0 | 4.29 | 0.0 | 2.96 |
| 总计 | 9.28 | 216.00 | 8.74 | 216.60 | 0.0 | 166.73 | 0.0 | 48.45 |

注：单因素方差分析显示，四个组间均差在 95% 水平上具有显著性。
来源：作者。

## 11.5　“三家企业的故事”

本节通过三家企业的案例研究，进一步探讨企业所有制与其系统能力之间的关系。根据中国光谷 2010 年经济调查数据，以各所有制类别（国有、私有、外资）中最具竞争力的企业为例进行研究。信息主要来源于多媒体报告，并交叉引用同这些公司的高级管理人员面对面的访谈内容。

### 11.5.1　第一家公司：烽火通信

第一个案例研究对象是烽火通信，这是中国光谷的一家典型国有企业。烽火通信是 20 世纪 90 年代初中国科研机构（RI）改革的直接产物。其前身是武汉邮电科学研究院（WRI），被广泛认为是中国光电子产业的“摇篮”（Guang, 1995）。1995 年，国务院发布《关于加快科学技术进步的决定》（1995），武汉邮电科学研究院加快了改革进程，并于 1999 年完全重组为一家名为烽火通信的合资企业，政府为主要股东（中国 IT 产业网，2006）。现实中，武汉邮电科学研究院和烽火通信是同一单位的两个名称，作为一个研究机构，武汉邮电科学研究院成功保持了其行业领先地位——参与了几乎所有与光纤通信相关的国家重点技术项目，为500多个研发项目作出了贡献。自改革开放以来，因其在技术方面的贡献，被中央和地方政府授予了170多个奖项（百度，2011）。

由于技术领先、光电子产业巨大的市场潜力、国内有利的制度环境等因素的共同作用，烽火通信在中国光谷和中国光电子领域占据绝对主导地位。根据中国光谷的一项内部公司调查，烽火通信2009年的总收入和工业产值是光谷第二大企业的两倍。此外，烽火通信还成立了多家控股公司，专门从事通信技术、通信设备、光电设备等不同领域的业务。所有这些子公司都受益于武汉邮电科学研究院的内部知识，从而处于技术进步的前沿，并加强了盈利能力。武汉邮电科学研究院的这些贸易优势使其在工业产出和创新能力方面具有出色的表现。

更不可思议的是，武汉邮电科学研究院的市场化改革也给企业的外部关系带来了另一个变化。当武汉邮电科学研究院为前国家邮电局所有时，地方政府很难从武汉邮电科学研究院中获益，因为所有的利润，连同其人员、组织和对外事务都由中央政府控制。当武汉邮电科学研究院在20世纪90年代逐步转型为股份制公司时，其与中央政府之间的联系也随之疏远，而对当地经济的重要性显著增加。这种地方嵌入的加深，反过来又使烽火通信与当地政府的联系更加紧密。正如该公司的研发总监所说：

> 鉴于我们与地方政府的关系，我们有一些不可撼动的优势：首先，我们是光通信领域最早的研究机构之一，现在我们已经转型为企业，因此我们对整个地方产业链和其他相关行业的贡献是相当大的。其次，我们推动了当地高等教育机构开设光电子相关课程。因此，我们与政府有着良好的关系，政府对我们的需求反应迅速——正如我们所说的，“重点企业，重点关注”……我们已经在中国各地建立了研发中心，但是我们不会将我们的企业核心搬出中国光谷，因为没有这个必要。
>
> （采访：2010年7月8日）

烽火通信的故事在一定程度上解释了国有企业高于平均水平的绩效，以及它们与外部合作伙伴之间出色的关系网络。首先，中国光谷的许多国有企业都是原研究机构市场化的结果，拥有雄厚的技术实力和研究人才。其次，这些经过改革的公司保留甚至加强了与地方政府的关系。公有制带来的保障，使国有企业在与银行、土地开发商和知识机构等其他系统组成部分的谈判中获得了更好的地位。

同时，作为直接受益者，政府也更愿意支持其控股企业。这些内外优势共同作用，为中国光谷国有企业的卓越表现作出了重要贡献。

### 11.5.2　第二家公司：楚天集团

截至 2008 年，在中国光谷的三家激光公司中，楚天集团是唯一一家销售额超过 1 亿元人民币（合 1606 万美元）的民营企业。楚天集团由华中科技大学激光研究小组的一批技术人员创建。华中科技大学是中国最负盛名的高等教育机构之一，在激光技术方面有着悠久强大的研究历史（中国计算机，2005）。1985 年，华中科技大学与武汉市光学研究所、武汉市光学仪器厂合作，在武汉市光学仪器厂原址上创办了楚天激光，该厂后来搬进了一家孵化器。20 世纪 90 年代初，楚天的首席执行官毕业后成功地将这家国有企业转变为有限责任公司。楚天现已发展成为中国光谷最大的民营企业，也是国内领先的专业从事工业激光、医疗激光、激光加工技术的公司（楚天激光，2011）。

尽管楚天在工业激光领域占有近一半的国内市场份额，但在获取外部资源方面面临两大挑战。先是技术投入：公司一直以来主要依靠内部研发能力，这在研发水平普遍偏低的民营企业中是个例外。楚天的销售经理解释了其自力更生，而非与研发机构合作的原因："高等教育机构主要从事理论研究，而应用的可行性需要在我们企业进行检验"。更具体地说，作者被告知：

> 楚天不得不在三个市场领域投入不同的资源。在医用激光方面，中国还没有成熟的技术，所以我们只能依赖于进口。举个例子，我们从一家以色列公司购买了技术。在激光加工方面，中国有一定的技术基础，所以我们倾向于与合作伙伴合作。在工业激光方面，中国同样缺乏技术基础，并且没有地方可买。这是因为美国等西方国家阻碍了对中国的技术出口，因此，除了自主发展，不可能买进。
>
> （采访：2010 年 7 月 28 日）

除了这种有形的困难外，楚天在与公共部门的联系方面也存在不利因素。虽然受访者对他们使用公共资金的效率有信心，但他抱怨说，从政府获得资金非常困难，政府更倾向于投资研究机构、高等教育机构和高等教育机构下属公司。由于在获取研究资金和其他资源方面落后于这些政府支持的企业（或事业单位），楚天希望“有一个更公平的竞争环境，让每家企业都能站在同一起跑线上”。

因此，虽然目前各种所有制被允许和鼓励，但大量民营企业在现实中可能仍面临着不太有利的竞争环境。除了办公空间、基础设施、行政管理、咨询等一般园区服务外，中国光谷的民营企业往往处于公众关注的边缘，除非能够达到阈值规模（楚天是有限的案例之一）或与国有企业合作。这也许可以解释为什么这里的私营企业的业绩普遍落后于国有企业。

### 11.5.3 第三家公司：武汉 NEC

外商投资企业在中国光谷所占比例历来不高，但由于地方政府大力推动，外企数量从20世纪90年代开始增长。光谷投资促进局局长指出：

> 这个开发区一开始就背负着经济指标的重担，因为中国政府的评估体系主要是基于经济指标，比如所在行业的经济规模和外商投资额。因此，中国光谷的前几届领导班子将吸引外商直接投资列为最优先事项，尽最大努力吸引外商投资。
>
> （采访：2010年8月12日）

受这些政府宣传和中国光谷产业增长的吸引，到1995年，外商投资企业已增至281家，据报道占中国光谷企业总数的一半以上（Zhong et al., 1995）。光电领域的一项引人注目的投资包括1992年长江通信产业集团、日本电气公司和日本住友化学成立的合资企业武汉NEC，主要从事光纤生产、销售和技术服务。NEC的成立被认为最终形成了中国光谷的完整光通信部门（Feng, 1994）。

尽管备受期待，但武汉NEC（武汉日电光通信工业有限公司）的表现令人失望。2009年，武汉NEC的工业产值和营收均未进入中国光谷注册的285家光电公司的前十，其技术成熟程度及推广技术的意愿令人怀疑。例如，一位曾在武汉NEC与当地一家公司[4]的合资企业工作的工程师指出，“中日两国的合作在大多数时候并不顺利……日本人对技术问题非常敏感，我们几乎不可能通过合作学习他们的技术”（采访：2010年6月30日）。一位匿名受访者就此提供了更多证据：

> 武汉NEC的业务仅限于系统安装和包装。所有的核心部件都是在别处生产的，主要是日本。说到系统安装，我认为不涉及任何技术。我们要做的就是把手机和电脑连接起来，把预先编写好的系统下载到手机

上，打开手机，进行测试，或者应该说玩完之后交给包装部门。然而，装配线上的工作人员受到大量电脑辐射，如果长时间工作，视力就会迅速下降。NEC 之所以选择武汉作为其组装工厂，完全是因为这里的廉价劳动力。我在武汉 NEC 工作，我们大多数人都是大学实习生。我们每个月的平均工资只有 800 元人民币（约 130 美元），没有保险。

（采访：2010 年 7 月 5 日）

中国光谷内数量有限的外资企业既带来了效益，也带来了成本。当然，有影响力的跨国公司在光电子产业的投资也强化了一些产业部门，尤其是光通信产业。其次，它们的出现显著提高了中国光谷的国际知名度，并加强了全球市场对本土企业的认识。但是，不应过分强调它们对中国光谷以及对整个华中地区的贡献：相对较少的外商直接投资以及不愿传播先进技术都限制了它们的经济和创新绩效以及对中国光谷的贡献。这个发现并不特别令人意外，它表明中国光谷仍然是一个“技术跟随者”，不是获取尖端技术的“场所”，而是一个具备一些研发要素的生产综合体。

## 11.6　结论

本章讨论了两个问题（见第 11.1 节）：

（1）中国内地的科学园区有何贡献?

（2）园区内企业的不同特征对其贡献有何影响?

继卡斯特尔和霍尔（1994）强调系统协同对高技术园区成功的重要性之后，本章采用创新系统方法，以创新资源基础观进行了补充，特别是将企业所有制变量作为潜在的决定因素。理由是，在西班牙等西方国家，企业规模和成立年限被认为是影响其创新绩效的因素（见本书第 10 章），而在中国的背景下，企业所有制是一个值得关注的因素，但很少有关于科学园区的研究明确关注了这一点。

中国国家科技产业园的官方数据指出了科技产业园总体上的重要性，但也强调了存在相当大的区域差异，中西部的科技产业园生产力水平低于沿海地区的科技产业园。从系统的角度来看，科技产业园的区域差异明显与其所在区域不同的经济条件有关。这种差异在华中地区也可以观察到，因为中国光谷无疑正在成为一个前景广阔的创新中心，并为其所在地区贡献了很大一部分财富。

以中国光谷为重点，本章进一步探讨了企业所有制对其参与系统发展动态的影响。对光电子企业的调查结果揭示了一些有趣但令人困惑的发现。

首先，国有企业更愿意将内部资源投入到研发活动中，也更重视与公共机构的关系。其优越的资源调动和关系建立能力，在经济效益和创新成果上都与其领先地位相适应。这些发现与现有文献记录相反，文献显示国有企业的生产力和创新能力都较低。正如烽火通信的案例所表明的那样，中国光谷的国有企业由知识机构转型而来的企业所主导。这些企业继承了原来机构的知识储备、技术成果甚至人力资本，因此拥有丰富的内部资源。此外，它们与地方政府的密切联系使其更容易获得公共资金。在某些情况下，地方政府甚至愿意根据“明星”企业的需求调整政策。

其次，中国光谷的私营企业无论在研发资源还是外部关系网络方面都处于相对劣势。但它们的平均表现在中等水平——比外资企业要好。尽管如此，越来越多的企业意识到内部研发的重要性，并迅速建立起自己的研究能力，楚天集团就是一个例子。它们在积累内部资源方面的努力可以在一定程度上弥补它们在获得外部资源方面的劣势，这也许可以解释为什么私营企业的经济和创新绩效处于中等水平。

最后，中国光谷的外资企业在研发投入方面差异巨大，这可能反映出中国光谷中真正的投资者和装配分厂共存的情况。这些外资企业的表现最差，尽管其中许多企业享受着所谓的外企优惠政策。对于外资企业，这种困境可以用武汉 NEC 的情况来解释，即它们不愿分享内部资源，尤其是技术。结果就是许多外商投资企业已将主要精力投入到产品的改造或改进上。然而，它们对外部联系和合作的需求相对被动，进一步削减了它们内部资源组织和利用的活跃性。多方共同作用下，外资企业在这三类企业中的研发绩效最低。

基于单个案例研究试图得出一般结论总是有风险的。考虑到这一点，本章可以提出一些探索性的建议。首先，似乎有理由认为，企业所有制与其创新能力之间的这种相互作用可能与中国的具体情境有关。20 年前，卡斯特尔和霍尔（1994）考察世界各地的科技园区时发现，只有苏联与中国有一些相似之处。但其“极端策略”意味着，无论是 1991 年之前还是之后，都没有出现这种混合所有制的情况。

然而，在中国，尤其是内陆地区，这种混合所有制的现象仍然发挥着作用，并且可以说影响着一个科学园区场所的附加值。这一特殊发现可以推广到探索创新系统的微观功能。特别是，基于企业层面分析的科学园区系统观将为评估这些知识设施带来新的见解。这不仅适用于中国，也适用于渴望追求这种科学园区模式的其他国家。通过更好地考虑企业所有制以外的其他变量，如企业的区位和组织结构，可以更全面地了解情况。因此，更广泛地评价企业所有制对其对区域创新系统以及科技园区附加值的贡献也是非常可取的。

## 注释

1　火炬中心是中国科技产业园管理局，受科学技术部监管。

2　2010 年 6 月，采访火炬中心的一名官员。

3　除西藏外，每个省目前至少有一个国家级科技产业园。

4　该合资企业为 NEC 中原电子，其母公司已于 2000 年结束合作。

## 参考文献

AURP and Battelle (2007) 'Characteristics and Trends in North American Research Parks: 21st Century Directions'. Association of University Research Parks, pp. 1–14. Baidu (2011) *Wuhan Post and Telecommunications Research Insitute* (5 July 2011). Available at: http://baike.baidu.com/history/21538926 (accessed on 12 October 2011).

Barney, J.B. (1991) 'Firm resources and sustained competitive advantage'. *Journal of Management*, 17: 99–120.

Broadman, H.G. and Sun, X. (1997) *The distribution of foreign direct investment in China*. London: Blackwell (pp. 339–61).

Capello, R. and Faggian, A. (2005) 'Collective learning and relational capital in local innovation processes'. *Regional Studies*, 39(1): 75–87.

Carter, N. (1989) *Science parks: Development and management*. London: Estates Gazette.

Castells, M. and Hall, P. (1994) *Technopoles of the world: The making of 21st-century industrial complexes*. London: Routledge.

Chen, K. and Kenney, M. (2007) 'Universities/research institutes and regional innovation systems: The cases of Beijing and Shenzhen'. *World Development*, 35(6): 1056–74.

China Computer (2005) ‘Crucial events over the last twenty years’. Available at: www. qikan. com.cn/Article/jsjb/jsjb200595/jsjb20059502.html (accessed on 30 June 2011).

China Economic Net (2005) ‘Analysis of the economic development trend of central region in the new century’. Available at www.ce.cn/kfq/KFQSY/lt/200508/23/t2005 0823_4501114.shtml (accessed on 6 July 2010).

China IT Industry Net (2006) ‘FiberHome Technology Group. Wuhan Post & Telecommunication Research Instutute Introduction’ (8 June 2006, in Chinese). Available at: www.cnii.com. cn/20060529/ca356094.htm (accessed on 5 March 2011).

China Optics and Optoelectronics Manufacturers Association (2010) *Firm directory of photonics industry*. Available at: http://coema.org.cn/news (accessed on 3 May 2010).

Chutien Laser (2011) *History of Chutian Laser*. Available at: www.chutianlaser.com/gyct-ls.asp (accessed on 30 June 2011).

Cooke, P., Heidenreich, M. and Bracyck, H.J. (2003) *Regional innovation systems: The role of governance in a globalised world* (2nd edn). London: Routledge.

Conner, K.R. and Prahalad, C.K. (1996) ‘A resource-based theory of the firm: Knowledge versus opportunism’. *Organization Science*, 7(5): 477–501.

Eun, J.H., Lee, K. and Wu, S.G. (2006) ‘Explaining the “university-run enterprises” in China: A theoretical framework for university-industry relationship in developing countries and its application to China’. *Research Policy*, 35:1329–46.

Feng, L. (1994) ‘Optical communication industry in OVC is leading in China’, *Hubei Daily*, 28 July 1994.

Forsyth, A. and Crewe, K. (2010) ‘Suburban technopoles as places: The international campus garden suburb style’. *Urban Design International*, 15: 165–82.

Gower, S.M. and Harris, F.C. (1994) ‘The funding of, and investment in, British science parks: A review’. *Journal of Property Finance*, 5(3): 7–18.

Guang, C. (1995) ‘Exert the advantages of universities and research institutes, develop the economy of Wuhan’, *Yangtze Daily*, 1 December 1995.

GZOEMA (2010) *Firm directory*. Available at: www.lighting86.com.cn/company/ index.html (accessed on 6 May 2010).

Hong, W. (2008) ‘Decline of the center: The decentralizing process of knowledge transfer of Chinese universities from 1985 to 2004’. *Research Policy*, 37: 580–95.

Jefferson, G., Hu, A., Guan, X. and Yu, X. (2003) ‘Ownership, performance, and innovation in

China' s large- and medium-size industrial enterprise sector' . *China Economic Review*, 14(1): 89–113.

Lagendijk, A. and Oinas, P. (2005) 'Towards understanding proximity, distance and diversity in economic interaction and local development' , in A. Lagendijk and P. 0' fnas (eds), *Proximity, distance and diversity, issues on economic interaction and local development*. Chicago, IL: Ashgate (pp. 307–32.)

Li, H., Zhang, W. and Zhou, L.A. (2005) 'Ownership, efficiency, and firm survival in economic transition: Evidence from a Chinese science park' (no. 70025201). *Journal of Comparative Economics*, September, 1–37.

Lindelof, P. and Lofsten, H. (2002) 'Growth, management and financing of new technology-based firms: Assessing value-added contributions of firms located on and off Science Parks' . *Omega*, 30(3): 143–54.

——(2003) 'Science park location and new technology-based firms in Sweden –Implications for strategy and performance' . *Small Business Economics*, 20(3): 245–58.

——(2005) 'Academic versus corporate new technology-based firms in Swedish science parks: an analysis of performance, business networks and financing' . *International Journal of Technology Management*, 31(3–4): 334–57.

Lundvall, B. (1992) 'National systems of innovation: Towards a theory of innovation and interactive learning' . London: Pinter.

Massey, D. and Wield, D. (1992) 'Evaluating science parks' . *Local Economy*, 7(1): 10–25.

Massey, D., Quintas, P. and Wield, D. (1992) *High-tech fantasies: Science parks in society, science and space*. London: Routledge.

McAdam, M. and McAdam, R. (2008) 'High-tech start-ups in University Science Park incubators: The relationship between the start-up' s lifecycle progression and use of the incubator' s resources' . *Technovation*, 28: 277–90.

Miao, J.T. and Hall, P. (2013) 'Optical illusion? The growth and development of the Optics Valley of China' . *Environment and Planning C: Government and Policy*, 31.

MOST, China (2012) *China high-tech industry statistics*. Available at www.sts.org.cn/ sjkl/gjscy/ data2012/data 12.pdf (accessed on 17 April 2014).

Mothe, J.D. and Paquet, G. (1998) *Local and regional systems of innovation*. Norwell, MA and Dordrecht, the Netherlands: Kluwer Academic Publishers.

National Bureau of Statistics, China (2011) *Statistics database of China*. Available at: www.stats.

gov.cn/tjsj7ndsj (accessed on 12 September 2011).

OECD (1997) National Innovation Systems, OECD Publications: Paris. Available at: www.oecd.org/science/inno/2101733.pdf (accessed on 8 July 2010).

——(1999) The National Innovation Systems (Phase I & II). Available at: www.oecd.org/sti/inno/thenationalinnovationsystemsphaseiii.htm (accessed on 4 February 2014).

——(2008) *OECD Reviews of Innovation Policy: China*. France: OECD Publications(pp. 1–648).

OVC (2009) *Enterprises directory*. Available at: www.wehdz.gov.cn/structure/QYFW/ qyml/lb (accessed on 17 September 2009).

OVC (2011) *Annual statistics report of East Lake High-tech Development Zone* 2009. Available at: www.wehdz.gov.cn/jsp/zwgk/browser/content.jsp?id=384 (accessed on 11 September 2011).

Penrose, E. (1959) *The theory of the growth of the firm*. New York: John Wiley.

Phillimore, J. (1999) 'Beyond the linear view of innovation in science park evaluation. An analysis of Western Australian Technology Park'. *Technovation*, 19: 673–80.

Phillimore, J. and Joseph, R. (2003) 'Science parks: A triumph of hype over experience?', in L.V. Shavinina (ed.) *The international handbook on innovation*. Kidlington, Oxfordshire: Elsevier Science (pp. 750–57).

Pyke, D., Farley, J. and Robb, D. (2002) 'Manufacturing technology and operations in China: A survey of state-owned enterprises, private firms, joint ventures and wholly-owned foreign subsidiaries'. *European Management Journal*, 20(4): 356–75.

SciDev.Net (2006) 'China to build 30 new science and technology parks'. Available at: www.scidev.net/global/capacity-building/news/china-to-build-30-new-science- and-technology-parks.html (accessed on 15 August 2014).

The State Council (1995) 'Chinese Communist Party Central Committee and the State Council on the decision to accelerate technology progress'. Xinhua Net (07/01/2006). Available at: http://news.xinhuanet.com/misc/2006-01-07/content_ 4021977.htm (accessed on 10 May 2010).

Torch Center (2007) 'Development analysis of the national science parks in 2006', Available at: www.chinatorch.gov.cn/kjb/tjnb/list.shtml (accessed on 5 July 2013).

Torch Center (2009) 'National Science and Technology Industrial Parks (STIPs)'. Available at: www.ctp.gov.cn/ctp-eng/areas_two.htm (accessed on 3 July 2010).

Watkins-Mathys, L. and Foster, M.J. (2006) 'Entrepreneurship: The missing ingredient in China's STIPs?'. *Entrepreneurship & Regional Development*, 18(3): 249–74.

Westhead, P. and Storey, D.J. (1994) *An assessment of firms located on an off science parks in the*

*United Kindom: Main report*. London: HMSO.

WLA (2008) ‘Firm directory’ . Available at: www.laser.org.cn/enterprise.asp (accessed on 6 May 2010). *Resources and networking in Optics Valley, China* 229.

Xu, X. and Wang, Y. (1997) ‘Ownership structure, corporate governance, and firms’ performance: The case of Chinese stock companies’ . *Policy Research Working Paper No.* 1794 (The World Bank, May 1997): 1–55.

Zhang, H. and Sonobe, T. (2011) ‘Development of science and technology parks in China, 1988–2008’ . *Economics*, 5(6): 1–27.

Zhong, P. and Liang, X. (1995) ‘Foreign-invested companies have accounted for half of the enterprises in East Lake’ . *Yangtze Daily*.

# 12 既非专业化，也非多样化

## 马来西亚技术园区经济逻辑中的矛盾

沙里法赫·达乌德、尼古拉斯·费尔普斯

### 12.1 引言

科技园区现已成为发展中国家发展高科技产业的重要载体。这些国家希望借此成为“价值链上游”，从而完善国民经济结构，提高生产力，最终实现国民收入水平增长。科技园区是一种在空间或地理位置方面的尝试。发展中国家通过让企业从马歇尔外部性（Marshallian externalities）中获益的方式发展产业；而这些益处更容易在能同时获得资源和制度支持的地方产生。但是，由卡斯特尔和霍尔合著的《世界的高技术园区》（*Technopoles of the World*, 1994）一书在谈及针对此类规划的高科技空间所做的开创性探索时，提出了一个重要的矛盾：尽管作为区域政策的一部分，这些科技园区被广泛视为推动创新活动去中心化的载体，但在全球范围内，主要的大都市区仍然是产业创新最重要的推手。换言之，科技园区政策和园区对当地经济发展的促进作用在专业化与多样化方面提供了一个更广阔的窗口——一方面是利用马歇尔的产业专业化外部性，另一方面是产业多样化，或是雅各布斯（1969）或博什马和弗伦肯（Frenken）（2011）所说的“关联多元化”（见 van der Panne 于 2004 年发表的关于马歇尔外部性和雅各布斯外部性的讨论）。本章基于前人的研究，试图探索马来西亚技术园区利用马歇尔的产业专业化外部性，以及产业多样化或关联多元化外部性的程度。

从马来西亚技术园区在促进区域经济发展方面所作出的贡献中可以看出，以推动向知识型经济进行结构转型为目的的国家规划仅将技术园区作为其中的一个（而且并非是最重要的）推动力。事实上，技术园区的模糊地位反映了一种不确定性，而国家规划要带着这种不确定性，根据国内、种族影响和政治方面的考量，进行明确的空间或地理定位。对于这种情况，我们在其他地方有更详细的论述（Phelps et al., 2014）。

本章我们主要研究马来西亚国内两个最成功的技术园区：位于大吉隆坡区的

马来西亚技术园区（Technology Park Malaysia，TPM）和位于吉打州的居林高新技术园区（Kulim High Tech Park，KHTP）。作为高新技术产业发展的集聚区，两者具有明显的差异；而在研究它们的过程中，我们发现了一种比较马歇尔（产业专业化）外部性和雅各布斯（产业多样化）外部性的方式。自马来西亚推出科技政策后，马来西亚技术园区是最早一批设立的技术园区之一。而身处大吉隆坡区的区位优势也助其从城市多样性和首都地区经济关联多样性中获益。马来西亚是一个多元民族的国家，为了巩固主要执政党——国民阵线（*Barisan Nasional*）获得的政治支持，建设了居林高新技术园区，旨在推动非首都地区的创新发展。我们以两个园区内的租户为调查对象，开展了问卷调查；同时，还采访了地方、州、联邦等各级政策制定者和商界人士。在本章中，我们将通过上述调查和访谈所获得的原始实证研究，探讨马来西亚技术园区和居林高新技术园区成功的原因。其中前者为关联多元化样本，后者为产业专业化样本。我们需要说明的是，其中的一个技术园区未能对当地的创新活动作出重大贡献；到目前为止，这两个技术园区既不能代表可产生马歇尔外部性的新兴专业化产业集合，也不能在很大程度上利用关联多元化的协同效应——专业化与城市产业多样化之间的协同效应。

## 12.2　技术园区以及专业化与关联多元化的优势

当我们见到一个园区时，我们隐约能判断它是否是“真正的”科学园区。科学园区是非常成功的房地产开发项目，其所提供的房屋和设施可以吸引高新技术活动，并促进这些活动的创新绩效。当然，这是我们脑海中一个具有追溯意义的原型——它往往是来自美国或某些其他国际成功案例的混合体。这种原型非常具有影响力，由此产生了福塞斯（Forsyth）和克鲁（Crewe）（2010）所谓的“国际化花园式近郊园区”模式。但值得注意的是，许多高科技园区并不符合这种原型。

国际科学园区协会（International Association of Science Parks）于 2011 年提出的定义认为科学园区是具有增值特性的高新技术产业聚集地。

> 科学园区是一种由专业人员管理的组织，其宗旨在于通过鼓励创新文化发展，增强相关业务和知识型机构的竞争力来增加该社区的财富。为达成上述目标，科学园区会促进大学、研发机构、企业和市场之间的

知识和技术流动；通过孵化和衍生促进创新型企业的创办和成长；提供其他增值服务，以及高品质的空间和设施。

（国际科技园协会，2011）

该定义的第一部分是对“科学园区”的概括性解释，它清楚地表明：最好将科学园区视为是一个连续统一体中的某种特殊的产业园区；在这个统一体中，“普通”的贸易园区是其中一极，而符合完整定义的科学园区则是另一极。重要的是，随着时间的流逝，无论是偶然（如国家计划调控的变化）或有意为之，数以百计的国家级贸易、工业和科技园区以及一些“普通”的贸易工业园区会逐渐转为接纳更加高新技术的活动。因此，上述对两极关系的阐述必须纳入考虑范围。若在某一国家背景下观察，园区数量及某一园区的性质将随时间流逝而发生一些改变——这一特点有助于我们理解马来西亚在科技园区方面的经验。

如上文所述，由于科学园区拥有专门的空间和资源用于创新活动，其建园目的在于促进某些特定活动（尤其是研发）发展或产业的高度专业化。尽管两者有所不同，但力图使国内创新活动去中心化的政策往往把它们混为一谈。毋庸置疑，科学园区作为一种专业化的空间，希望能在园区内产生马歇尔产业专业化外部性，或者与专业化产业/活动集群有关的非贸易相互依赖性（Storper, 1995）。然而，目前尚不清楚科学园区是否或在多大程度上能够体现重要高新技术产业集群是由地方性的非贸易相互依赖性或知识流动联系在一起。

从某种意义上说，科学园区适合一些特殊的劳动力如研发人员在此工作。他们的职责建立在科学和企业创新行为的线性模型之上；在这一模型中，随着产业规模的扩大，新产品和新服务的概念往往与生产和销售分离。事实上，在经济学和社会学中，劳动分工的逻辑非常重要，并可帮助跨国公司在其全球价值链中进行业务细分（Rugman et al., 2010）。由此而产生的间接结果是，由于在构想阶段就产生了劳动分工，因此有越来越多的专业化研究实验室应运而生。但围绕企业创新活动的高水平专业化发展趋势似乎使科学园区在推动当地经济发展的过程中产生了好坏参半的结果。比如，鉴于企业研发和政府研究的规模，这些专业化空间对提升美国郊区和大都市区的经济活力作出了重要贡献（O'Mara, 2005）。而英国境内由企业和政府主导的研究规模相对不大，科学园区几乎不能形成可以带来新的产业集群的活动和产业专业化；而且虽然园区本身是城市和区域经济体的一部分，但是与这些经济体的联系也日益松散（Masseyet al., 1992）。

然而，基于产业专业化的马歇尔聚集理论被认为代表了刻板意义上的劳动分工，所以基于马歇尔外部性的专业化对区域经济发展的影响并不明确（雅各布斯，1969）。相反，研究发现持续的高水准创新活动是大型城市经济体中马歇尔专业化和产业多样化，亦即关联多元化（Boschma et al., 2011）之间协同作用的产物。

这种经济逻辑已经开始影响企业活力和科技政策（包括与科学园区有关的政策）。因此，劳动分工不是一个必然的单向过程。而且很显然，企业已在寻求重新合并劳动分工的可能性。有数据表明，企业试图通过将概念设计、生产、销售和营销放在同一地点协同办公来提高创新能力，尤其是缩短产品上市时间、增强即时的竞争能力（Schoenberger, 1997），并且承认创新的互动性和迭代性，认识到上下游活动紧密联系的价值（Von Hippel, 1988）。

在一些城市，尤其是新加坡，科学园区的选址和设计开始强调创造力和城市之间的联系，新一轮的创新思维已经在蓬勃地重塑和试验。城市本身被重新发掘成为创新活动的场所，其中大学在一些情境中发挥着关键作用（Haar, 2011）。与该观点相似的另一种看法是：科学活动只是更广泛的经济活动的一部分，而且它们受益于各种各样的经济活动。在雅各布斯看来（1969），这些经济活动主要存在于已高度城镇化的地区。

国家科技园区的相关政策体现了这些矛盾的逻辑以及性质的变化，而个别科技园区的成功离不开对这两个逻辑的深刻认识和运用。一方面，专业化的优势往往与这样一种观点联系在一起，即科学园区有助于促进全国（尤其是落后地区）产业结构的转变。因此，它常常被当作区域政策的关键部分，帮助地区通过将价值链的特定部分集中到指定的位置，而非仅集中于拥有大量人口和就业需求的都市区，来实现去中心化的经济发展。在研究马来西亚时，我们发现这种制定政策的思路非常明显。另一方面，产业多样化在促进创新发展过程中所呈现出来的重要性表明，科技园区在主要城市—区域内或附近最能有效发挥作用。这是《世界的高技术园区》（Castells et al., 1994）所得出的结论之一。最近的研究也证明，大型城市群往往是企业获得国际知识来源的主要渠道（Simmie, 2001）。关于这一点，有人认为科技园区及其内租户均能从“关联多元化”所带来的机遇中受益（Boschma et al., 2011）。

如果将科技园区和现有城市群之间的关系纳入考量范围，那么就“支持性基础设施和房地产对科技园区的贡献”和“与城市经济大环境的关系对园区内租户绩效的影响”而言，值得重视的问题依然存在。本章所开展的研究旨在探讨马来西亚技术园区能够在何种程度上利用马歇尔产业活动专业化外部性和关联多元化外部性。我们将以马来西亚国内两个最著名的技术园区为案例，研究这两种相互竞争的经济逻辑。

## 12.3 马来西亚科技政策和高新技术园区

马来西亚是一个希望实现现代化社会的后殖民地国家，为完成这一目标，它推出的一项举措是进行国民经济规划。在这样的背景下，科技园区应运而生。马来西亚一系列的国家规划主要关注加快产业转型，使得其国民经济结构在二十年内从主要依靠橡胶和锡等原材料出口，成功转型为以制造业为支柱产业。受经济转型速度的激励，马来西亚于 1991 年提出“2020 年愿景”，期望进一步转型为高新技术和知识密集型产业结构。蒂德（Tidd）和布罗克赫斯特（Brockleshurst）（1991）提出，有证据表明马来西亚出台的关于增加附加价值、推动结构转变的政策具有连续性；但由于政策执行不够彻底，成功实现新的经济转型难度较大。

马来西亚围绕科技政策的内外部政治一直处于一种近乎持续的紧张状态，而这种紧张状态反映在了一些科技政策的关键应用领域中，比如多媒体超级走廊（Multimedia Super Corridor, MSC）（Bunnell, 2004; Lepawsky, 2009）和建立高新技术园区（Phelps et al., 2014）。当其试图根据不断变化的国际视野来决定其现代化发展方向时，对外政治动员将科技政策作为某种国际外交手段（Phelps et al., 2014）。而就内部政治而言，科技政策在参与马来西亚经济时不可避免地与国内多元民族的政治现状交织在一起。马来西亚土著（Bumiputera）、华裔（Malaysian Chinese）和印度裔（Malaysian Indian）企业在马来西亚经济体中各占据了一部分市场，这种市场划分主要由特定的历史环境造成（Trezzini, 2001; Bowie et al., 1997）。而马来西亚历届政府制定和保留的平权措施政策则使这种局面得以延续。由于市场划分往往在空间或区域上有所表现，因此经济政策——包括科技政策——通常以空间为原则拟订，以此保护马来西亚土著的利益。

通过这种方式，“政府政策促进了马来西亚不同经济领域的工业化，但尚不清楚这种工业化是否伴随着技术和市场专有技术从国外组织向国内组织的转移”（Tidd et al., 1999: 252）。一段时间以来，马来西亚一直受益于大额外商直接投资（foreign direct investment, FDI），但研发人员很少，支出也非常有限（Mani, 2002）。同时某些接受日本等外商直接投资的研发中心需要很长时间才能收到这些投资款项。这些情况表明，国内的专业知识储备和吸收能力尚有欠缺，马来西亚还不能合理利用外商直接投资并从中获益。由此而产生的结果可能是，尽管推动国内不同产业产生更紧密的联系会带来一些溢出效应（Driffield et al., 1999; Harianto et al., 1997），但外商直接投资在马来西亚能产生的附加价值仍然十分有限。这是多个因素共同作用的结果。一些人认为，大流量的外商直接投资会导致筛选潜在项目的方法不够合理（Bowie, 1994; Felker, 2001）。马来西亚是一个多元民族的国家，所以各民族间的政治博弈较为敏感。在此背景下，商界未曾积极主动地、有组织地推动出台产业和科技政策。最终造成了如费尔克（Felker, 2003）所说的，以外商直接投资为中心的“偶然集群”（contingent cluster）。不过值得注意的是，尽管人们普遍预测马来西亚境内的主要跨国公司将迁往中国，但这种情况尚未发生（Edgington et al., 2013）。

### 12.3.1　马来西亚高新技术园区的诞生

迄今为止，马来西亚联邦政府和各州政府在全境共建立了五个技术园区，分别是：位于吉隆坡的马来西亚技术园区，位于北部吉打州的居林高新技术园区，位于雪兰莪州的雪兰莪州科学园区（Selangor Science Park, SSP），位于马来西亚博特拉大学（University Putra Malaysia, UPM）的 UPM-MTDC 孵化中心（UPM-MTDC Incubation Centre），位于柔佛州士古来镇的马来西亚理工大学（Technological University of Malaysia, UTM）校园内的技术创新园区（Technovation Park）（Malairaja et al., 2008）。除科学园区外，各地方大学还成立了许多技术孵化中心，以期培育小型高新技术企业和初创企业。

马来西亚的科技园区历史可以追溯至 1988 年，当时科学技术环境部（Ministry of Science, Technology and Environment, MOSTE）成立了马来西亚技术园区（*Taman Teknologi Malaysia*）来推动新兴孵化产业的发展。科学技术环境部现已更名为科技与创新部（Ministry of Science, Technology and Innovation, MOSTI）。自那时起，全国各地各机构、各部门相继成立了多个孵化器。事实上，马来西亚技术园区带动成立了多个技术园区且很多都发展成了孵化器，这个现象更多的是出于偶然，而非特意安排，因为这些技术园区在占地面积、入驻企业数量、支持服务、土地和产业权限、房屋质量和产业倾向等方面都各不相同（Phelps et al., 2014）。成立马来西亚技术园区后，联邦政府仅参与了两个项目，即完善位于居林的一个产业园（现为居林高新技术园区）和在柔佛州新建一个生物技术园区。相互竞争的州政府替代联邦政府成为建设科技园区的主要力量。

马来西亚技术园区可能是最成功的技术园区。在科技与创新部的主导下，它于1995年成立，肩负着推动本土科技发展，使马来西亚实现工业化的重任。作为一个技术中心，马来西亚技术园区试图促进、刺激、支持并商业化为研发活动而提出的创新理念（Dawood, 2002）。其建园目的包括促进与私营部门的合作，以鼓励在销售、管理和技术领域提供相应支持；支持创新；协助建立知识型社会。主要目标是将马来西亚私营和公共研究机构产生的研究成果和创新商业化。主要关注领域是高新技术产业以及产业、政府机构、研究机构和学术机构在促进技术转移方面的积极合作。入驻园区的企业必须拥有生物科技、信息通信技术、工程和教育这四种产业的高新技术。

## 12.4 研究方法

本章借鉴了前人的研究，试图探索马来西亚技术园区利用马歇尔和雅各布斯外部性（即产业和活动专业化或多样化的优势）的效果。本研究通过向园区内租户发放调查问卷和采访政界、商界专家，对比了居林高新技术园区和马来西亚技术园区的发展情况。图12-1显示了居林高新技术园区的地理位置：它位于马来西亚北部，与首都地区和槟城主要城市经济集聚区都相隔一定距离。居林高新技术园区让我们有机会审视在马来西亚国内一个欠发达州设立技术园区，试图吸引一个集聚了高新技术产业和活动的新型专业化的马歇尔产业集群的效果。

从图12-2可知，马来西亚技术园区坐落在大吉隆坡区多媒体超级走廊原规划区内。由此，本研究假设：园区内租户的特征和园区的成功将反映吉隆坡高铁

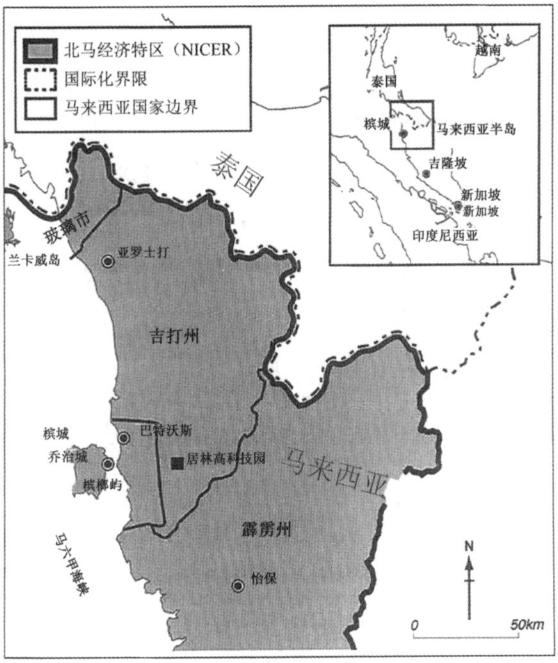


图 12-1　居林高新技术园区位置

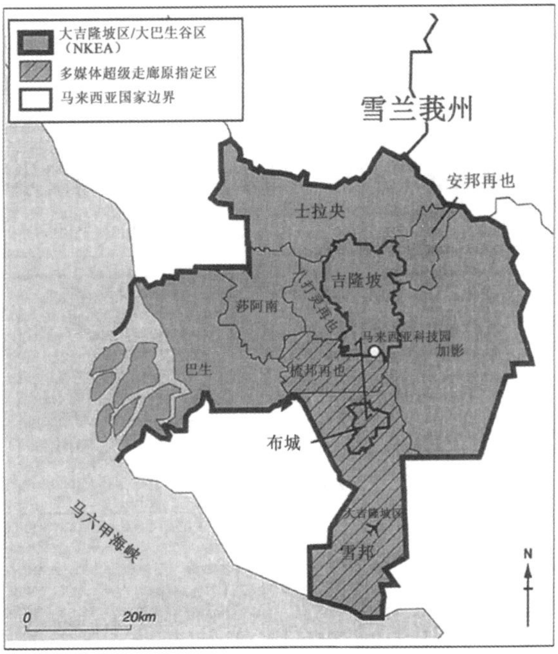


图 12-2　马来西亚技术园区位置

经济的产业专业化和多样化的融合。[1]

本研究在 2011 年至 2013 年期间开展，采用了两种研究方法：向两个技术园区内的租户发放调查问卷；采访来自下列机构的专家：联邦政府部门（主要是科技与创新部）、州政府经济规划委员会、投资促进机构（比如马来西亚投资发展局（MIDA）和投资吉隆坡机构（Invest KL））、园区管理委员会、半政府研究机构、针对产业设立和发展的监管机构（如马来西亚数字经济发展局（MIDEC）、马来西亚微电子系统研究院（MIMOS）、马来西亚标准与工业研究院（SIRIM）和生物科技公司）、商业代表机构（比如马来西亚国际工商总会（MICCI））和私营顾问公司。针对马来西亚技术园区和居林高新技术园区租户的调查分别于 2011 年和 2013 年进行。

在调查期间，居林高新技术园区和马来西亚技术园区内分别共有 71 家和 151 家租户。经过三轮联系，我们分别收到了其中 27 家和 63 家企业的回复。尽管两个园区在租户组成情况和所在行业方面有巨大差异（详述见下文），但调查问卷回收率相差无几。另外，我们也将在下文阐述，两个园区不同的租户组成情况和与各自园区建园目标和发展情况相关的政治因素，似乎确实会影响企业的问卷答复情况。

## 12.5 既非专业化，也非多样化：马来西亚的高新技术园区

根据从马来西亚技术园区和居林高新技术园区租户得到的回复，我们对比了这两个园区的特点，以及这些企业对城镇化进程以及由产业专业化和多样化带来的经济优势的影响。另外，我们也利用访谈验证了从调查数据中得到的一些结论。

### 12.5.1 高新技术

表 12–1 显示了马来西亚技术园区和居林高新技术园区在总员工人数，租户规模和员工构成（即白领员工（管理层）、研发人员、本土员工的比例）等方面的主要差异。其中，两个科技园区在租户的规模和它们所创造的就业机会之间的对比尤其令人瞩目。入驻马来西亚技术园区的大多为小微企业，而居林高新技术园区主要吸引的是从事制造业及知识密集型产业的超大型跨国公司。居林高新技

术园区建在与槟城有一段距离的未开发区。凭借槟城蓬勃发展的产业基础，该园区在发展之初曾做出诸多努力，希望吸引企业入驻。但最初的总体规划（旨在将居林高新技术园区打造成一个自给自足的高新技术社区）中提及的几个要素（如商业中心）尚未实现。另外，一所为外籍家庭提供服务的国际学校曾经开办过一段时间，最近也关闭了。

居林高新技术园区期望吸引来自某些特定高新技术行业的企业入驻，其所提供的激励政策也仅针对这些行业。但现状是，从事这些行业的企业中管理和研发人员的数量占比很低，不足以支撑企业专一地开展或者甚至是主要开展知识密集型业务。正如某位受访者所言：

> 居林的企业生态系统尚未完全成熟。目前，居林高新技术园区仍然是一个以工业为驱动力的园区，即是一个纯粹的制造业园区。但我们所期望的是它能发展成为一个研发性质的园区……目前，居林还是缺乏研发重点。但我们不能因此责怪投资者；因为造成这种局面的原因在于没有足够的力量去支持它们发展……
>
> 访谈：NCIA技术发展中心（NTDC）
> 高级主管（制造业）
> 2012年4月10日

**表12-1　马来西亚技术园区和居林高新技术园区就业情况指标**

| | 被调查企业数量 | 员工总数 | 员工平均数 | 管理层、销售人员、研发人员和技术人员数量 | 马来西亚籍管理层、销售人员、研发人员和技术人员数量 | 研发人员占比 |
|---|---|---|---|---|---|---|
| 马来西亚技术园区 | 63 | 902 | 14.3 | 851（94.3%） | 671（78.8%） | 196（21.7%） |
| 居林高新技术园区 | 27 | 11,681 | 432.6 | 2865（24.5%） | 2690（93.9%） | 346（3.0%） |

资料来源：作者调查。

尽管如此，居林高新技术园区显然是吉打州内主要的就业区，且主要是为当地居民提供就业机会。近年来入驻该科技园区的大型制造企业的数量证明，许多产业正从槟城拥挤而受限的经济环境中迁移至此。

马来西亚技术园区的管理公司没有园内物业和土地的永久产权，因此只能将其租赁给租户。这种情况妨碍了园区的进一步发展，也降低了园区对希望获得物业和土地永久产权以修建专用设施的大型企业、跨国公司及营运机构的吸引力。因此，马来西亚技术园区680英亩的占地中仅有一半的土地被开发。

马来西亚技术园区的这一特点也使其只能专注于孵化小型公司，比如为初创企业提供为期三年的租金补贴。该措施所带来的其中一个积极影响是：园内14栋办公楼几无闲置。尽管如此，马来西亚技术园区所面临的发展束缚仍然十分严峻。考虑到政府资助不断减少，现有空间无法再容纳新进企业，以及没有土地永久产权等种种限制，园区在如何拓展新的收入来源方面面临着巨大的挑战。

包括马来西亚技术园区在内的国内众多技术园区与国际上的一些最佳实践案例存在差距。马来西亚技术园区曾到美国波士顿和圣地亚哥进行学习访问。通过对比发现一个突出的问题是，马来西亚没有将高等教育机构与技术园区所能提供的物业和设施整合在一起，导致创新的想法无法进入市场。为解决这一困境，“马来西亚技术园区学院”倡议被提出，旨在邀请海外高校在园区内设立培训项目。但如何将美国科学园区的某些创新实践运用到马来西亚，仍然是一个不小的挑战，尤其在共享设施方面。“我仍然无法说服当地人，因为他们不想让别人知道自己正在进行的项目，只想拥有自己的资产。关于共享设施的理念尚未为大众所接受”（访谈：马来西亚技术园区业务发展及公司服务副总裁，2011年9月15日）。

### 12.5.2 马来西亚技术园区和居林高新技术园区的优势

在问卷调查中，租户被问及他们当前所在园区的三个主要优势。结果显示，受访者并没有提到成功的科学园区通常都具备的那些要素。最近由联邦政府组织的一项关于马来西亚国内产业园区的研究也证明了这一点（经济计划署EPU，2012）。一位来自马来西亚技术园区的受访者在评价国内技术园区整体情况时特别指出，“它已经变成了一个房地产行业，而不是针对某个特定行业的经济增长推动力”（访谈：马来西亚技术园区业务发展及公司服务副总裁，2011年9月15日）。

入驻居林高新技术园区的企业所提到的优势不外乎园区基本配置，如完善的交通网络（即享有战略区位优势）和基础设施（如园区附近有直达槟城和北海口岸的专用道路和高速公路），而且这些基本配置之间的关联性很高。在最近政府组织的一次以东南亚国家园区为基准研究对象的评估中，居林高新技术园区的表现不尽如人意（经济计划署 , 2012: 96）。但是，确实也有一部分租户认为诸如培训中心等设施是该园区的一个重要优势；另有两家企业则提到了“与供应商相距不远”，表明入驻居林高新技术园区有助于帮助其开展创新活动。但令人诧异的是，仅有两家租户将“激励政策”看作是该园区的优势。综观调查结果，居林高新技术园区似乎更适合寻求成本低廉、交通方便的制造业企业入驻。

而入驻马来西亚技术园区的企业似乎比较关心园区能否帮助它们降低成本（比如能带来财政补贴的多媒体超级走廊资格）。有相当一部分租户也认识到了该园区特有的物质环境和商业环境。但是，在 63 家作出回应的马来西亚技术园区租户中，只有 9 家企业提到的园区优势与一个成功的科学园区应具备的特点相吻合（专业化的设施，同行企业集聚）。最近一项调查报告发现，马来西亚产业园区同东南亚其他园区比起来也不差（经济计划署 , 2012: 103）。有观点认为，目前马来西亚还没有形成以共享或共用创新设施为导向的商业文化，而科技园区的概念在某种程度上正是基于这种设施共享。因此，来自该园区的受访者担忧国内情形不符合国际标准；这种担忧影响了受访者反馈的结果（表 12–2），也可能是产生这些反馈的原因（访谈：马来西亚技术园区业务发展及公司服务副总裁，2011 年 9 月 15 日；马来西亚技术园区市场营销和业务发展，园区管理和服务部高级经理，2011 年 9 月 30 日）。

在多媒体超级走廊中，马来西亚技术园区就像一个“数码城市”（cybercity），所以其产业结构实际上仍倾向于以信息通信行业为主——根据采访中得到的名单，该园区内三分之二的租户都从事该行业。虽然马来西亚技术园区希望能通过吸引从事纳米科技、干细胞和太阳能等行业的初创企业进驻，从而使园内产业更加多元化，但目前园区内来自生物科技、工程、研发、商务咨询等行业的企业数量仍然相对较少。（访谈：马来西亚技术园区市场营销和业务发展，园区管理和服务部高级经理，2011 年 9 月 30 日）。鉴于该园区期望能吸引更多领域的企业入驻，它成立了相应的子公司以实现这一目标。值得注意的是，从马来西亚技术园区和居林高新技术园区都试图吸引更多元化的产业入驻来看，国内许多技术园区可能都面临着此类困境（马来西亚技术园区市场营销和业务发展，园区管理和服务部高级经理，2011 年 9 月 30 日）。除这种情况外，该园区自身的矛盾和国内科技政策的局限性都是形成马来西亚技术园区产业结构现状的原因。在该园区内运营研发、管理、销售、市场营销、制造等产业的成本已经相对较高，所以一旦租户孵化成功或已实现某种程度的发展，它们就会从这里迁至该区域内的其他地方（如图12–2所示）。如此，马来西亚技术园区已逐渐成为企业运行管理，销售和市场营销职能的场所。

另外，认为园区靠近吉隆坡是园区优势之一的租户更为稀少。这可以解读为，尽管马来西亚技术园区地处拥有多元化城市经济的首都地区，但它们几乎没有从其中所蕴含的雅各布斯外部性中获得任何竞争优势。放眼全球，不管是从所拥有的总人口数看，还是经济活动体量看，吉隆坡都只能算是一个小型首都地区，所以"马来西亚国内市场并不足以容纳整个孵化产业"（访谈：马来西亚标准与工业研究院集团战略规划部高级总经理，2011年9月15日）。

**表12–2 马来西亚技术园区和居林高新技术园区租户眼中的园区优势**

| 马来西亚技术园区的优势（$n$=63） | | 居林高新技术园区的优势（$n$=27） | |
|---|---|---|---|
| 多媒体超级走廊资格 | 35（55.6%） | 基础设施 | 21（77.8%） |
| 具有吸引力的环境 | 23（36.5%） | 可达港口 / 机场 | 20（74.1%） |
| 房屋质量 | 19（30.2%） | 设施和服务 | 6（22.2%） |
| 通达程度 | 15（23.8%） | 地理位置 | 5（18.5%）<br>5（18.5%） |
| 设施和服务 | 9（14.3%） | 激励政策 | 2（7.4%） |
| 房租低廉 | 9（14.3%）<br>9（14.3%） | 其他 | 3（11.1%）<br>3（11.1%） |
| 与吉隆坡距离较近 | 5（7.9%） | | |
| 有其他同行企业 | 2（3.2%） | | |
| 其他 | 12（19%） | | |

资料来源：作者调查。

### 12.5.3 租户眼中的技术园区以及经济现代化的政治情况

入驻这两个园区的企业需要用李克特四分量表表示他们对一系列陈述的同意程度，结果如表12–3所示。为简化描述，基于四分量表的回答可分为两类（同意和不同意）；但表中仍列出了所有陈述所得的平均分。调查结果十分有趣：考虑到此前所讨论的两个园区的区位和企业构成情况，调查结果甚至可能与预计的正相反。比如，有关居林高新技术园区的调查结果就与表 12–1 和表 12–2 中显示的租户的回答相矛盾。该园区内入驻的主要是大型公司，知识密集型产业很少，但企业关于园区及其周边经济的看法都是积极的。正如我们所见，马来西亚技术园区更像是一个真正的科学园区，拥有更多小型、知识密集型企业；然而，受访者对园区及其周边经济环境的看法却褒贬不一。

调查要求受访者采用李克特四分量表表达他们对一系列陈述的看法：4 分表示“完全同意”，3 分表示“基本同意”，2 分表示“基本不同意”，1 分表示“完全不同意”。

尽管最近一项针对所有产业园区和高新技术园区的调查，以及与园区管理人员的访谈都表明居林高新技术园区并不成功，但几乎所有租户在回答相关陈述时都表达了积极的看法，并认为马歇尔外部性和雅各布斯外部性都在园区产业发展中发挥了相应的作用。很难解读这一结果。其中一种可能的解释是，它们反映了围绕该园区成立和产业引进的政治倾向。居林高新技术园区地理位置特殊，且是国家经济现代化的象征，反映了国民阵线党的民族政治基础。因此，该科技园区在享受激励政策和各种行政程序效率等方面有着独特的优势。毫无疑问，租户肯定了解园区这一独特地位，也许他们并不想被看作是在公开批评此种特权。另一方面，也很难相信园内主要入驻的大型跨国企业不会提出这样的批评。在居林高新技术园区内租户几乎完全一致的积极回应的基础上，它们对园区环境的最大不满来自租户之间的研发合作程度。这一事实仅从侧面反映出了园区在刺激创新发展方面的局限性。与此同时，来自马来西亚技术园区的租户则更贴近现实。特别是在回答某些与国际标准相比较的陈述时，它们的回答更加实事求是。

与居林高新技术园区内生产复合型（Gordon et al., 2000）相关企业之间的互相联系程度相比，由于马来西亚技术园区内专业化竞争对手数量众多，因此入驻后者的企业的投入更低。但是，入驻前者的企业关于该陈述的回答的可信度极低。调查要求来自两个园区的受访企业列出各自三大客户和供应商对应的销售额 / 购买额的百分比，以及它们所处的地理位置。但不幸的是，很少有受访企业回答这一问题，而且所获得的数据也并不一定准确或可信。从居林高新技术园区回收的调查问卷显示，在十八家回答了该问题的租户中，有七家表示它们的客户就来自该园区。另外有九家企业表示它们的供应商来自其他地方。而来自二十一家入驻马来西亚技术园区的受访企业的调查结果表明，其中三家企业有来自该园区的客户，九家企业没有入驻在此的供应商。这些数据（表12–3）并不完整，既不能支持居林高新技术园区租户给出的积极回答，也不能解释两个园区租户回答间的巨大差异。

**表12–3　马来西亚技术园区和居林高新技术园区租户李克特量表调查结果**

| | 同意 | | 不同意 | | 平均值 | |
|---|---|---|---|---|---|---|
| | 马来西亚技术园区 | 居林高新技术园区 | 马来西亚技术园区 | 居林高新技术园区 | 马来西亚技术园区 | 居林高新技术园区 |
| 园区内企业员工间互动频繁 | 47(78.3%) | 27(100%) | 13(21.7%) | 0(0%) | 3.00 | 3.44 |
| 园区内企业的投入非常可观 | 24(43.6%) | 24(92.3%) | 31(56.4%) | 2(7.7%) | 2.39 | 3.35 |
| 与国际其他科技园区相比，该园区内的企业服务投入极具优势 | 28(52.8%) | 23(88.5%) | 25(47.2%) | 3(11.5%) | 2.58 | 3.31 |
| 园区内租户的产品和服务处于世界领先地位 | 33(55.9%) | 25(92.6%) | 26(44.1%) | 2(7.4%) | 2.88 | 3.33 |
| 园区内租户间的研发互动极为频繁 | 33(58.9%) | 22(81.5%) | 23(41.1%) | 5(18.5%) | 2.61 | 3.19 |
| 与国际其他科技园区相比，该园吸引企业入驻的能力享有极高声誉 | 39(68.4%) | 25(96.2%) | 18(31.6%) | 1(3.8%) | 2.93 | 3.46 |

## 12.6　结论

与其他发展中国家相比，马来西亚的技术园区在联邦政府出台的产业和科技政策中并不是一个特别突出的存在。在成立伊始，相关机构并没有明确界定这些园区能在国家事务中扮演何种区别于其他更重要的政策工具（如多媒体超级走廊）的角色。反而少数技术园区是联邦、州和大学等主体出于各自不同需求而建立的，这些园区各具特色。事实上，因为此前没有认识到这些园区的独特贡献，所以我们在评估了马来西亚所有贸易、工业、技术园区后，才进行了此项研究（经济规划署，2012）。如果本章所谈论的这两个在国内处于领先地位的技术园区的发展历程可以作为判断依据的话，那么我们可以认为马来西亚关于技术园区的政策既没有带来新的高新技术产业或知识密集型活动集聚的专业化集群，也没有有效地利用城市多样性，激发本土创新能力。

造成这种现象的原因大概包括：第一，科技政策自身具有局限性，它无法借助类似居林高新技术园区这样的单一发展载体来推广到全区域，尤其是如果这些政策被用作政治手段来为特定的民族创造经济机遇；第二，这两个园区可以利用的国家、首都地区和其他城市中心经济体规模不大，且形式缺乏多样性；第三，作为国家科技政策的组成部分，高新技术园区和孵化器没有实现协调发展。

虽然马来西亚技术园区是一个高新技术园区，但创新活动却常常发生在其他科技政策覆盖的区域内（如多媒体超级走廊和吉隆坡 / 巴生谷国家重点经济区）。这些科技政策会影响园区所包含的活动类型，以及它在更广泛的经济中所扮演的角色。然而，马来西亚技术园区本身及园区内的租户并没有形成典型的专业化产业集聚，而是发展成了包含与行政管理、市场营销和销售相关（尽管可能与创新没有直接联系）的各种企业和企业功能的集合。虽然该园区被包含在多媒体超级走廊和大吉隆坡区这样更大的经济空间中，但这些经济空间的规模尚不能为产业或活动专业化集群利用相对多元化优势的行为提供相应的产业多样化。尽管在与全球其他首都地区相比时，大吉隆坡区的交通便利程度和其他物质基础设施仍然极具优势（Bunnell et al., 2002; Ramasamy et al., 2004），但商业服务设施及其他“无形”的基础设施仍然十分匮乏（Ramasamy et al., 2004）。此外，目前的行政安排使得已获得商业成功的马来西亚技术园区及其租户集群无法进一步利用现有的区位（截至 2020 年，国家资源将集中于不断发展的首都地区内）。作为大吉隆坡区远郊的一座科技园区，马来西亚技术园区若想凭借美国许多大都市区内科技园区享有的优势实现蓬勃发展，它应该先解决这一过程中可能遇到的困难。

备受瞩目的居林高新技术园区试图创造经济发展机遇，推动以知识密集型产业为目标的结构转型。它远离首都地区，无法利用园区自身的本地产业专业化优势，也不能真正利用槟城经济规模的优势。高新技术产业从蓬勃发展的槟城迁到了吉打州，最终落户居林高新技术园区——与制造业企业从新加坡（位于马来西亚以南）迁至柔佛州相似。但是，与其说这些企业的迁移是为了寻求任何来自经济体的外部性优势，不如说它们是为了降低成本。然而，前者才是居林高新技术园区这样的技术园区成立的目的。该园区能否利用这一迁移浪潮，使聚集在那里的产业显著提升其在价值链中的地位，以及实现发展创新和非贸易相互依赖的建园目标，仍有待观察。目前的局面更像是雅各布斯（1969）所说的“扩散至整个城市体系的、刻板意义上的劳动分工”。

针对马来西亚这两个截然不同的技术园区的研究，凸显了关于创新活动选址的理论和将园区设在远离最大城市中心的政策效力。居林高新技术园区花费了数年的努力吸引企业入驻。尽管现在看来，这一努力已初现成效；但其过程之艰辛仍然表明，若想在远离城市的地方新修建一个具有浓厚产业氛围的创新产业集聚区是一件非常困难的事。尽管联邦政府提供了资金和政治支持，但它成为高新技术产业集聚区的发展过程仍然使我们反思：在远离主要城市中心的地方形成新的马歇尔外部性的可能性有多大。马来西亚技术园区和居林高新技术园区的案例研究结果都强调了国家和地方层面的产业和创新投资规模的重要性，这是科技园区作为专业化园区得以蓬勃发展所需的要素。

## 注释

1 多媒体超级走廊（Multimedia Super Corridor, MSC）是马来西亚政府推出的另一个重要战略措施，旨在通过推动高技术产业发展来实现国家经济结构转型（完整历史背景请参考 Bunnell, 2004）。入驻多媒体超级走廊的企业如果从事的是某些特定行业，那么它们可以享受“数码城市”（cybercity）激励政策。随后，这种原限于多媒体超级走廊区域的政策被推广到了马来西亚境内的其他地方（Lepawsky, 2009; Phelps et al., 2014）。

## 参考文献

Boschma, R. and Frenken, K. (2011) ‘Technological relatedness and regional branching’, in H. Bathelt, M.P. Feldman and D.F. Kogler (eds) *Dynamic geographies of knowledge creation and innovation*. Routledge, London.

Bowie, A. (1994) ‘The dynamics of business–government relations in industrializing Malaysia’, pp. 167–194 in A. MacIntyre (ed.) *Business and government in industrialising Asia*. Sydney: Allen and Unwin.

Bowie, A. and Unger, D. (1997) *The politics of open economies. Indonesia, Malaysia, the Philippines and Thailand*. Cambridge: Cambridge University Press.

Bunnell, T. (2004) *Malaysia, modernity and the Multimedia Super Corridor: A critical geography of intelligent landscapes*. Routledge, London.

Bunnell, T., Barter, P.A. and Morshidi, S. (2002) Kuala Lumpur metropolitan area: A globalizing city–region'. *Cities*, 79(5): 357–70.

Castells, M. and Hall, P. (1994) *Technopoles of the world: The making of 21st century industrial complexes*. London: Routledge.

Dawood, S.R.S. (2002) 'The globalisation of economic activities and the dynamic growth of an industrial region in Pacific Asia: The linkages between transnational firms in the manufacturing sector and engineering services in Klang Valley, Malaysia'. Unpublished PhD, School of Geography, University of Leeds.

Driffield, N. and Noor, A.H.M. (1999) 'Foreign direct investment and local input linkages in Malaysia'. *Transnational Corporations* 8: 1–24.

Economic Planning Unit (EPU) (2012) *Study on industrial estates development in Malaysia*. PwCAS Sdn Bhd. Kuala Lumpur. Available at: www.epu.gov.my/study– on–industrial–estates–development–in–malaysia (accessed on 27 February 2013).

Edgington, D. and Hayter, R. (2013) 'In China' s shadow: The locational dynamics of Japanese electronic firms in Malaysia'. *Economic Geography*. 89: 227–59.

Felker, G. (2001) 'The politics of industrial investment policy reform in Malaysia and Thailand', in K.S. Jomo (ed.) *South East Asia's industrialisation: Industrial policy, capabilities and sustainability*. Basingstoke: Palgrave Macmillan.

Felker, G. (2003) 'Southeast Asian industrialization and the changing global production system'. *Third World Quarterly*, 24: 255–82.

Forsyth, A. and Crewe, K. (2010) 'Suburban technopoles as places: The international campus–garden–suburb style'. *Urban Design International*, 15: 165–82.

Gordon, I.R. and McCann, P. (2000) 'Industrial clusters: Complexes, agglomeration and/or social networks'. *Urban Studies*, 37: 513–32.

Haar, S. (2011) *City as campus: Urbanism and higher education in Chicago*. Minneapolis, MN: University of Minnesota Press.

Harianto, F. and Safarian, A.E. (1997) 'MNEs and technology diffusion: A Southeast Asian experience', pp. 189–219 in P.J. Buckley and J.–L. Mucchielli (eds) *Multinational firms and international relocation*. Cheltenham: Edward Elgar.

Harvey, D. (1985) *The urbanisation of capital*. Oxford: Blackwell.

International Association of Science Parks (IASP) (2011) Available at: www.iasp.ws/ publico/index. jsp?enl=2 (accessed on 30 September 2012).

Jacobs, J. (1969) T*he economy of cities*. London: Jonathan Cape.

Lepawsky, J. (2009) 'Clustering as anti-politics machine: Situating the politics of regional economic development and Malaysia' s multimedia super corridor' . *Regional Studies*, 43: 463–78.

Malairaja, C. and Zawdie, G. (2008) 'Science parks and university-industry collaboration in Malaysia' . *Technology Analysis and Strategic Management*, 20(6): 727–39.

Mani, S. (2002) *Government, innovation and technology: An international comparative analysis.* Cheltenham: Edward Elgar.

Massey, D., Quintas, P. and Wield, D. (1992) *High tech fantasies: Science parks in society and space*. London: Routledge.

O' Mara, M.P. (2005) *Cities of knowledge: Cold war science and the search for the next Silicon Valley*. Princton, NJ: Princeton University.

Panne, G. van der, (2004) 'Agglomeration economies: Marshall versus Jacobs' . *Journal of Evolutionary Economics*, 14: 593–604.

PEMANDU (2010) *Economic transformation plan: A roadmap for Malaysia*. Available at: http:// etp.pemandu.gov.my/Download_Centre-@-Download_Centre. aspx (accessed on 18 March 2013).

Phelps, N.A. and Dawood, S.R.S. (2014) 'Untangling the spaces of high technology in Malaysia' . *Environment and Planning C: Government and Policy*, 32(5): 896–915.

Ramasamy, B., Chakrabarty, A. and Chea, M. (2004) 'Malaysia' s leap into the future: An evaluation of the multimedia super corridor' . *Technovation*, 24: 871–83.

Rugman, A., Verbeke, A. and Yuan, W. (2010) 'Re-conceptualizing Bartlett and Ghoshal' s classification of national subsidiary role is the multinational enterprise' . *Journal of Management Studies*, 48: 253–77.

Schoenberger, E. (1997) *The cultural crisis of the firm*. Oxford: Blackwell.

Simmie, J. (ed.) (2001) *Innovative cities*. London: Spon.

Storper, M. (1995) 'The resurgence of regional economies, ten years later: The region as a nexus of untraded interdependencies' . *European Urban and Regional Studies*, 2: 191–221.

Tidd, J. and Brockleshurst, M. (1999) 'Routes to technological learning and development: An assessment of Malaysia's innovation policy and performance'. *Technological Forecasting and Social Change*, 62: 239–57.

Trezzini, B. (2001) 'Embedded state autonomy and legitimacy: Piecing together the Malaysian development puzzle'. *Economy and Society*, 30: 324–53.

Von Hippel, E. (1988) *The sources of innovation*. Cambridge: Cambridge University Press

# 13 科学园区及其对区域发展的贡献

## 以图尔恩大学科技园为例

西蒙娜·斯特劳夫、罗兰·谢雷尔

## 13.1 引言

在科学界和政策界看来,知识和创新是影响国家及区域经济发展的重要因素。知识的发现、转移和使用在建立知识型经济和社会的过程中发挥着决定性作用。区域是知识型经济体的重要组成部分,它们需要充分挖掘并发挥自己的潜力。各区域在资源(人力资本、社会资本、技术资本、金融资本)和竞争力(包括当地溢出效应和其他乘数效应)方面有很大的差异。为了获得优势,这些区域不得不整合不同的发展力量,比如知识创造者、市场和政府(Cooke et al., 2006)。在过去的十年间,它们采取了各种手段来推动知识型经济的发展。

其中,科技园被认为能为创新和知识型区域发展带来积极的作用。而政府以公私合作为基础,是建设科技园的主要推动者(Castells et al., 1994)。值得注意的是:大学—产业联合体被认为是促进知识转移和创新的其中一个有效推动力(Trippl et al., 2008)。本章将分析推动科技园知识型发展的驱动力都有哪些以及科技园如何推动区域发展。从关于知识型区域发展的论述中,我们得出了一个假设,即有五个因素会对科技园(特别是知识转移和地域根植性效应)产生积极作用。

本章选取了六个欧洲研究机构及科技园区,分析它们对推动知识型发展所作的贡献及与这五个因素的关联程度。此外,还围绕其中一座新建于奥地利的大学研究中心展开了详细的讨论。[1] 基于所获得的实证数据,我们得以了解科技园能否推动知识型区域发展,在哪些领域推动其发展,以及假设中提到的五个因素是否能提供有用的信息。

本文将从理论的角度,从知识和创新对区域发展的贡献入手分析上述问题(第13.2节)。结合文献关于科技园的发展历程及其对区域发展的影响,我们确定了五个变量,以研究科技园和知识转移对知识型区域发展的贡献。第13.3节在这五个变量的基础上对比研究了六个欧洲研究机构及科技园区。第13.4节则讨论了奥地利“图尔恩大学研究中心”（University and Research Centre Tulln, UFT）的特点和建设目标。随后，运用网络思维导图的方法，绘制出区域相互依赖网络图，以展示不同因素之间存在哪些相互依赖关系，这五个变量如何影响区域发展，以及这种影响如何利用图表进行可视化。在此基础上，提出了区域影响监测指标。最后一节则总结了研究发现，并据此得出相关结论。

这项研究采用了不同的研究方法。同时，我们还对现有的研究、报告和概念进行了评价。此外，我们也在两个层面进行了定性访谈：各研究机构及科技园区的决策者和图尔恩大学研究中心的主要利益相关者。这些访谈有助于理解研究机构及科技园区的成立目标、发起的活动和现有的网络。第 13.4.3 节采用了网络思维导图研究图尔恩大学研究中心区域互相依赖网络的发展。网络思维导图起源于一种基于控制论原理的系统方法。斯塔福德·比尔（Stafford Beer）被认为是管理控制论的奠基人（Beer, 1959）。在 20 世纪 80 年代，学者们提出了解决复杂系统的实用方法。而本文应用的方法则可以追溯到弗雷德里克·维斯特（Frederic Vester）的研究，他认为系统的属性构成了一个网络化的交互结构（Vester, 1974）。

## 13.2　知识和创新以及它们对区域发展的贡献

在区域科学领域，关于哪些因素对区域成功有积极作用、区域是怎样以及为什么会发展成其现在的形态等讨论经久不衰。近年来，新提出的理论不再研究经典的生产要素（比如资本、劳动力、资源）——如今知识降低了物质因素的重要性（例如 Yigitcanlar, 2010）。有看法认为，生产力和竞争力来自知识的产生和信息的处理（Castells, 1996）。

> 因此，知识和资源之间的天平逐渐向前者倾斜，使之成为今天决定生活水平的最重要因素——其重要性远非土地、资本或劳动力能比。
>
> （Cooke et al., 2006: 7）

随着知识成为经济发展的核心驱动力之一，内生因素也变得越来越重要。区域支持学习和创新发展的能力以及它们自身的学习能力已成为竞争优势的主要来源（Cooke, 1998; Lundvall et al., 1994; Storper, 1997）。

尽管某一区域能否成功取决于其是否可以通过知识创造和转移来学习，从而形成竞争优势，但仅凭这一点并不能解释哪些因素能积极影响和推动创新，带来知识转移和溢出效应。经济地理学家和区域理论家提出了一系列互相重叠的概念，比如“学习型区域”或“社会资本”，它们都强调了知识和学习的重要性（Amin et al., 1994; Cooke et al., 1998; Morgan, 1997; Putnam, 1993; Storper, 1997）。

阿希姆（1996: 15）在谈及营造创新环境的途径时，认为最大的问题在于了解影响创新在某一区域更加成功的机制和方法；换言之，即“为什么本地化和区域特异性能让技术和组织动态更好”（Storper, 1993: 14）。其他问题还包括没有足够的实证比较数据来解释不同的发展途径（比如，Westeren, 2008; Russ et al., 2008）。一些批评家认为，当代区域科学工作的理论活力存在实证严谨性不足、与政策缺乏关联性等问题（Markusen, 1999; Martin, 1999）。

网络和制度条件在推动区域内知识转移和创新发展方面发挥着重要的作用（比如，Grabher, 1993; Rosch, 2000）。与高新技术企业和其他知识密集型分支机构相比，研究机构尤为重要。各大学是知识的主要来源地。尤其是在鼓励大学与产业达成合作以刺激前者产出更多实际的应用型研究成果的背景下，大学更加强调技术和经济进步的重要性。大学可以在多方面发挥作用，比如在大学—产业合作中充当知识提供者，或成为研究项目衍生企业的孵化器（比如，Trippl et al., 2008）。

为帮助在区域内建立公私合作伙伴关系、加强知识转移、推动创新和知识型区域发展，所谓的科技园诞生了。在研究了某些成功案例（比如硅谷）后发现，距离与有效的知识产生和转移之间存在正相关关系（Yigitcanlar, 2010）。拉斯佩（Raspe）和凡奥特（van Oort）（2008）也强调了知识经济的空间环境作用。他们对知识型区域的定义包含多个维度，强调了知识型人才、高新技术企业、研发人员占比、技术和非技术创新的重要性。

自2000年以来，区域政策的重点逐渐集中到了创新和知识领域（如欧盟委员会，2006）。科技园也在政府、大学和私营企业的合力推动下获得了长足发展，期间经历了三个历史阶段：①基于信息技术的技术革命；②资本、管理、劳动力、技术、信息及市场越来越全球化；③出现了一种新的经济生产和管理形式——“信息化”（Castells et al., 1994: 3）。“技术极”（technopole）亦被称为“科学园区

（science parks）、技术园区（technology parks）、科学城”（science cities）等。不管名称如何变换，它们的本质都是一样的，即都是“一种特定形式的技术创新集中区域，具有产生科学协同作用和经济生产力的潜力”（Castells et al., 1994: 8）。

近几十年来，科技园的数量急剧增长，并成为一种全球现象。创建科技园通常被视为一种创造动态集群的手段；这些集群可以加速全球经济增长，增强国际竞争力。具体来说，各种规模和类型的科技园被广泛视为一种有效的政策工具，帮助国家将研发投资转变为更多、更可见的回报（Wessner, 2009: 2）。科技园或是科学园区既要提供区位优势和经济优势，又要承担作为区域形象载体的角色，这些都能影响该区域的区位质量。

在政策制定者的推动以及科技园和科学园区的数量不断上涨的影响下，产生了大量的学术研究。但是学者们关于科学园区是否对技术发展有贡献一事看法各异。因为根据某些创新线性模型的假设，科学知识可以轻易地从研究机构转移至位于其附近的企业。最近的研究方法开始更多地关注能帮助企业和创新支持机构展开互动和联系的因素（Phillimore, 1999; Cooke, 2001）。

根据科学园区的发展历史和对其表现的评估，可以观察到它的演化过程。第一代的科学园区将知识从大学转移至研究项目衍生企业，再扩散至周围的专门产业区。第二代科学园区是在工业科技的拉动下发展起来的，位于主要研究机构附近的企业会利用前者获得的科学发现。新兴的第三代科学园区则利用互动型创新模式，植根于不同的城市环境中。在这些园区中，网络和信任体系，公营部门、私营部门、研究机构等合作伙伴各自的发展，公众或机构的参与程度和财务或法律文书服务共同构成了创新环境全球功能的主要部分。地域根植性不再仅仅是一个园区的特点，而变成了帮助园区成功的重要因素（Haselmeyer, 2004）。如果科技园或科学园区能汲取互动性创新体系的经验，那么它们就能通过加强社会资本、网络和中介活动来推动区域创新发展（Cooke, 2001）。

根据文献，影响科学园区成功的关键因素主要集中在区位因素、物业管理能力和质量管理团队三个方面（Saublens, 2007: 63）。西摩（Seymour, 2006）表示其他能帮助科学园区成功的因素有：单一优势股东控制模式、所有权和经营权之间明确分离、高等教育机构参与以及设定清晰的愿景和策略。

除上述标准以外，一个科学园区能否成功还取决于国际、国家和区域框架的具体情况（比如政治制度、技术不确定性和快速变化的客户需求）（Sternberg, 2000）。一个科学园区的表现不仅与外部因素有关，还离不开其自身的愿景及战略规划。

本章旨在分析科技园推动知识型区域发展的驱动因素。虽然每个科技园的目标和规划各不相同，但我们列出了一系列因素，以便比较和分析它们对知识型区域发展所作的贡献。这些因素聚焦知识转移和地域根植性的不同方面。本研究希望能探讨科技园能否以及在哪些领域能推动区域发展。

在总结上述论点的基础上，我们可以确定以下标准，以便于判断科技园通过促进知识转移和地域根植性对区域发展所作的贡献：

- 学术和校外研究之间的联系；
- 促进知识转移；
- 协调知识转移的实体；
- 推动初创企业发展；
- 与区域内企业合作。

地域根植性可以看作是区域内各方面得以合作的一个概要因素，也是上述五个因素作用的结果。

促进创新和区域发展不仅离不开作为知识节点的大学，也离不开大学—产业合作（Tripp et al., 2008）。大学和企业之间的知识转移和创新并不因两者距离较近就可自动发生。而这是解释科学园区为何失败的主要论点之一（Capello et al., 2009）。科学园区需要在研究机构和企业的共同作用下才能实现成功。

协调和促进知识转移的实体可以获得竞争优势。知识和技术转移机构是连接供应商和知识使用者的重要节点，其中知识使用者是支持企业创新的内生潜力（Landry et al., 2013）。这种“中介组织”的一项主要任务应该是与研究机构一起促进初创企业和研究项目衍生企业的发展。

区域知识发展网络也是知识在科学园区外传播并为区域内企业所用过程中形成的重要资产（Russ et al., 2008）。在全球范围内，国际网络的形成（特别是对研究机构而言）是一个必然结果，其本身也是一个竞争要素。另一方面，区域锚定和与区域内合作伙伴的知识交流可能是实现科学园区内机构以及区域发展成功的因素之一（Asheim et al., 2002）。

本文选择了六个欧洲科学园区作为实证基础,对上述五个因素进行比较分析,以判断它们对区域发展的贡献。这些分析所得出的结论可以为针对新成立的“图尔恩大学科技园”的案例研究（参见第 13.4 节）提供一个基准。

## 13.3　地域根植性的效果：六个欧洲案例的研究发现

为了解知识和技术转移是如何发生的，以及机构如何与所在区域和更大的空间范围发生联系，以六个欧洲科学园区为例进行对比分析研究。在此基础上，本文也系统地描述了这些机构对所在区域区位质量的贡献。研究对象包括：位于卡尔斯鲁厄的卡尔斯鲁厄理工学院（Karlsruhe Institute of Technology, KIT）（D）、位于柏林的阿德勒斯霍夫科技园（Science and Technology Park Adlershof）（D）、位于布罗斯的瑞典 SP 技术研究所(SP Technical Research Institute of Sweden)(SE)、格勒诺布尔国立综合理工学院（Institut Poytechnique de Grenoble）（F）、位于韦尔巴尼亚的马焦雷湖科技园（Tecnoparco del Lago Maggiore）（I）和达沃斯科技城（Science City Davos）（CH）。

### 13.3.1　学术和校外研究之间的联系

在卡尔斯鲁厄理工学院、阿德勒斯霍夫科技园和格勒诺布尔国立综合理工学院中，大学是它们的核心组成部分。因此，研究及研究质量发挥着重要的作用。它们希望自身的研究能获得国际认可，并在相应领域内取得领先地位。此外，上述三个科学园区和瑞典 SP 技术研究所在基础研究之外,都十分注重应用型研究。卡尔斯鲁厄理工学院和瑞典 SP 技术研究所更是深度参与了应用型研究。

### 13.3.2　通过协调组织促进知识转移

促进知识转移是上述所有案例的共同目标。但它们采取的方式却不尽相同：从普通研究项目、委托研究、咨询服务到继续教育课程。机构之间的知识转移并不总是在同样的制度化和结构化模式下进行。卡尔斯鲁厄理工学院、阿德勒斯霍夫科技园、格勒诺布尔国立综合理工学院和马焦雷湖科技园都成立了组织机构，负责将学术研究成果与应用企业联系起来。它们的服务对象包括入驻的科学家和研究人员，以及对研究结果感兴趣的企业和外部机构。所以，这些组织机构其实扮演着在相关学术领域和商业领域之间联络和中介的角色。

### 13.3.3 推动初创企业发展

推动初创企业发展是阿德勒斯霍夫科技园和马焦雷湖科技园的核心任务之一。它们都希望能吸引创业者在各自的园区内成立公司。而对以研究为导向的机构（比如卡尔斯鲁厄理工学院和瑞典 SP 技术研究所）而言，虽然它们也欢迎研究项目衍生企业在园区内成立，但这不是其首要任务。

### 13.3.4 与区域内企业合作

能否与区域内的企业合作取决于两个因素：其一，机构的地域根植性；其二，合作的组织方式。另外，机构的主要关注点也非常重要。阿德勒斯霍夫科技园与其所在区域内媒体公司的合作发挥了非常大的作用。它同时也鼓励园区内企业达成合作伙伴关系。但鉴于瑞典 SP 技术研究所和格勒诺布尔国立综合理工学院所从事研究的高度专业性，它们并没有大力推动与区域内企业展开合作。

### 13.3.5 地域根植性：与区域内其他成员合作

科技园与区域内其他成员尤其是政府机构的合作越紧密，这些合作者投资园区的力度就越大。以达沃斯科技城、马焦雷湖科技园和阿德勒斯霍夫科技园为例，在某些情况下，当地以及区域政府部门都持有它们的股份。卡尔斯鲁厄理工学院则是通过成立一家由市政府、区域政府部门和学院代表组成的机构，来实现地域根植性。该机构会利用理工学院和区域政府部门的协同合作来发挥作用。上述机构的地域根植性可以被描述为它们开展区域活动和与区域内不同成员合作的一个监测因素。表 13–1 简要介绍了这六个机构在相应研究因素方面的表现。

总体而言，机构对其所在区域、地域根植性和促进知识转移的影响，根据各自的建设目标而各不相同。但尽管如此，这些考量因素在帮助理解它们对区域发展所作的贡献方面，提供了非常有价值的信息。研究结果可以为以图尔恩大学研究中心为对象的案例研究提供一个基准，并解答以下问题：图尔恩大学研究中心是否会对其所在区域发展造成潜在影响？能否通过“区域影响监测体系”对这些影响进行量化？

**表 13–1　六个欧洲科学园区的对比情况**

| | 卡尔斯鲁厄理工学院 | 阿德勒斯霍夫科技园 | 瑞典 SP 技术研究所 | 格勒诺布尔国立综合理工学院 | 马焦雷湖科技园 | 达沃斯科技城 |
|---|---|---|---|---|---|---|
| 学术和校外研究之间的联系 | XXX | XX | XX | XX | XX | X |
| 促进知识转移 | XXX | XXX | XX | XX | XX | XX |
| 知识转移协调中心 | XXX | XXX | X/– | XXX | XX | XX |
| 推动研究项目衍生公司发展 | XX | XXX | X | XX | XXX | – |
| 与区域内企业合作 | XX | XXX | X/– | X | XXX | X/– |
| 地域根植性：与区域内其他成员合作 | XXX | XX | X | X | XX | XXX |

注释：一个“X”表示该项分值低，三个“X”代表分值高；得分越低表明该机构表现越不佳。
资料来源：谢雷尔和斯特劳夫（2011）。

## 13.4　图尔恩大学研究中心案例

和其他国家一样，奥地利也出台了一系列公共项目，旨在促进知识和创新发展，从而增强区域竞争力。2000 年，下奥地利州开始实行一项技术倡议，希望能推动州内科技园项目的发展和转化。凭借这项倡议，科技园可以邀请公共和半公共研发机构进驻，在园内开展“以科技为导向的经济活动”，与对应企业达成合作，最终增强下奥地利州的经济实力。州政府旨在将这些科技园打造成大量研发机构的集聚区，且这些研发机构都各自有其主要研究方向。为实现这一目标所需的基础设施已修建完成。另外，这些科技园也需要与当地学术培训机构进行直接对接，以将研究与教学融合在一起。

“图尔恩农业生物技术和环境生物技术科学园”是下奥地利州科技园项目选定的四个实施地点之一。[2] 农业生物技术部（IFA– 图尔恩）、维也纳新城应用科学大学 / 图尔恩分校、图尔恩科学园有限公司、当地农业技术学校、

Zuckerforschung 图尔恩有限公司和图尔恩政府在图尔恩科技园框架内达成了合作。此外，科技园的合作伙伴还包括从事其他行业的企业。图尔恩科技园的主要研究领域包括现代生物分析、环境技术、植物育种和可再生资源。

在图尔恩大学研究中心成立以前，科技园可提供 236 个技术领域的高新技术职位，园区内有 21 个大学院系入驻，145 名学生在维也纳新城应用科学大学 / 图尔恩分校就读。八家来自农业技术和环境技术领域的公司在园区内设有办事处，总员工人数为 31 人（Ecoplus, 2011）。

得益于图尔恩大学研究中心，该科技园人气大涨。这是因为该研究中心改善了外界对科技园及其所在区域的看法，并帮助科技园提高了知名度。各方代表希望彼此之间加强合作，以在园区内开发更多的合作项目，推动研究项目衍生公司发展并创办更多新的公司。

### 13.4.1　图尔恩大学研究中心的目标

维也纳自然资源与生命科学大学（University of Natural Resources and Life Sciences Vienna, BOKU）和奥地利理工学院（Austrian Institute of Technology, AIT）是图尔恩大学研究中心的主要入驻者。来自这两所学校的团队在图尔恩主要研究生物分析、可再生资源和生物技术。前者自 1994 年起就在图尔恩开展研究活动，它与维也纳技术大学（Vienna University of Technology）和维也纳兽医大学（University of Veterinary Medicine Vienna）在农业生物技术部（IFA- 图尔恩）框架内达成合作，旗下约有 100 名员工。而奥地利理工学院是奥地利最大的校外研究机构，拥有 1100 余名研究员，在国内拥有多个分院。它主要研究与未来基础设施有关的问题，比如健康和环境、安全和安保、能源和移动出行。

图尔恩大学研究中心作为一个跨部门和跨学科的组织，旨在帮助维也纳自然资源与生命科学大学和奥地利理工学院建立合作，达成战略合作伙伴关系。它拥有完善的基础设施，包括理想的工作环境和设备齐全的实验室。虽然其成立的主要目的是为研究提供服务，但现代化的实验室仍然可以供教学（特别是硕士和博士课程）所用。

加强学术研究与校外研究的联系是图尔恩大学研究中心的目标之一。通过结合校内外研究机构的优势，合作双方可以加强基础研究和应用型研究之间的知识转移，改善研究质量，并创造新的知识。合作项目中关注特定领域的研究、可能产生的高质量研究成果和完善的开发有助于提升校内外机构的定位。从基础研究到适销对路的产品，整个创新链的专业化和覆盖范围应该能够使双方在国际竞争中拥有更广阔的前景。

下奥地利州政府、维也纳自然资源与生命科学大学、奥地利理工学院和图尔恩城市在 2005 年签署了关于科技领域的合作备忘录。备忘录确定了以下六个目标：

● 将建立一个规模宏大的“卓越中心”。通过聚焦“绿色和白色”生物技术，强化公共形象。

● 维也纳自然资源与生命科学大学将在图尔恩进一步发展其农业生物技术部（IFA）。

● 维也纳自然资源与生命科学大学和奥地利理工学院有望建立包含基础设备的设施。另外，将在图尔恩大学研究中心附近划出一块土地，用于建立新公司。

● 研究和技术网络将具备以下特点：其一，它从建立之初，就应能吸引对研发感兴趣的企业进驻；其二，维也纳自然资源与生命科学大学和奥地利理工学院的学生应有望建立研究项目衍生企业和创业企业（推动初创企业发展）。

● 图尔恩在最初的五年内，为企业提供总额与市政税相当的财务激励方案（地域根植性：与区域内其他成员合作）。

● 图尔恩大学科技园是下奥地利州的旗舰项目。它将利用其学术潜力创造多达 400 个新的就业机会。该区域对企业的吸引力和在州内核心地带创办的研究项目衍生企业应能促进图尔恩甚至整个下奥地利州技术和经济的发展。

落户该园区的研究机构、图尔恩和下奥地利州都希望依靠图尔恩大学研究中心带动园区的升级和巩固。某些关键研究领域的专业化程度和该区域更强大的实力有助于改善图尔恩的城市形象，即这里不仅适合经营企业，还适合开展学术研究。图尔恩大学研究中心作为图尔恩大学科技园的组成部分，在整个园区内发挥着重要的作用。图尔恩希望前者能创造新的高质量就业机会，同时为年轻一代提供更丰富的、以未来为导向的教育。图尔恩大学研究中心应帮助该区域吸引更多的企业入驻，推动当地经济发展（与区域内企业合作）。

优质的毕业生可能会提升图尔恩对企业的吸引力。图尔恩大学研究中心和（区域内外）企业之间的知识和技术转移是保证当地企业竞争力的一个重要因素（促进知识转移）。该研究中心被视作图尔恩战略推进的延续，该战略旨在推动图尔恩转化为科学研究之城，并最终实现城市结构转型。图尔恩期待研究中心能为其在维也纳地区的城市形象和定位带来积极的影响。另外，它也希望入驻研究机构推出的项目能带来更多的国际合作。

### 13.4.2 图尔恩大学研究中心的特点

下奥地利州的州议会在2007年决定投资4500万欧元建立图尔恩大学研究中心。中心的建设和运营所需花费由下奥地利州和图尔恩共同负担，由奥地利政府根据履约协议提供资金支持。最终，建立图尔恩大学研究中心共耗资6400万欧元。一栋集大学和研究中心为一体的两层建筑占地6公顷，建筑面积为15 000平方米。此外，研究中心内还建有一个占地45公顷的测试场、数个设施完善的温室和实验室、最多可容纳150人的研讨会议室和一个70座的餐厅。经过两年的建设，图尔恩大学研究中心在2011年9月正式投入运营。2011年冬季学期开始时，研究中心迎来了约250名研究员（最大容量为350人）。在2014年4月，图尔恩科技园提供了700个高新技术领域就业机会。

另外，在图尔恩大学研究中心的影响下，“图尔恩科技园”更名为“图尔恩大学科技园”，并创造了新的文字商标和标志。入驻图尔恩校园科技园的研究机构和科技园的关系也各不相同。比如，经过多年发展，农业生物技术部有其独立的身份特点，会使用自己的标志；维也纳自然资源与生命科学大学和图尔恩大学研究中心的其他部门则会继续保持和各自维也纳总部的密切联系；而奥地利理工学院可能会给其图尔恩分校更多的自治权。

### 13.4.3 图尔恩大学研究中心对区域发展的某些领域所作的贡献

如果图尔恩大学研究中心想要与区域内其他成员和公司建立合作关系，促进知识转移，那么除上文提到的五个因素以外，下列因素也非常重要，甚至可以认为是实现该目标的前提条件：

- 图尔恩校园科技园内入驻研究机构和区域内的其他成员需要建立共同的愿景，并对其有相同的理解。在此基础上，它们才能担负起各自的职责。

● 研究和教学质量对帮助图尔恩成长为一个适合学术研究的地方非常重要。只有通过提高研究和教学质量，才能使图尔恩大学科技园获得国际认可，并为该区域带来积极影响。

● 为了实现快速崛起并产生区域影响，图尔恩大学科技园内外的成员都应将之视为一个整体。

图尔恩大学研究中心和前文分析中所引用的项目一样，也是其所在区域的成员。而除此之外，还有其他一些成员也对该区域的发展和吸引力提升作出了贡献。图尔恩大学研究中心对区域发展中不同领域所作的贡献和参与度可以用图表列出。这些图表能表明不同因素间的关系以及它们推动区域发展的方式。

下列运用网络思维导图方法所作的区域网络图就展示了内部不同元素（影响因子）之间的联系和相互依赖性。这种方法可以将复杂问题用动态的网络图表描述出来。在分析图尔恩大学研究中心网络的过程中发现，“研究与教学”“知识和技术转移”“区位质量”三个领域的相关性最高。[3] 图 13–1 表明了对区域吸引力有积极影响的因素以及它们是的组成方式。

**研究与教学**

随着图尔恩大学研究中心的建立，相应的基础设施（这是实现高质量研究的基础）也随之落地。除了能吸引优质员工的良好技术基础设施以外，研究中心还

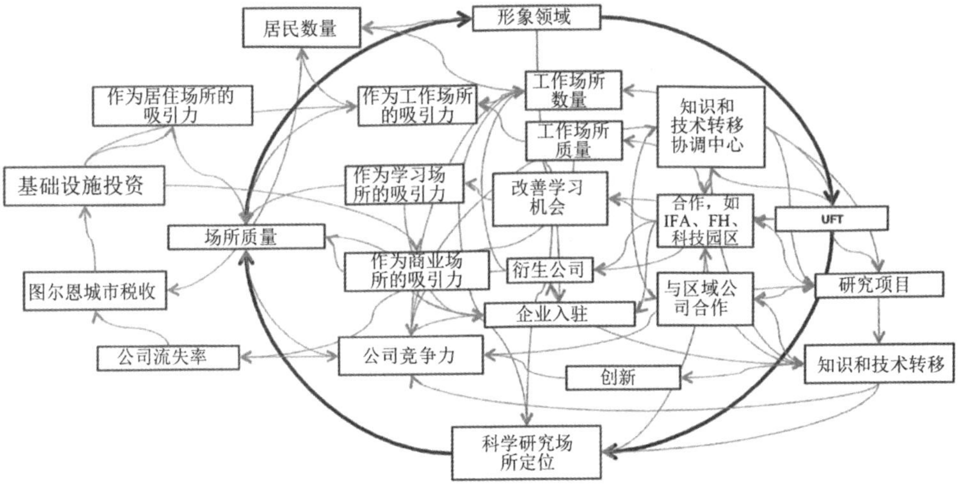


图 13–1　相互依赖的区域网络“区位质量”

需要为招揽专业科学家制定有竞争力的人才政策。维也纳自然资源与生命科学大学和奥地利理工学院之间的合作应为基础和应用型领域创造协同效应。图尔恩大学科技园内入驻机构进行的研究项目和它们提供的学位课程，在研究与教学领域发挥着核心作用，影响着图尔恩作为“科学和高等教育之城”的对外形象和吸引力。因此，研究和教学的质量就成为研究中心能否为上述领域带来积极影响的重要因素。高质量的研究可以通过合作项目和优质员工实现。同时，学术和校外机构研究之间的合作也能提升研究的质量。对前沿课题的研究反过来又能吸引（国际）关注；入驻研究机构定位、区位质量和学生质量的改善能增加企业对毕业生的需求。

**知识和技术转移**

在分析图尔恩大学研究中心对知识和技术转移领域的影响时，本文还评估了其对企业创新竞争力和能力的贡献。此处的潜在假设是，因为企业需要借助创新来保持竞争力，所以研究中心可以通过应用型研究项目增加它们的竞争优势。由此产生的对研究结果的需求，则可以利用研究中心的研究项目满足。因为图尔恩大学科技园想要积极推动区域内的知识和技术转移，所以它和企业之间的合作与交流就显得非常重要（促进知识转移）。

同样，园区内租户之间合作的重要性也不容忽视。只有创造出协同效应和共同要约，科技园才能够满足企业的需求，成为创新过程中有吸引力的合作伙伴。因此，为明确企业的研究需求和满足研究机构和企业之间的知识转移，需要设立一个协调中心，作为这两者之间的沟通桥梁。

促进知识转移是图尔恩大学科技园的目标之一。为实现这个目标，除了完备的先决条件外，协调中心是必不可少的。图尔恩大学科技园知识和技术转移中心将承担着这一职责。该中心的任务包括：第一，帮助（区域内的）企业获取园区内研究机构提供的产品、工艺和服务；第二，根据企业的创新和研究需求，为其寻找合适的合作伙伴。园区内所有入驻机构也需要通力合作，才能使它们和企业都享受到知识和技术转移带来的丰富成果。协调中心还需要推动初创企业发展。

园区内现有两个机构在积极促进知识和技术转移：科技园管理会在科学和经济体系间扮演着协调者的角色（www.tfz-tulln.at）。另外，维也纳自然资源与生命科学大学也设有一个通用的研究协调机构，负责协调其科学工作。目前上述协调机构无法服务于图尔恩科学共同体的其他成员，所以成立一个覆盖全机构的通用协调中心实有必要。

**区位质量**

在研究区位质量时，各种相关因素都被纳入考虑范围，在此不一一列出。考虑到较高的复杂度，有些因素以集合体的形式以进行更为清晰的呈现。

在将图尔恩打造成“（科学）研究之城”的过程中，图尔恩大学研究中心和整个图尔恩大学科技园都发挥了重要的作用。区位的强大吸引力改善了图尔恩的城市形象，反过来，良好的城市形象也对图尔恩大学研究中心产生了积极的影响。比如，研究中心可以招揽到优质的科学家。[4] 区位质量与多个因素有关，比如该地是否适合生活、工作、学习、经商。图尔恩大学科技园直接或间接地影响着图尔恩的区位质量。入驻科技园的研究机构能提供课程，从而增加了图尔恩的教育吸引力。入驻企业，特别是有竞争力的企业，增加了图尔恩的商业吸引力。另外，和区域内其他企业的合作也增强了该地的竞争力。而图尔恩改善基础设施的举措使这里成为宜居之城，吸引了更多人来此定居。图尔恩大学研究中心与图尔恩及区域内其他成员的密切合作保证了正式的框架条件尽可能地有利于推动研究中心不断发展。

### 13.4.4　区域影响监测

基于上述相互依赖的区域网络，本研究对区域影响进行了监测，以收集有关科技园表现的实证数据。虽然监测体系的主要目的不是科学研究，但它能帮助了解项目或（公共）基础设施措施的区域相关性。一方面，区域影响监测是内部控制的一种手段，可以帮助园区有效地执行相关措施。另一方面，它还能发挥更加广泛的作用，即支持与外界的交流。参考“研究与教学”“知识和技术转移”“区位质量”领域相互依赖的网络，可建立因果链，并基于此开发“影响监测体系”（Hummelbrunner, 2005: 6）。这些因果链可以说明某一领域的相关目标能带来哪些预期结果和影响。

影响监测体系旨在通过结果和影响指标[5]（表 13-2、表 13-3）来预估区域影响。这些指标与所谓的无形效应有关，而这些效应关系着图尔恩大学研究中心能否为其所在区域带来长期的积极贡献。另外，它们也能考量该研究中心所造成的有形

**表13-2　结果指标**

| 定量指标 | 定性指标 |
|---|---|
| 图尔恩大学研究中心在图尔恩境内的支出 | 企业的生物资源意识 |
| 会议和研讨会的数量 | 各自的业务活动 |
| 活动参加者的数量 | 相关企业的整合程度 |
| 在图尔恩居住的员工人数百分比 | |
| 某集群股权融资比例 | |
| 学位和培训课程的数量 | |
| 学生数量 | |
| 图尔恩大学研究中心和图尔恩大学科技园的员工数量 | |
| 毕业生就业率 | |
| 维也纳自然资源与生命科学大学和奥地利理工学院合作项目的数量 | |

**表13-3　影响指标**

| 定量指标 | 定性指标 |
|---|---|
| 人口数量增减趋势 | 中小型企业创新活动 |
| 过夜人数的增减趋势 | 与（国际）网络整合程度 |
| 房地产价值趋势 | |
| 入驻企业和新成立企业的数量 | |
| 区域内中小型企业的额外营业额 | |
| 来自图尔恩大学研究中心的研究项目衍生公司和初创公司的数量 | |
| 出版物的数量和质量 | |
| （国际）研究项目的数量 | |
| 研发经费总额 | |
| 专利数量 | |
| 区域内中小型企业推出的新产品和新工艺 | |

效应，比如它产生的货币政策对区域经济成员的影响。鉴于此，我们认为有必要确认并定期考量图尔恩大学研究中心在图尔恩境内（或更大的空间范围内）的支出情况，并分析工资的空间分布，以及设备和服务的成本。需注意的是，图尔恩应适当承担一部分支出。这些支出本身就是一个结果指标，因为它们与图尔恩大学研究中心的活动有直接的因果关系。

不断收集得到的关于研究中心区域影响的数据可用于不同的领域。首先也是最重要的是，它有助于提高研究中心活动的透明度。其次，透明度让该区域的利益相关者能够反思可观察到的区域影响，从而为它们创造了战略控制的可能性。

监测体系和针对上述结果和影响指标的调查也能让我们了解图尔恩大学研究中心能否以及可能如何影响区域发展。有些指标还可以说明上述五个因素和地域根植性的有关情况：

- 学术和校外研究之间的联系：维也纳自然资源与生命科学大学和奥地利理工学院合作项目的数量；相关企业的整合程度。
- 促进知识转移：会议和研讨会的数量；活动参加者的数量；相关企业的整合程度；研发经费总额；专利数量。
- 协调知识转移的实体：图尔恩大学研究中心和图尔恩大学科技园的员工数量；各自的业务活动；入驻企业和新成立企业的数量。
- 推动初创企业发展：来自图尔恩大学研究中心的研究项目衍生公司和初创公司的数量。
- 与区域内企业合作：相关企业的整合程度。
- 地域根植性：图尔恩大学研究中心在图尔恩境内的支出；过夜人数的增减趋势；在图尔恩居住的员工人数百分比。

一些指标可能会影响数个因素。尽管不是所有的案例都能发现直接的因果关系，但收集到的指标能说明区域内科学园区的知识和技术转移以及地域根植性对区域发展的贡献。由于这是一个尚未完成的项目，所以需要更多的时间来收集数据，以评估其对区域发展的影响以及目标完成情况。

## 13.5　结论

近几年来，学术领域和政府都将知识和创新视作推动经济增长和发展的重要手段。而且各区域也将产生、转移和使用知识看作增强竞争优势的最重要能力之一。因此，许多国家围绕技术推广制定了区域发展政策。其中就包括所谓的“高技术园区”。高技术园区被认为能够通过启动和支持技术创新，为区域发展带来积极的影响，并能促进经济增长（Castells et al., 1994）。

但高技术园区的发展历程表明，这些高期待并不一定都能成为现实。例如，批评者认为技术创新是由空间邻近性自动产生的，或者认为缺乏实证数据来解释高技术园区与区域发展之间的因果关系（比如 Cooke, 2001; Capello et al., 2009）。

本文讨论了知识型区域发展以及高技术园区能在该领域作出什么贡献。而高技术园区能否以及可能如何推动区域发展与许多因素和前提条件有关。我们认为邻近性、地域根植性和组织完善的知识转移是帮助高技术园区成功的几个关键因素。基于该假设，我们阐述了五个因素，并分析了其作用领域。

- 学术和校外研究之间的联系；
- 促进知识转移；
- 协调知识转移的实体；
- 推动初创企业发展；
- 与区域内企业合作。

对六个欧洲科技园和科学园区进行比较后，我们认为它们在这些方面的表现各不相同。不管是通过吸引技术型企业入驻还是促进现有企业成长，为了享受区域经济发展带来的红利，促进知识和技术顺利转移是一个必要条件。因此，鼓励知识和技术转移的合适的组织结构是协调和促进知识转移的一个重要推动力。正如卡斯特尔和霍尔（1994）所强调的，高技术园区成功的关键因素之一或许是建立一个结构良好的、完善的和被广泛接受的管理体系。

若要成立一个新的科技园或科学园区，比如位于奥地利的“图尔恩大学研究中心”，必须积极采取行动以促进知识转移。因此，来自结构合理的管理体系的支持与由区域创造的创新环境同等重要。高技术园区不同程度的地域根植性则应该成为必须满足的要求。

一些分析也提到了社会网络中对地域根植性的需求和高技术园区的一体化（比如 Russ et al., 2008; Asheim et al., 2002）。由上述案例的对比可见，与区域内企业和其他成员合作是区域能从高技术园区获利的一个重要前提条件。

除区域发展以外，高技术园区的成功和表现必须根据各自的显性和隐性目标进行评估（Castells et al., 1994）。若科技园的所有成员拥有共同的愿景，那么它们更有可能承担起完成园区目标的责任，正如图尔恩大学研究中心案例所示。高技术园区能否以及在何种程度上推动区域发展，以及其中是否有因果关系存在，还有待证实。监测体系中确定的指标可以成为考量高技术园区直接和间接影响的有用工具。这种监测体系也能提高数据可用性，确定高技术园区的表现是否符合预期以及是否与既定目标相关。

## 注释：

1 本文所有发现均来自 2011 年由圣加仑大学（University of St Gallen）系统管理与公共治理研究所（Institute for Systemic Management and Public Governance，IMP-HSG）代表一家公立研究教育公司(NO Forschungs- und Bildungsgesellschaft m.b.H.)主导的一项研究。

2 其他三个实施地点分别为：克雷姆斯医学生物技术科技园（Technopol Krems for medical biotechnology）、维也纳新城医学和材料技术科技园（Technopol Wiener Neustadt for medical and materials technology)和维瑟尔堡生物能、农业和食品技术科技园(Technopol Wieselburg for bioenergy, agricultural and food technology）。

3 它们与上述五个因素的关系将在第 4.4 节进行探讨。

4 图尔恩大学科技园提供了约 700 个高技术职位（技术领域），包括 150 个研究项目中的 600 名研究员（www.tfz-tulln.at/d/page.asp?tt=TZT_R2 数据为 2014 年 4 月 27 日访问该网站所得）。

5 结果指标可以描述和考量由干预结果产生的、为确定的目标群体带来的直接利益（项目的直接效果）。影响指标描述某干预行为或措施预期产生的影响（为组织或社会带来的更广泛影响）。

## 参考文献

Amin, A. and Thrift, N. (eds) (1994) *Globalization, institutions and regional development in Europe*. Oxford: Oxford University Press.

Asheim, B.T. (1996) ‘Industrial districts as ‘learning regions’: A condition for prosperity?’. *European Planning Studies*, 4: 379–400.

Asheim, B.T. and Isaksen, A. (2002) ‘Regional innovation systems: The integration of local “sticky” and global “ubiquitous” knowledge. *Journal of Knowledge Transfer*, 27(1): 77–86. Kluwer Academic Publishers.

Beer, S. (1959) *Cybernetics and management*. London: English Universities Press.

Capello, R. and Morrison, A. (2009) ‘Science Park and local knowledge creation: A conceptual approach and an empirical analysis in two Italian realities’. In C.H. Karlsson, A.E. Andersson,

P.C. Cheshire and R.R. Stough (eds) *New directions in regional economic development* (pp. 221–45). Berlin Heidelberg: Springer.

Castells, M. (1996) *The rise of the network society*. Oxford: Blackwell.

Castells, M. and Hall, P. (1994) *Technopoles of the world – The making of 21st century industrial complexes*. London: Routledge.

Cooke, P. (2001) 'Regional innovation systems, clusters, and the knowledge economy'. *Industrial and Corporate Change*, 10(4): 945–74.

Cooke, P. (1998) 'Regional innovation systems — origins of the concept'. In H.–J. Brazyck, P. Cooke and M. Heidenreich (eds) *Regional innovation systems. The role of governance in a globalised world*. London: UCL Press.

Cooke, P. and Morgan, K. (1998) *The associational economy: Firms, regions and innovation*. Oxford: Oxford University Press.

Cooke, P. and Leydesdorff, L. (2006) 'Regional development in the knowledge–based economy: The construction of advantage'. *The Journal of Technology Transfer*, 57(1): 5–15.

Ecoplus. Niederosterreichs Wirtschaftsagentur GmbH (2011) *Der Technologiestandort Niederosterreich, Tulin*: Technopol Tulin.

European Commission (2006) 'Community strategic guidelines on cohesion', *Official Journal of the European Commission*, L 291/11 (21 October 2006).

Grabher, G. (1993) 'The weakness of strong ties. The lock–in of regional development in the Ruhr area'. In G. Grabher (ed.) (1993) *The embedded firm: On the socioeconomics of industrial networks* (pp. 255–77).

Haselmayer, S. (2004) 'Why science and technology parks go urban: Towards embedded innovation environments'. *Urbanistica Informazioni*, 10(2): 35–46.

Hummelbrunner, R. (2005) Process monitoring of impacts. Towards a new approach to monitor the implementation of Structural Fund Programmes. OAR Regional– beratung: Vienna.

International Organization of Science Parks (2012) *Official definition of science park* (IASP International Board, 6 February 2002). Available at www.iasp.ws (accessed 13 April 2012).

Landry, R., Amara, N., Cloutier, J.–S. and Halilem, N. (2013) 'Technology transfer organizations: Services and business models'. *Technovation*, 33(12): 431–49.

Lundvall, B.A. and Johnson, B. (1994) 'The learning economy'. *Journal of Industry Studies*, 1(2): 23–42.

Markusen, A. (1999) 'Fuzzy concepts, scanty evidence, policy distance: The case for rigour and policy relevance in critical regional studies'. *Regional Studies*, 33(9): 869–84.

Martin, R.L. (1999) 'The "new economic geography": Challenge or irrelevance'. *Transactions, Institute for British Geographers* (24): 387–91.

Morgan, K. (1997) 'The learning region: Institutions, innovation and regional renewal'. *Regional Studies*, 31(5): 491–504.

Morgan, K. (2007) 'The learning region: Institutions, innovation and regional renewal'. *Regional Studies*, 41(Sl): S147–S159.

N.A. (2005) Memorandum of Understanding between the State of Lower Austria, BOKU, AIT and the City of Tulln. St. Pölten.

Phillimore, J. (1999) 'Beyond the linear view of innovation in science park evaluation: An analysis of Westem Australian Technology Park'. *Technovation*, 79(11): 673–80.

Putnam, R. (1993) *Making democracy work*. Princeton, NJ: Princeton University Press.

Raspe, O. and van Oort, F. (2008) 'Localized knowledge exemalities in regional economic development and firm growth'. *The Journal of Regional Analysis & Policy* (special issue on knowledge economy), 38(2): 100–17.

Rösch, A. (2000) 'Kreative milieus als kaktoren der regionalentwicklung'. *Raumforschung und Raumordnung*, (2/3): 161–72.

Russ, M. and Jones, J. (2008) 'Regional economic development indicators for a knowledge-based economy in a knowledge-deprived region'. *The Journal of Regional Analysis and Policy,* 38(2): 189–205.

Saublens, C. (2007) 'Regional research intensive clusters and science parks'. European Commission Report, Brussels.

Scherer, R. and Strauf, S. (2011) *Regionales Wirkungsmonitoring für das Universitätsund Forschungszentrum Tulln, Institute for Systemic Management and Public Governance*. St Gallen: University of St Gallen.

Seymour, S. (2006) *Micro agglomerations of technology: A typology of ownership and implications of success*. Helsinki: IASP XXIII.

Sternberg, R. (2000) 'Innovation networks and regional development — Evidence from the European Regional Innovation Survey (ERIS): Theoretical concepts, methodological approach, empirical basis and introduction to the theme issue'. *European Planning Studies*, 8(4): 398–407.

Storper, M. (1997) *The regional world: Territorial development in a global economy*. New York:

Guilford Press.

Storper, M. (1993) ‘Regional “worlds” of production: Learning and innovation in the technology districts of France, Italy and the USA’. *Regional studies*, 27(5): 433–55.

Trippl, M. and Tödtling, F. (2008) ‘From the Ivory Tower to the Marketplace: Knowledge organisations in the development of biotechnology clusters’. *Journal of Regional Analysis & Policy* (special issue on knowledge economy), 38(2): 159–76.

Vester. F. (1974) *Das kybernetische Zeitalter. Neue dimensionen des denkens*. Frankfurt: Fischer.

Wessner, C. (ed.) (2009) *Understanding research, science and technology parks: Global best practice: Report of a symposium* 2009. Washington: The National Academies Press.

Westeren, K.I. (2008) ‘How to define and measure knowledge for the analysis of competitiveness’. *Journal of Regional Analysis and Policy*, 38(2): 138–44.

Yigitcanlar, T. (2010) ‘Making space and place for the knowledge economy: Knowledge-based development of Australian cities’. *European Planning Studies*, 75(11): 1769–86.

**从下列网站资源获取信息：**

www.wissensstadt.ch (2011 年 10 月 22 日)

www.grenoble-inp.fr (2011 年 10 月 21 日)

www.tecnoparco.it (2011 年 10 月 22 日)

www.solyndra.com (2011 年 10 月 22 日)

# 第5部分
# 结束语

# 14 高技术园区的新旧经验

保罗·本纳沃思、苗田、尼古拉斯·费尔普斯

## 14.1 引言

最后一章，我们希望在新知识经济的背景下，思考可用于高技术园区未来发展的经验教训。这个想法在一定程度上来源于卡斯特尔和霍尔（1994）原著中题为“吸取教训”的第9章。如今重读原著这一章，作者的远见卓识和分析洞察力让人震撼。但与此同时，也有一些在他们最初写作时并不明显而在如今清楚可见的缺漏。我们编写这本书是希望在当代社会知识经济的背景下重新定位高技术园区的概念，使其重焕活力。因此，在最后一章，我们将从本书作者们开展的一系列案例研究中提炼出若干经验教训。同时，我们也想要将这种反思与卡斯特尔和霍尔原来的观察成果结合起来，试图整合成一种适合当下的高技术园区概念，希望这个概念能在未来二十年里保持其显著性。

我们在引言中提到，原著对治理问题关注之有限令我们感到震惊，在250页内容中仅用了一页来讨论这个问题，而如今城市治理已成为相关领域的一个核心问题。在第3章的四个案例研究中，我们看到在塑造高技术园区的演进中，治理扮演着越来越重要的角色。在撰写原著时，作者可能没有预料到高技术园区的想法会变得如此普及，以至于纷纷获得决策者采纳，由此导致政策的成败在一定程度上取决于各级政府在满足企业需求方面的互相协调。尽管成立公共机构的想法在原著中可能只是略有提及，但纵观本书的案例研究，重视治理这一问题已刻不容缓。多种利益在高技术园区进行交汇和互动，因此，要想进一步推进这些理念，或许绕不开对治理更加深入的理解。

同样，企业环境问题也几乎变得面目全非。除几个明显的特例之外，查尔斯（Charles）和豪厄尔斯（Howells）1992年对演变过程的观察已经有了合乎逻辑的结论，即使是知识密集型的大型跨国企业，也外包了相当大一部分的研发活动。“开放式创新”的理念（Chesbrough, 2003）——即全球高新技术企业将

它们的一些更外围的发现向集合了小型创新企业的更大范围的社区开放——正是这一过程的其中一步。跨国公司发现，当小型企业和学术机构将知识推向市场时，重新利用这些知识具有一定的经济优势。而且，通过创造开放的创新生态，跨国公司可以在保持其创新地位的同时降低研发的成本和风险。在过去二十年中，开放式创新的概念逐渐内化到园区的空间形态。与此同时，卡斯特尔和霍尔围绕研发和制造之间的联系所提出的协同管理概念也被融入不断变化的企业生态。

在本章中，我们对这些初步的经验教训进行了更为系统的反思，并进一步思考如何更新这些经验教训才能保持其当代的适用性。我们首先总结了有关高技术园区的三大类经验教训，分别是综合环境、参与者的集聚场所以及一组不断变化发展的互相连接的相关过程。然后，我们根据引言中提出的框架，即协同管理、治理和对这些综合体的评估，对案例研究中的经验教训加以整合。随后，我们试图将新旧信息融合起来，对这些空间如何在日益全球化的网络中促进创新的关联性达成共识。最后，我们反思了这些研究的政策意义，尤其是将它们融入以构建区域优势和精明专业化为基础的当代区域政策方法中（Asheim et al., 2011; McCann et al., 2013）。

## 14.2　原著的分析

原著用一章的内容提炼了十点经验教训。为了避免逐字重复，我们将相似领域的经验教训分成三类，每一类用一个标题概括。首先是“高技术园区的三个方面”“协同效应和创新环境”“企业环境”，这三个方面都与高技术园区在综合创新环境中发挥作用的方式有关。其次是“政府与创新”“大学和技术生产者”“金融、机构和创新环境”，三者均与利益相关方的特殊需求有关，而这些利益相关方的支持对于创新企业（所有高技术园区的引擎）在该地区取得成功至关重要。最后是“高技术园区的社会组织”“对区域发展的影响”“时间的重要性”和“成功范式”，强调了建设高技术园区所涉及的、需要同时加以注意的不同过程。

### 14.2.1 高技术园区作为综合创新环境

对于“高技术园区的三个方面”，卡斯特尔和霍尔（在撰写原著时）指出，建造高技术园区有三个不同的理由。其中一方面与再工业化战略、帮助刺激新产业和新部门的增长以取代1994年决策者最关心的去工业化中消失的产业和部门有关。另一方面旨在寻求促进区域发展，特别是为那些受到再工业化进程严重冲击而进入下行恶性循环的区域提供刺激——这似乎是不可能的。第三个理由涉及在参与者之间建立协同效应，并通过确保各部门之间的交互作用来创造必要的群聚效应，有些人后来称之为雅各布斯外部性（Paci et al., 1999）。虽然这三个目标通常是相互关联的，即通过刺激新的组合来促进再工业化和区域增长，但不能忽略特定高技术园区的具体情况。

借助于“协同效应和创新环境”，卡斯特尔和霍尔进一步深入研究了构建协同效应的概念，特别强调了以下内容的重要性：

> 在一个鼓励创新自由流动、进而产生创新的体系中，网络将许多不同组织（公共、半公共和私人组织、非营利和营利组织以及大小型组织）中的个体联系起来。
>
> （Paci et al., 1999: 224）

由此推论，大都市区的网络关系是最强大的，因此最有利于新兴产业的发展。他们指出，高技术园区的概念发挥着新马歇尔主义产业区的作用，促进了经济学家所称的马歇尔–阿罗–罗默外部性（参见Henderson, 1997），创造了共享知识库。因此，高技术园区不仅需要创造突破性的联系，将不同的技术连接起来，以打破发展轨迹，还需要发展极强的专业性。他们进一步指出，在发展这种专业知识的过程中，需要在研发和制造之间建立密切的联系，既要向研发注入生产方面的知识，又要加快产品进入市场的速度。

“企业环境”的重点在于，协同效应因企业环境问题而变得复杂，也就是说，对于任何企业来说，研发的要点几乎总是与企业目标相关，很少有企业本身就从事研发工作。研发活动总是在公司总部要求的条件下进行，很多情况下，美国的大型垂直集成化企业试图对其他公司（和潜在竞争对手）隐藏自己的知识，而只让公司内部客户知晓。因此，这些场所对高技术园区环境并不是真的感兴趣，主要是希望通过一个新兴的科学园区取得有利的声誉地位。相反，在日本，企业对银行以及国际贸易与工业部（MITI）的依赖意味着日本企业只有把研发活动设在东京大都市才有意义。同样，他们认为，法兰西岛和英国的 M4 走廊都更依赖于位于首都的公共客户群体，而不是公司总部的控制。

### 14.2.2　高技术园区作为不同参与者的集聚场所

结论的第二个要点涉及这样一个事实：高技术园区的力量不仅来自凝聚力和协同效应，还来自所涉参与者的异质性。同时，理想的异质性水平可能会产生意想不到的问题，这些问题最好尽早解决，以优化高技术园区的成功。卡斯特尔和霍尔斯在“政府与创新”方面提出的观点是，如果不了解公共投资水平在促进技术以推动经济发展方面的同步增长，就不可能理解高技术园区的崛起。他们认为，这种同步增长的形式，通常是政府和创新企业签订相对受保护的长期合同，是影响高技术园区成功的关键因素。政府对长期稳定投资的承诺可以提高企业对竞争前研究的兴趣，这些研究可以处在其他公共和私营机构研发实验室附近。接着他们又从反面指出，政府并不是一个“单一体”，或许正是预料到会有关于主导当代政策格局的多层次治理的讨论，并强调不同层次可能有不同的议程，甚至同一层次内的参与者之间还可能存在竞争。这种关系的性质为战略联盟创造了机会，它们着重指出了地方政府和剑桥大学的联盟是如何摒弃中央政府关于“工业场所应该迁出东英格兰”的传统成见。

第二类对高技术园区感兴趣的不同参与者不是创新企业，而是“大学和技术生产者”。事实上，卡斯特尔和霍尔认为：

> 大学在一些最具创新性的技术环境的发展中发挥了基础性的作用，比如硅谷的起源斯坦福大学、剑桥大学和麻省理工学院等大学都在其影响范围内启动了衍生过程，又比如法国国立圣艾蒂安高等矿业学校在索菲亚科技园诞生中的催化作用。
>
> （Castells et al., 1994: 230）

他们指出，大学在高技术园区中可能扮演着三种截然不同的角色，这三种角色都来源于它们在产生可转化并嵌入经济活动的通用知识方面的自主性。首先，以新的创新知识的形式为高技术园区提供原材料。其次，大学在为高技术园区产业劳动力方面也发挥了培训作用，尤其是对于建立一个本来没有相关劳动力的新产业。最后，他们还指出，大学通过创办新的衍生企业，并允许其员工在为这些创业企业工作的同时担任教学和研究职责，发挥了直接创业的作用。

“金融、机构和创新环境”部分讨论了一个棘手的问题，就是为一个像创新过程一样具有内在不确定性的过程提供稳定的资金。如果没有合适的创新融资，高技术园区将无法继续繁荣，技术发展有可能会被有能力承担风险成本的大公司内部消化，从而增强渐进创新过程而非突破性创新过程的趋势。最早指出商业风险基金对波士顿和硅谷周边出现集群的重要性，以及稳定的经连会（keiretsu）融资对日本领先科技公司的重要性的两位作者就是卡斯特尔和霍尔。在原著的第10章，他们还指出了短期融资方法可能产生的问题，即导致强调通过金融重组而不是创造新的创新产品来创造利润，从而阻碍创新过程。

### 14.2.3 高技术园区作为过程和场所

最后一组结论强调，建立一个有效的高技术园区不仅仅是创建一个场所，而是要确保一系列不同的过程能够有效地协同运作。因此，建立高技术园区的艺术就是在这些不同的过程之间寻找互惠互利的方法。正如“高技术园区的社会组织”部分所指出的那样，原著指出的第一组过程就是社会知识交换过程。作者认为，高技术园区创造竞争优势的最重要机制之一，是形成交流知识和支持劳动力市场动态演变的特定社交网络。虽然由于创新企业的存在，这些网络可以自发形成，但也可以在政府支持下加以积极调动和维持，而政府支持确实是高技术园区成功的关键因素。支持也是帮助创造创新环境，支撑高技术园区创新活动的增长和扩展所必需的东西。

在“对区域发展的影响”部分，作者把高技术园区发展的微观尺度与技术发展有关的长期空间再平衡问题更密切地联系在一起。他们指出，与长期技术发展周期相关联的场所命运发生了明显的地理变化，他们用康德拉季耶夫周期来描述这些变化。作者指出，在知识经济中新出现的空间分工中，非技术发展最前沿地区的高技术园区也能取得成功。他们也注意到，在不太成功的地区建立高技术园区的长期努力也可能会有好的结果。在第10章，他们表示，这些结果可能不符合决策者打造新硅谷的期望，但仍有可能成功创建新的产业综合体。

原著涉及的最后一组过程是治理过程。最后两个部分，“时间的重要性”和

"成功范式？"都相对简短，并指向一个相似的观点，即单个高技术园区的发展过程很少会实现预期的结果，但是坚持不懈会得到好的结果。作者认为，高技术园区需要很长时间才能实现，因此它们需要以某种形式规避短期压力。他们发现，如果对立即发生根本性变化期望太高，但这种变化还没有来临时，高技术园区可能会被搁置不管。这些高技术园区往往会回归投机性房地产开发，而不考虑潜在技术环境。从政策角度来看，关键问题是不断调整、相互作用和逐渐改变方法，以在参与者之间建立各种协同效应，从而提高利用新出现的机会来吸引新投资进入这些城市发展领域的能力。

## 14.3　高技术园区适用于当前的主要经验教训

显然，卡斯特尔和霍尔提出的一些经验教训在当前仍具有适用性。本书的许多章节又回到了协同效应对于高技术园区的成功、解决参与者之间不同利益的方式以及整合一个物理空间的各种过程的重要性。另外还有其他一些研究结果可以稍加更新，以反映不断发展的技术可能性，例如知识生产方面更多的转变，改变邻近性在创新过程中所起的作用，从而改变（但不是完全消除）促进创新的实体场所的重要性。但与此同时，也有一些作者没有预料到的变化，例如"开放式创新"的兴起，以及大型企业外包研发的趋势日益明显，使得创新的成功越来越依赖于全球技术创新网络中的协调过程。由于这些全球网络可能带来的额外压力和私人利益，这些变化对科技园概念有着相当深远的影响，并且不能简单地移植到开放式创新园区的概念中。

因此，为了更系统地更新《世界的高技术园区》一书中提出的观点，我们采用引言中提出的、也是本书的组织框架，将这些章节中出现的一些主要信息和发现汇集在一起，作为制定未来高技术园区研究议程的基础。

在第 14.3.1 节，我们发现了建立一致性和协同效应主要发生在富有活力但联系不紧密的生态系统中，其中涉及的机构充其量也只是非常有限的地方性机构。因此，有效的高技术园区建设需要找到将它们与这个生态系统结合起来的方法，同时也需要面对这样一个事实，即区域联盟比以往任何时候都更具有变化性，参与者的兴趣会随着时间的推移和外部压力而迅速变化。

在第 14.3.2 节，我们展望了在这些动态、变化和潜在不稳定的联盟背景下可能出现的治理难题，以及区域决策者对于明确区域创新决策过程中利益相关者所得利益的需求。与卡斯特尔和霍尔在 1994 年所做的工作相比，我们还举例说明了治理可能造成的一些问题，以及区域合作伙伴为寻求在这种复杂环境中运作而部署的一些潜在解决方案。

在第 14.3.3 节，我们讨论了如何有意义地评估高技术园区的问题，其中考虑了高技术园区功能中固有的动态和不确定性，以及具有不易缩小到“区域”层面的利益变化性和不确定性，因为它们在更广泛的创新和知识网络中扮演着关键节点的角色。重新阐述高技术园区政策的长期性和可能带来的意想不到的好处，区域层面的评估需要探索围绕高技术园区发生的不同类型的过程、它们之间的相互关系以及它们随时间的演变。

### 14.3.1 动态松散耦合生态系统中的协同管理

近来学术研究发生明显变化的一个领域是：对区域创新环境如何运作的观念转变，超越了相对僵化的创新系统方法，而是强调结构，从动态演变和不稳定的生态系统的角度来思考。自《世界的高技术园区》出版后，创新研究出现了“系统性的转向”。这些转向的核心是根据知识生产、知识利用、知识中介和决策者的子系统的存在来定义创新环境，政策干预的重点是改善这些子系统之间的相互联系。但同时也存在一种担忧，即这种做法会模糊这些系统内人员的重要性（例如 Sotarauta, 2006），特别是制度企业家，他们能够重塑自己的组织，改善外部联系，并创建区域共享的创新资产（Sotarauta, 2011; Beer et al., 2014）。更好地理解集体领导过程的需求日益增长，例如，在《可持续区域发展的领导与变革》系列丛书的第 60 卷中就阐述了这一点。很明显，当代高技术园区的协同管理要求更好地理解集体领导过程如何围绕这些创新生态系统发挥作用（Sotarauta et al., 2012）。

本书的一些章节明确阐述了创新生态系统的出现，并开始涉及集体领导的理念。在第 3 章中，本纳沃思等人注意到，特文特大学对发挥区域领导作用的长期承诺（自 20 世纪 70 年代以来）已经让以特文特大学为中心的肯尼斯帕科技园发展成为一个稠密的创新生态系统；肯尼斯帕科技园治理体系是在 2008 年特意创建的，是一个松散耦合系统，只要合作伙伴对项目有兴趣，就可以按照自己的条件灵活参与其中。实体空间和治理空间的管理同样建立在低准入门槛的基础上，试图鼓励尽可能多的创新型企业在其中找到自己的位置，从而最大限度地增加知识溢出、协同效应和收益，并反馈给肯尼斯帕科技园参与者。

第 4 章特别关注的问题是如何通过项目创造参与者高度协同的创新生态系统。范•温登和卡瓦略认为，应该重新审视科技园和科学园区管理实践的理解和实施方式，以反映这种更广泛的变化。他们特别指出，科学园区管理的四个传统干预领域，即互动设计、管理租户组合、共享设施和网络推广，需要重新定义，以反映创新空间组织的最新变化。他们认为，这四个过程仍然很重要，最好通过管理以下四个基本过程来实现：①帮助租户获取创新环境中其他人掌握的知识；②帮助租户参与科学园区内外的网络；③提供专业服务和基础设施，降低租户的总体成本；④确保园区具有一个知识场所应有的声誉。

本章开头提到的第二个问题是企业创新组织方式的意外转变。在《世界的高技术园区》刚面世时（参见 Nelson, 1993），各国在推动企业创新的方式上存在明显的差异，英国在公司治理方面的相对短视尤为反常，导致了研发投资不足以及购买外部技术资源的趋势。但让人始料未及的是，这种趋势预示着创新过程的微妙重组。特别是技术发展的快速步伐使得现有大型企业退出技术开发，并寻求购买有前景的高新技术初创公司，作为保持竞争优势的手段。许多情况下，这伴随着公司的拆分（例如蒂赛德威尔顿综合体的 ICI 研发集群），这样大型企业可以专注于创造核心价值以及符合市场的开发和创新活动。这些趋势对高技术园区的运作产生了明显的影响，尤其是在这些新创建的创新生态系统中，很难找到大型固定租户。

其结果之一是，大学作为高技术园区活动的支点活动日益重要，它不仅是新知识、高技能工作人员、专业知识和衍生企业的来源，也是确保这些高度活跃的生态系统连续性的手段。例如，在第 2 章中，埃兹库维茨认为当代大学的特点正是在复杂的网络创新生态系统中创造、支持和发展所必需的因素。他提出了四个特征，即交互性、独立性、混合性和互惠性，这对于大学充分发挥生态系统活跃主体的新作用至关重要。不仅政策制定者必须对更广泛联盟的需要保持敏感，大学也必须利用其混合性和互惠性让众多合作伙伴从中获得创新利益。当然，推广一所大学的新“模式”总是伴随着风险（Benneworth, 2014），但这四个特征对于我们更好地理解参与者参与高技术园区的方式大有助益。

### 14.3.2 治理挑战和整合不同利益相关者联盟

本书汇编的各章节或许最能清楚地表明，自《世界的高技术园区》出版以来的二十年里，治理问题已经成为人们关注的焦点（见第14.1节）。这在一定程度上反映出这样一个事实：在空间科学中，人们已经意识到“治理很重要”，即做出决策的过程会影响他们成功的机会（Rhodes, 1997）。这反过来又反映这样一个现实，即在日益复杂的技术环境中，没有任何一个专家决策者能够完全了解情况，因此，为了任何成功的机会，政策需要吸纳来自各方参与者的意见。因此，决策的制定和实施不再是自上而下的方式，而是在网络中进行。在这些网络中，了解相关形势的人有机会以有利于自己的方式制定决策。这使政策制定者的角色从决定如何实现一个结果，转变为如何引导这些网络实现最好的公共结果。

这种变化显然与创建高技术园区有关联，高技术园区的成功越来越依赖于创造有价值的知识环境，从而刺激创新和高潜力新企业的创办和发展。因此，传统的自上而下的方法不再适用于创造这些具备支持和培育创新的环境，尤其是已经存在创新参与者的情况下。在多个案例中，我们都发现了地方政府试图打造集体知识空间，让更广泛的参与者群体在这些高技术园区的建设中拥有发言权。反过来，这些联盟和平台能够识别并形成独特的能力，这些能力可以成为场所性资产。在一些章节中，我们看到这些自下而上的网络成为这些场所能够调动的“品牌”的代名词，通过这些品牌它们能够吸引新的投资，改善整体创新环境。

但与此同时，我们敏感地注意到，我们所倡导的并不是一种政府合作的简化模式，即参与者与其他参与者合作调动其资源和资产。我们同意拉格安吉耶克（Lagendijk）和奥伊纳斯（Oi'nas）（2005）的观点，即绝对要避免盲目复制集体创新的“幸福家庭”故事，这些故事承认机构能够在一个基于伙伴关系的场所，根据一套特定的制度安排来改善一个地区的经济地位。在本书中，我们注意到在这些新的治理安排中存在着各种冲突和紧张关系；也许最值得注意的是，当不同的逻辑和理由同时支持建立高技术园区时，这种情况就会出现，比如在中国台湾和巴塞罗那（见第7章和第9章）。这些紧张关系不仅存在于创造最佳技术环境和尊重当地需求，即不同层次的治理安排之间，比如中国台湾；也存在于不同的、相互矛盾的地方理性之间，例如巴塞罗那在创造就业机会和吸引建成环境投资之间的牵制。

但这引发了一个问题，即当代高技术园区是否存在一种理想的治理安排，当然我们会避免一概而论的情况。最重要的是建立一种治理结构，使基于科学的长期发展得以存续，从而创造一种区域性的创新动力。创新性竞争优势的不同模式需要进行高度差异化且地方敏感性的安排。虽然同位于荷兰，埃因霍芬的斯特里普文化创意产业园和恩斯赫德的肯尼斯帕科技园的侧重点非常不同，因此需要非常不同的治理安排，以分别刺激创意产业、高新技术系统和材料产业部门（参见第 3 章和第 4 章）。同样，如果工作重点是实质性的基础设施投资和将创新环境融入城市结构，那么就需要一种完全不同的安排，而不仅是通过策划特定的知识场所以在现有参与者之间创造协同效应和互相联系。这里的一个关键问题是过程的参与者之间的相对权力平衡，以及高技术园区不可避免地在一定程度上体现了这些权力关系。对优化高技术园区治理安排的关注，需要在潜在、相对非正式权力结构上具备与正式制度安排同样的敏感度。

### 14.3.3　评价异质参与者的复杂结构

当代社会治理性质变化的另一个关键因素是责任性和自主性的变化。新的组织形式被赋予越来越大的自主权来实施利益相关者网络中制定的战略以及推进决策者的目标。但相反的是，要求这些新的治理安排承担责任的呼声越来越高，特别是在大量公共资金可能投资其中的情况下。在某些情况下，这些问责需求可能并不比负责任的审计和透明产出程序以证明资金被分配到何处更为艰巨。例如在欧盟委员会结构和凝聚力基金支持的项目和场所中（例如巴塞罗那、马德里和里斯本，参见第 8 章和第 9 章），资金分配尤为重要。然而，也有人想对结果和影响进行更复杂的评估，以了解高技术园区能够在多大程度上发挥其推动区域经济结构变革的长期潜力。

这给评估人员带来了改进方法的压力，特别是要超越简单的资产负债表计算和成本效益分析来实现这些结果和影响。高技术园区应该被理解成有助于更广泛的变革进程，并且需要融入城市—区域空间，以最大限度地发挥其效益。

位于现有经济实力强大地区的高技术园区，将比那些设立在技术荒野以及希望创造出完全不同于现状的高技术园区表现得更好。同样，高技术园区的相对表现在一定程度上取决于它们能够吸引到怎样的固定租户，这一点从中国和马来西亚技术园区的分析中可以清楚看出（见第11章和第12章）。这就提出了一个棘手的问题，即在不具备有利框架条件的地方投资高技术园区是否具有公共价值，以及高技术园区在刺激欠发达地区的再工业化和经济发展道路转变方面可以发挥什么作用。

高技术园区成功的另一个需要有效纳入评价的方面是更广泛的国家背景，以及这为高技术园区的成功创造有利条件的程度。埃兹库维茨在第2章中明确指出，美国的国家政策决定深刻地影响了硅谷积极的技术创业环境的崛起。同样，佩里和梅也介绍了在传统上受青睐的金三角之外的英格兰创建科学城的尝试是如何受到那些隐含不利于这些地方的主导话语影响的。埃因霍温显然受益于给荷兰领先科技公司飞利浦（Philips）提供的高水平直接支持和间接鼓励，确保在过去几十年里该公司出于纯粹的国家利益持续进行研发工作。大学传统上是在国家认证体系内管理的，因此在做出战略决策时，它们至少会在一定程度上关注这些国家层面的压力。因此，对高技术园区的评估也需要找到一种方法，将这些因素纳入整体评价中，并反思特定类型的国家政策框架是否可能与当地的高技术园区激励政策相矛盾。

考虑到这些生态系统效应，理解高技术园区附加价值的关键问题在于开发能够获得高技术园区协同效应的方法（见第14.3.1节）。评估需要从特定高技术园区干预措施所期望的确切协同改善开始，然后衡量投资和干预如何推进实现这一总体目标。当然，还有一个问题，尤其是对那些活跃在全球技术创新系统和生产网络中的合作伙伴而言，这些评估将以一种当地合作伙伴几乎无法施加影响的方式推进。在治理导致高技术园区效应的因素方面，仍然存在这样的外部性，但在评估方面明确这一点（关键是不要过度宣传偶然性的成功）至少对于创造一种新的技术园区评估模式至关重要，这种模式确实抓住了高技术园区对于改善全球创新和生产网络中创新型企业状况方面的作用。

## 14.4　当代高技术园区的定义特征

根据我们汇编的多篇文章可以大致勾勒出高技术园区的当代定义特征。我们的目标一直是对最初的概念进行补充而不是替代，以反映过去20年的变化。但与此同时，从无处不在的新型信息和通信技术，到中国、印度、巴西和俄罗斯新兴发达经济体的崛起，各方面都发生了广泛的变化，这必然意味着高技术园区概念在这一时期发生了实质性的变化。尤其是我们想要强调我们所认为的这种演变和转变的四个重要因素。首先，大学在高技术园区中所扮演角色的性质发生了转变，反映出它们在主导场所的同时也在日益国际化。其次，高技术园区的区位发生了变化，越来越多地融入城市结构中，类似于中央商务区的城市—区域中央知识区。再次，高技术园区提供的邻近性正在发生变化，不仅提供物理空间上的同地办公，而且有助于创造共同的认知、理解和意义，从而促进基于场所的技术转移。最后，随着新平台技术的发展，高技术园区融入更长久的技术变革过程中，这些技术本身也在产生体制上的转变，因而有相当大的潜力成为变革的推动者。

### 14.4.1　大学角色的转变

转变的第一个维度是大学与高技术园区的互动方式，尤其是创业型大学在高技术园区中发挥的作用。这并不是说原来大学对高技术园区不那么重要，但很明显它们在贡献方式上有很大的不同——它们对高技术园区的重要性有所不同而已。了解这种差异对于确保大学促进基于场所的高效发展至关重要。我们专门将这种角色的转变与世界一流大学概念的兴起联系起来（Salmi, 2009），尽管有学术文献批评该概念意义混乱，但其实已经成为对决策者和大学管理者而言都非常有吸引力的目标。世界一流大学的特点是，拥有世界领先的最高教研水平，吸引全球各地的优秀学生，为学生和教师提供最好的设施。在某种程度上，越来越多的大学排名（例如泰晤士高等教育世界大学排名前100名）使得各大学发现优秀的研究成果（以出版物和奖项作为衡量指标）对于它们的长期生存至关重要。这改变了大学为当地发展作出贡献的意愿、性质以及它们作出贡献的能力。

当然，这种发展也有负面影响，世界一流大学理念的兴起让人们感觉到，地方相关性与全球性的卓越是矛盾的。许多国家的研究体系无疑会对研究人员产生非常强烈的阻碍，使他们不愿为高技术园区之外的企业提供应用咨询服务，而把精力集中在卓越的研究成果上。由此引发了风险：大学参与高技术园区项目，只是作为获取各种资源的一种手段，以加强它们基础研究的卓越性。由于大学通常是高技术园区项目中重要或占主导地位的合作伙伴，这一驱动因素有可能导致它们远离创建促进企业与行业协同的空间，转而成为全球知识网络中的节点，而且几乎没有本地经济溢出。这可能会削弱大学的潜力，它们必须管理好自己和员工，并允许员工自由地与当地合作伙伴接触，除非可以证明他们能够直接为创造世界级的研究成果作出贡献。

与此同时，大学作为活跃在跨国网络中的机构，其不断变化的性质也对高技术园区有积极意义。大学不仅能够收集全球知识和信息，并将其嵌入到本地环境中，扮演巴瑟尔特（Bathelt）、马尔姆贝格（Malmberg）和马斯克尔（Maskell）（2004）所定义的"全球管道，本地蜂鸣"（global pipelines, local buzz）的角色。它们还与全球合作伙伴建立了关系，这些合作伙伴可能选择来到大学所在地，以便更好地参与、共同创造大学知识社区，并从中获益（Benneworth et al., 2014）。这些合作伙伴的存在（即使是暂时的）有助于本地知识溢出过程，从而强化知识社区，使其更像是全球知识链中的"未来之地"（Gertler, 1995）。因此，大学的国际化有可能提高与高技术园区相关的知识社区质量，从而最终加强其整体的经济效益，而政策的挑战在于优化这种全球与地方的紧张关系。

### 14.4.2 高技术园区作为一种城市的机构

转变的第二个维度是高技术园区区位的不断变化。回顾30年前霍尔（Hall）和马尔库森（Markusen）（1985）的《硅谷模式》一书，会发现硅谷被描绘成一个乡村田园，在那里，初露头角的创业者可以在加州乡村收获宁静和成就。到《世界的高技术园区》面世时，人们意识到这些节点正在演变为完整的城区，并认为这种现象主要存在于郊区，而不是农村。很明显，高技术园区的概念在此期间有了进一步的发展。人们意识到，高技术园区作为一种城市现象具有巨大的潜力，可以为城市更新进程以及新产业的发展作出贡献，并出现这样一种观点：即这不再是在市区外的独立土地上建立新的技术部门，而是推动建立集体知识库，不同的行业可以利用这些知识库来支持其创新过程，并最终提高竞争力。

“第三波浪潮”的高技术园区政策普遍强调并采用这一城市维度作为高技术园区发展的政策动因。第 3 章列举了一些例子，例如位于埃因霍温或赫尔辛基的科技园被用于修复城市结构中出现的漏洞。因此，科学创业者扮演了与其他场所的艺术家主导更新项目的创意型创业者相同的角色，这种创意有助于一个地区建立一个有凝聚性的品牌，并成为其竞争理念的一部分。同样，在 22@ 巴塞罗那也有一个明确的愿景，即利用知识型发展潜力来推动传统产业向现代产业转型，振兴巴塞罗那市中心，从而提升其整体的全球形象。在城市结构的创造和再创造过程与打造知识社区的吸引力以激发创新竞争力之间，存在着一种并行的演变过程。

但与此同时，我们看到，虽然这两种逻辑在某些方面可以有效结合，但它们并不相同，而且可能存在会影响特定高技术园区的紧张关系。在第 6 章中，佩里（Perry）和梅（May）强调了科学城的两种愿景之间存在的紧张关系，这两种愿景均以推动城市发展，而非重新平衡英国空间经济为焦点。它们以不同的方式聚集在不同的地方，最终对塑造这些项目能够实现的目标以及它们所创造的个人和集体地域利益之间的平衡产生相当深远的影响。投资者和科学家 / 创业者二者围绕城市中科学的利益之间存在着强烈的紧张关系。投资者对大规模更新项目的兴趣往往以土地复垦、房地产开发和基础设施方面的投资等问题为重点。相反，科学家和创新者的兴趣在于将组成连贯的创业知识社区的团队聚集在一起，这些团队能够进行研究、创新和创业。这些城市科学项目在确保物质空间和社区同步发展上存在明显的矛盾，对于成功的项目而言，解决随之而来不可避免的矛盾至关重要。

### 14.4.3 社会知识经济中的邻近性

转变的第三个维度是地理邻近性的本质和重要性。20 年前，参与者之间的物理距离至关重要：在将研发转化为生产的过程中，需要试点工厂和试验产品，上下游参与者就此密切合作，利用各自的知识，在技术进入市场的过程中携手解决问题。但信息通信技术的迅猛发展意味着在创新过程中，这种共处一地对于知识交流不再那么重要。知识库不再完全融入实体社区中，而是可以存在于其他类型的虚拟社区中，成为“行动中的知识”（Amin et al., 2008）。如果无须假定创新所需的所有知识都掌握在一个以高技术园区为基础的实体社区中，那么这对高技术园区创造竞争创新优势的方式将产生深远的影响。

了解这些知识库的更广泛变化和社会结构，特别是它们与特定类型的场所（如高技术园区）互动和嵌入的方式十分重要。对知识生产社区来说，场所显然很重要，但由于社区动态的变化，这种重要性与以往又有所不同。这些知识生产社区往往在组织上变得更加灵活，作为松散的联盟运作，合作伙伴根据他们对创新活动的相对兴趣来来去去。临时组织和聚会形式——项目、会议、合资企业——已成为管理这种组织灵活性的有用方式。这反过来又提出了一个问题，即高技术园区与这些新的组织形式之间是什么关系。也许一个非常老套的答案是，它们可以参与这些临时网络，并确保将活动的元素吸引到这些地点。在我们看来，这是一个非常肤浅的答案。没有人会认为，仅仅因为高技术园区偶尔能够吸引并主办某个新兴技术领域的重要会议，就认为它是成功的。相反，我们将把这些会议的地点作为一个指标，表明地点是这个更广泛的全球知识网络中的一个重要节点。

因此，有必要更好地理解和重新思考高技术园区内邻近性和地域性的本质。虽然最近一种流行的说法认为存在不同类型的邻近性（例如Boschma对组织、认知、地理、文化和社会邻近性的区分，2005），但这似乎忽略了这种邻近性如何与特定的场所和实体形式相结合的问题，比如高技术园区。同样，还有一个问题是，高技术园区作为积极的服务管理方，可以做些什么来促进这些不同类型的邻近性，从而既提升高技术园区作为一个整体的成功，又提升其成员的成功。一些高技术园区试图刺激入驻企业之间共同的文化建设活动，并让它们加入集体组织结构，以改善其非地理形式的邻近性，同时对潜在的入驻企业进行选择，以确保企业之间有良好“关联”（Caniels et al., 2014）。但这种直觉似乎表明，为了最大限度地提高高技术园区的整体效率，需要更系统地理解邻近性在高技术园区中的作用。

### 14.4.4 高技术园区和技术管理体系

高技术园区的最后一个定义特征是它们与基础技术管理体系的密切联系，即特定社会选择的用于规范和管理技术进步不确定任务的方式（Nelson et al.,

1982）。事后看来，我们有可能区分出卡斯特尔和霍尔的高技术园区原型是如何与国家技术项目联系在一起的，其中既有成功的案例（如新竹和硅谷），也有失败的案例（西伯利亚科学城）。因此，需要在这些不断发展的技术管理体系以及在国家系统寻求自我组织以实现特定类型的技术进步的方式的背景下理解高技术园区。这也提供了一种新的理解方式，作为城市现象，高技术园区可以提供特定类型的邻近性，因为它们可以成为新认知社区的协调中心，这些社区构成了新认知社区出现的基础。也许这种理解在新兴国家表现得最明显。中国一个明确的核心任务是发展一种技术管理体系，一方面确保当前的繁荣和增长，同时推动技术升级，提高中国在更广泛的全球分工中的地位（马来西亚的情况也反映了这一点）。因此，高技术园区可以理解为这些愿望和国家技术项目的焦点，是固定资本和人力资本投资积累的核心，可以推动进一步的积累和转型。与此同时，我们看到，在一些遭受紧缩打击的发达国家，这种技术转型的雄心也受到了打击，因此，作为完成这些经济体现代化和转型的一种手段，人们对高技术园区的兴趣也已经减弱。

但在其他地方，我们同时可以看到围绕着对“21 世纪重大挑战”，即晚期资本主义出现的问题、限制和紧张关系的回应，重振技术管理体系的努力。如果人类要生存到下一个世纪，这些挑战就必须在 21 世纪解决掉。这些难题涉及多个学科，包括资源稀缺、全球变暖、城市包容性 / 可持续性、能源获取和公民安全等问题。对于通过“生活实验室”这一形式来获取解决这些问题的新知识，人们产生了新的政策兴趣，在将微型生活实验室的概念扩展到城市结构的层面上，高技术园区可能会有新的生命活力，使其成为应对这些重大挑战的核心节点。在本书提供的案例研究中，我们可以明显看到，城市本身也在努力解决这些问题并寻找创新的解决方案,而这可以更系统地纳入我们对高技术园区的理解和政策制定中。

## 14.5　增强高技术园区效益的“政策指引”

与原著一样，我们以一组警句作为本书的结尾，供决策者参考。

**高技术园区需要决策者**

高技术园区嵌入技术管理体系，意味着其演变是由一系列广泛的政策决定构成的。因此，如果要使高技术园区协调一致地发展和繁荣，决策者需要积极与高技术园区接洽并了解其需求。

**高技术园区是城市的一部分**

随着高技术园区成为越来越普遍的一种城市现象，任其像“荒漠中的大教堂”一样自生自灭的可能性越来越小。它们在更广阔的城市—区域内发挥着知识中心区的作用，需要如城市中其他“皇冠上的明珠”场所般的特殊、敏感的处理。它们要求人口密集而不拥挤，交通便利而不堵塞，需要在战略性城市—区域管理进程中兼顾更广泛的城市利益。

**高技术园区是全球的节点**

高技术园区目前所贡献的知识活动都分布在全球创新系统和生产网络的空间中。但与此同时，特定场所在吸引活动方面仍有一席之地。确保高技术园区保持更广泛的外部社区联系仍然至关重要，无论是在公共研究机构的技术专业化方面，还是在与这些知识链相关的关键企业和商业服务方面。决策者需要考虑如何吸引、嵌入和留住这些全球互联的参与者，以造福于整个高技术园区。

**高技术园区是本地社区**

全球知识生产的可移动性意味着，其地方嵌入性对于决定其更广泛的经济效益至关重要。决策者的一项关键需求必须是鼓励当地参与者更积极地参与高技术园区内的全球知识网络。这不仅仅是协同管理，而是为参与者联盟提供了工作和交互的理由，以创建可能对更广泛的全球知识社区具有吸引力的场所特定知识，从而加强这些地方社区和高技术园区在全球知识生产网络中的地位。

**高技术园区是物质性基础设施**

高技术园区是城市结构的一部分，因此融入了地域基础设施网络。这种基础设施需要大量的投资，如果高技术园区取得成功，就需要以协调一致的方式进行投资和规划，以塑造这些高新技术场所。高技术园区寻求改变其所处的区域，因此，这些有形投资必须始终着眼于预期的未来状况。

**高技术园区是社区交汇点**

高技术园区提供了互动和交流，但这些功能之所以有意义，只是因为它们承载了创新者群体。这些创新者相互交流和合作，在全球范围内创造有用的知识。任何高技术园区项目都是以人为核心，除非这些人保持互动、创新、创业，同时创造和开发新知识，否则高技术园区将僵化。与确保资本投资和积累同样重要的是，确保为互动和增长提供持续的政策支持。

**高技术园区是知识环境**

高技术园区的独特优势在于，人们携手致力于解决共同的问题，共同学习如何解决这些问题，并运用这些解决方案创造经济价值。重要的是一个地方知识社区如何团结起来，携手合作，创造私人利益，提高企业竞争力和增长。因此，高技术园区需要找到管理这些协作和竞争紧张关系的方法。

**高技术园区是“未来之地”**

高技术园区之所以具有竞争优势，是因为它们可以获得特定种类的知识。尽管制定精明专业化战略已成为一种政策潮流，但这反映出每个地方都需要为那些寻求获取特定知识的人创造一种有利形势。尽管对这些知识有更广泛的需求很重要，但或许正如某些“重大挑战”所表明的那样，地方独特性无疑更为重要。因此，决策者需要了解在他们的知识环境中出现什么样的独特知识，与他们所采取的特定互动和活动相关。

**高技术园区随时间演变**

正如原著所言，高技术园区不可能一蹴而就。基础设施的开发需要时间，但更重要的是，知识社区需要时间聚集到一起，开发独特的、共享的知识，从而形成更广泛的竞争优势。决策者需要认识到这一长期的时间跨度，并对这一过程中可能采取的措施有现实的理解，以确保他们能够理解自己正在构建的东西。

**高技术园区提供长期稳定性**

高技术园区是在日益灵活和动态的全球知识生产网络中提供固定性和稳定性的一种方式。留住参与者绝对至关重要，大学在锚定城市科学方面发挥的作用也越来越受到重视。但与此同时，大学只是参与主体之一，如果想保持灵活性并以创造更广泛地域利益的方式吸引和接纳其他私营企业，就不能让大学的利益主导发展。

**高技术园区代表着不同的利益**

当高技术园区成为众多参与者满足自身需求的一种方式时，就意味着它成功了。这不仅仅是因为它拥有一套吸引许多企业的知识能力（尽管这很重要）。不同类型参与者对于高技术园区发挥作用至关重要，每个参与者都有自己的利益需求和参与动机。出色的高技术园区能够确保这些利益得到明确表达，且高技术园区发展是以确保不同参与者能够获得必要利益为前提。

**高技术园区有助于形成凝聚性优势**

高技术园区将不同类型的参与者、公私研究机构、决策者、房地产和风险资本投资者、商业服务和顾问，以及高技能的专业人员聚集在一起。它之所以成功，是因为它能够解决这些不同参与者的需求，同时使他们能够团结起来，并对区域以外的其他人产生吸引力。可以说，决策者最重要的任务是指导和引导这些当地合作伙伴共同识别、利用和扩展这些优势。

## 参考文献


Amin, A. and Roberts, J. (2008) ‘Knowing in action: Beyond communities of practice’. *Research Policy*, 57(2): 353–69.

Asheim, B.T., Boschma, R. and Cooke, P. (2011) ‘Constructing regional advantage: Platform policies based on related variety and differentiated knowledge bases’. *Regional Studies*, 45(7): 893–904.

Bathelt, H., Malmberg, A. and Maskell, P. (2004) ‘Clusters and knowledge: Local buzz, global pipelines and the process of knowledge creation’. *Progress in Human Geography*, 28\ 31–56.

Beer, A. and Clower, T. (2014) ‘Mobilizing leadership in cities and regions’. *Regional Studies, Regional Science*, 7(1): 5–20.

Benneworth, P. (2014) ‘Decoding university ideals by reading campuses’, in P. Temple (ed.) *The physical university*. London: Routledge.

Benneworth, P.S. and Ratinho, T. (2014) ‘Back to the future of high technology fantasies? Reffaming the role of knowledge parks and science cities in innovation- based economic development’. *Environment and Planning C*, 32(5): 784–808. Boschma, R.A. (2005) ‘Proximity and innovation: A critical assessment’. Regional Studies, 39(1): 61–74.

Caniels, M.C.J., Kronenberg, K. and Werker, C. (2014) ‘Conceptualizing proximity in research collaborations’, in R. Rutten., P. Benneworth, D. Irawati and F. Boekema (eds) *The social dynamics of innovation networks*. London: Routledge (pp. 221–39).

Castells, M. and Hall, P. (1994) *Technopoles of the world: The making of 21st century industrial complexes*. London: Routledge.

Charles, D.R. and Howells, J. (1992) *Technology transfer in Europe: Public and private networks*. London: Belhaven.

Chesbrough, H. (2003) *Open innovation, the new imperative for creating and profiting from technology*. Boston, MA: Harvard Business School Press.

Gertler, M. (1995) ' "Being there" : Proximity, organisation and culture in the development and adoption of advanced manufacturing technologies' . *Economic Geography*, 77(1): 1–26.

Hall, P. and Markusen, A. (1985) *Silicon landscapes*. Boston, MA: Allen & Unwin.

Henderson, V. (1997) 'Externalities and industrial development' . *Journal of Urban Economics*, 42(3): 449–70.

Lagendijk, A. and O' inas, P. (2005) 'Proximity, external relationships and local economic development' , in A. Lagendijk and P. O' inas (eds) *Proximity, distance and diversity, issues on economic interaction and local development*. London: Ashgate.

McCann, P. and Ortega–Argiles, R. (2013) 'Smart specialization, regional growth and applications to European Union cohesion policy' . *Regional Studies*, 1–12. doi: 10.1080/00343404.2013.799769.

Nelson, R.R. (1993) *National innovation systems: A comparative analysis*. Oxford: Oxford University Press.

Nelson, R.R. and Winter, S.G. (1982) *An evolutionaiy theory of economic change*. Cambridge, MA: Harvard University Press.

Paci, R. and Usai, S. (1999) 'Externalities, knowledge spillovers and the spatial distribution of innovation' . *GeoJournal*, 49(4): 381–90.

Rhodes, R.A.W. (1997) *Understanding governance. Policy networks, governance, reflexivity and accountability*. Buckingham: Open University Press.

Salmi, J. (2009) *The challenge of establishing world-class universities*. Washington, DC: World Bank.

Sotarauta, M. (2006) 'Where have all the people gone? Leadership in the fields of regional development' . Sente Working paper 09/2006, Tampere, SF: Sente.

Sotarauta, M. (2011) 'Institutional entrepreneurship for knowledge regions: In search for a fresh set of questions for regional and innovation studies' . *Environment and Planning C*, 29(1): 96–112.

Sotarauta, M. (2014) 'Reflections on "Mobilizing leadership in cities and regions' " . *Regional Studies, Regional Science*, 7(1): 28–31.

Sotarauta, M., Horlings, I. and Liddle, J. (eds) (2012) *Leadership and change in sustainable regional development*. London: Routledge.

# 译名对照表

academic networks 学术网络
accelerators 加速器
accountability 责任性
agglomeration 集聚；
  heterogeneity 异质性；
  suburbs 郊区；
  synergy management 协同管理；
  theory 理论
Albahari, A. 阿尔巴哈里 , A.
Anttiroiko, A.V. 安特罗伊科 , A.V.
Asheim, B.T. 阿希姆 , B.T.
Asia 亚洲
austerity 紧缩
Australasia 大洋洲
Australia 澳大利亚
Austria 奥地利
autonomy 自主权

Barrow, C. 巴罗 , C.
Bathelt, H. 巴瑟尔特 , H.
Beattie, P. 比蒂 , P.
Beer, S. 比尔 , S.
Benneworth, P. 本纳沃思 , P.
biotechnology 生物技术；
  synergy management 协同管理
Boschma, R.A. 博什马 , R.A.
bounded areas 有界地区
Brazil 巴西
Brockleshurst 布罗克赫斯特
Broekel, T. 布鲁克尔 , T.
Brown, G. 布朗 , G.
brownfield site 棕地

campuses 校园
Can, O. 詹 , O.
Canada 加拿大
Caniëls, M.C.J. 布罗克赫斯特 , M.C.J.
capitalisation of knowledge 知识资本化
Carrillo, F. 卡里略 , F.
Carvalho, L. 卡瓦略 , L.
Casellas, A. 卡塞拉斯 , A.
Castells, M. 卡斯特尔 , M.
Catalonia 加泰罗尼亚
Chang, S.–L. 张 , S.–L.
Charles, D.R. 查尔斯 , D.R.
China 中国

Chou, T.–L. 周，T.–L.
Ciravegna, L. 奇拉韦尼亚，L.
Clark, B. 克拉克，B.
co–location 集聚；
  innovation–based development 创新型发展
co–operation 合作；
  Spain 西班牙；
  synergy management 协同管理；
  Tulln 图尔恩
co–ordination 协调
cognitive proximity 认知邻近
cognitive–cultural capitalism 认知—文化资本主义
collaboration 协作
collective innovation 集体创新
collective provision 集体供给
commercialization 商业化
Compton, K. 康普顿，K.
core cities 核心城市
Cox, K.R. 考克斯，K.R.
creative class 创意阶层
Crewe, K. 克鲁，K.
critical mass 临界规模
cultural capital 文化资本

Dawood, S. 达乌德，S.
decentralization 去中心化
delocalization 去本地化
democracy 民主
Desyllas, J. 德西拉斯，J.
developing countries 发展中国家
devolution 分散化 / 转移
diversity 多样性；
  Malaysia 马来西亚
division of labour 劳动分工
Doloreaux, D. 多洛罗，D.
Doriot, G. 多里奥，G.

economic development 经济发展；
  Spain 西班牙；
  synergy management 协同管理
economies of scale 规模经济
education 教育；
  English Science Cities 英国科学城；
  higher education institutes (HEIs) 高等教育机构；

heterogeneity 异质性
hierarchies 等级
higher education institutes (HEIs) 高等教育机构
holism 整体主义
homogeneity 同质性
Hospers, G.J. 霍斯珀斯 , G.J.
housing 住房;
 collective provision 集体供给
Howells, J. 豪厄尔斯 , J.
Hsieh, N.–H. 谢 , N.–H.
Hu, T.–S. 胡 , T.–S.
Huang, W.–J. 黄 , W.–J.
human capital 人力资本
human resources 人力资源
hybridization 混合性

incubators 孵化器;
 entrepreneurial universities 创业型大学;
 innovation–based development 创新型发展
India 印度
infrastructure 基础设施;
 suburbs 郊区;
 synergy management 协同管理;
 Tulln 图尔恩
innovation networks 创新网络
institutional proximity 制度邻近性
intellectual capital 智力资本
intellectual property 知识产权
Italy 意大利

Jacobs, J. 雅各布斯 , J.
Japan 日本
Jonas, A.E.G. 乔纳斯 , A.E.G.

Knowledge Community Precincts (KCPs) 知识社区领域
knowledge economies 知识经济;
 English Science Cities 英国科学城;
 synergy management 协同管理
knowledge exchange 知识交流
knowledge production 知识生产
knowledge transfer 知识转移;
 Tulln 图尔恩
knowledge–based economies (KBEs) 知识经济;
 English Science Cities 英国科学城;

Tidd, J. 蒂德，J.
transparency 透明度
transport 交通
trust 信任
Turkey 土耳其

UK 英国
universities 大学;
English Science Cities 英国科学城;
heterogeneity 异质性;
Malaysia 马来西亚;
Spain 西班牙;
urbanization 城市化
USA 美国

Vale, M. 瓦莱，M.
van Oort, F. 凡奥特，F.
van Winden, W. 凡温登，W.
Vaughan, L. 沃恩，L.
venture capital 风险投资
Verspagen, B. 弗斯帕根，B.
Vester, F. 维斯特，F.
Visser, G. 维瑟，G.

Walcott, S. 沃尔科特，S.
Werker, C. 沃克，C.
Wield, D. 威尔德，D.
Winter, S. 温特，S.
World War II 第二次世界大战
Wray, F. 雷，F.
Wu, S.G. 吴，S.G.

Yigitcanlar, T. 伊吉特坎拉尔，T.